An American Diplomat in China

日米戦争の起点をつくった外交官

在中華民国初代公使
ポール・S・ラインシュ 著
Paul Samuel Reinsch

田中秀雄 訳

芙蓉書房出版

【解説】第一次世界大戦が日米関係の曲がり角だった

田中　秀雄

本書は、アメリカの有名な政治学者で外交官でもあったポール・サミュエル・ラインシュ（Paul Samuel Reinsch）が一九二二年に出版した *An American Diplomat in China* の本邦初訳である。

A・W・グリスウォルドの大著『米国極東政策史』（原著は一九三九年刊行）や、後述するジョージ・ブロンソン・リーの著書にも引用されるように、出版当初から注目された本だった。戦後の日本でも、『ワシントン体制と日米関係』（東京大学出版会）などで、ラインシュは詳しく論じられ、近年では奈良岡聰智氏が、『対華二十一ヵ条要求とは何だったのか』（名古屋大学出版会）で取り上げている。しかし翻訳はなかった。日本近代史の欠落を補う歴史的文献と言えよう。

ラインシュは一八六九年にアメリカのウィスコンシン州で生まれ、地元のウィスコンシン大学に進んで、そのまま同校に残り、主に植民学を講じていた。著書も論文も多く残しており、それが一九一二年の大統領選で勝ったウィルソン大統領にも注目されていたのだろう。辛亥革命（一九一一年）で清朝を倒して、新しく共和国になった中国をウィルソン大統領が国家承認し、その最初の中国公使として、ポール・ラインシュを抜擢したのである。ラインシュには、それまで外交官の経験はない。むろん学者として、東洋の情勢などは詳しく知っていたことは確かである。

ラインシュの中国赴任は一九一三年の秋である。本書はその中国上陸の時から始まる。太平洋航路で上海に上陸し、南京に回り、揚子江を渡河して、鉄道の津浦線で北上し、天津経由、公使館のある首都の北京に行くという順序である。まだ飛行機の時代ではない。広い中国にとって、当時鉄道の敷設がいかに重要なものだったかは本書にも詳細に書かれている。

本書はそのラインシュの公使、外交官としてのほぼ六年間の回想録である。一年後の一九一四年には第一次世界大戦が始まり、四年間続く。その間に、中国政府に対して日本はいわゆる「二十一か条の要求」を出し、その後には袁世凱大総統の皇帝就任騒ぎが起こる。その後は中国の対ドイツ参戦問題が起こり、張勲の復辟《ふくへき》（清朝復活）事件も起きる。北京政府に対抗して南部の広東に作られた孫文らを中心とした広東軍政府との対立、戦争もある。これらに関連して、日本の西原亀三による「西原借款」問題もある。一九一九年には第一次大戦を処理するためのヴェルサイユ会議が開かれるが、その最中、中国では「五・四運動」が起きる。ヴェルサイユ条約が調印された後、ラインシュは公使を辞することを決意し、九月に帰国するまでを記している。

これらの目まぐるしく展開する中国の政治情勢をラインシュがどのような目で見ているかが本書の醍醐味であろう。公使という立場からして、その当時の中国の政界の中心人物たちとのやり取り、収集した情報の内容など歴史的に見れば、貴重な証言となっている。酒豪で知られた山座円次郎公使とラインシュの会話など、なかなかに興味深い。張勲の復辟では、北京市内で砲撃沙汰が起きている。その臨場感は他では味わえないだろう。また袁世凱の葬儀の描写など、一場の歴史絵巻を見るような思いにさせるものがあり、ラインシュの文才のほども偲ばれる。

その他、ロックフェラー病院（協和医院）の定礎式の場面もある。ここはその後、北京にやって来た孫文が癌を発病し、入院した病院である。退院した彼は、顧維鈞宅で亡くなる（一九二五年）。まだ少年だった宣統帝溥儀がラインシュに送った漢詩の訳詩が、家庭教師のジョンストンによって紹介される場面もある。ラインシュは喜ぶ。しかし一九二四年、溥儀は紫禁城から追われ、国民党の北伐の際（一九二八年）

には乾隆帝陵や西太后の墓が暴かれるという屈辱を味わう。一九三一年、満洲事変が起きた際には、彼は皇帝として復帰する決意をジョンストンに告げる。

日本に関して言えば、ラインシュは決して好意的ではない。二十一か条の要求や西原借款など、その対中国政策を批判している。昭和の時代ならまだしも、日本の対中政策を「軍国主義」と位置付けている。これに対して、訳者の私としては私見を試みるべきではないだろうが、少し解説したい。

二十一か条の要求に関しては、藤井昇三氏の研究によると、日中交渉の最中に、北京政府と対立する孫文が、その最も苛烈な要求項目と言われる第五項とほぼ同じものを日本側に援助の代償として提示している（『新しい東アジア像の研究』三省堂、参照）。本書で段祺瑞がラインシュに語っていることはそのことが事実であることの証明となるだろう。

西原借款に関しては、当時から日本では批判言論が出ていたし、国会でも問題にされていた。今日的な言葉で言えば、どこかの国がやっているように、「債務の罠」にかけて、中国を牛耳ろうと日本が意図していたわけではない。貸した金は償還されなかったし、利子も払われていない。日本は中国を縛りあげることもせず、泣き寝入りしただけだった。

またラインシュは「五・四運動」で、曹汝霖交通総長（大臣）の家が学生たちに襲われて、彼の仲間の章宗祥が殴られて意識を失ったとだけ書くが、曹汝霖によれば、中江丑吉（中江兆民の息子）が助けに入らなければ、殺されていただろうという。曹汝霖の自宅が燃やされたこともラインシュは書いていないし、学生の暴力を批判していない。

ラインシュに、「中国金融の腐った幹に穴を開ける穿孔虫」と形容される西原亀三や、日本の操り人形と批判された曹汝霖には、それぞれに『夢の七十余年』（東洋文庫）、『一生の回億』（鹿島研究所出版会）という回想録があり、本書の読者にはそれらを読んで彼らの言い分も聞いてもらいたいと私は願う。

もう一人、ラインシュ批判の言論を上げるならば、ジョージ・ブロンソン・リー（以下、GBR）の『満洲国建国の正当性を弁護する』（草思社）を上げることができる（原書は一九三五年刊行）。ラインシュと同じ年に生まれたGBRは、清朝末期に中国にやって来たアメリカ人の工学系技術者で、鉄道問題にも詳しかった。ラインシュがやって来た時には、既に『ファーイースタン・レヴュー』という雑誌を上海で経営しており、中国の政治経済問題の権威であった。満洲国建国（一九三二年）後に満洲国政府の顧問となっている。一九三六年没。

ラインシュは本書で、リー・ヒギンソンやシームス・キャリーといった米国企業による中国投資案件がうまくいかなかった話をしているが、GBRはこの内部事情に関しても詳しい。そうしてラインシュとは違った理解をしており、二人には対立があったことがGBRの著書に書かれている（特に「第七章　門戸を閉ざしているのはアメリカである」を参照）。そして彼はラインシュと違い、日本の西原借款を肯定しているのである。

またGBRは本書にある、ラインシュのウィルソン大統領宛の書簡を「外交の歴史上、最も煽動的な書簡」「日本に対する猛烈な告発」であると批判している。ある意味、この煽動的な書簡に動かされたのが、二十年後のフランクリン・ルーズベルト大統領であるのかもしれない。中国に対する理解と対策の違いから日米は対立を深め、遂に開戦に至ったのである。その原点はこのポール・ラインシュの視点に始まると言ってよい。ルーズベルト政権で極東政策を担当したホーンベックはラインシュの弟子である。

さらに、二十一か条の要求を否定するラインシュの思想は、満洲事変を否定するスティムソン国務長官の「不承認宣言」につながっているのである。

これに関して衝撃的なのは、一九一九年の初め、まもなくヴェルサイユ会議が始まるという時期に、北京のラインシュの下に、ヴァレンタイン・マクラッチーとカール・クロウという二人のアメリカ人ジャーナリストが集まっていることである。マクラッチーは一九二四年の「排日移民法」成立を精力的に押し進めた人物である。カール・クロウは辛亥革命の頃に中国にやって来て約四半世紀を過ごし、支那事変が始まると帰国し、その後は日本の世界征服計画なる「田中上奏文」を欧米世界に広め廻ったジャーナリストである。二十一か条の要求の頃は東京におり、ロシア大使からのリークで内容を知り、特ダネとして世界に発信したと自著において自慢している人物だ。

言うなれば、「反日の三巨頭」とでも言うべき人物が北京でそろい踏みしたことが本書に記されていることに私は驚いている。その討議の内容はどんなものだったのだろうか。相当に激越な対日非難が繰り広げられたことは想像に難くない。

二十一か条の要求がなされた年に、GBRは日本を批判する冊子を出版している。つまりその時点ではラインシュと同じ地点に立っていた。その後二人は次第に意見が合わなくなっていった。ラインシュ的反日からGBRを親日へと転換させたものは、ヴェルサイユ会議の最中に、日本代表団の一員である伊集院彦吉と会談して共感するものがあったからのようだ（齋藤実首相宛、副島道正書簡　昭和七年十一月十八日付）。GBRは当時、中国代表団の顧問としてパリにいた。副島道正は副島種臣の息子である。

本書で、ラインシュが『ファーイースタン・レヴュー』の編集者だったW・H・ドナルドのことを好意的に書いても、社主であるGBRに全く言及しないのは、その親日転向を知ったからかもしれない。実際に、GBRは会議の翌年一九二〇年から、日本擁護の論陣を張るのである。ドナルドは結局、『ファーイースタン・レヴュー』を辞めるのだが、それは社主と意見が合わなくなったからである。その後彼は張学良や蔣介石の顧問となる。有名な西安事件（一九三六年）の関係者ともなる人物である。

私はラインシュの日本観に同意するものではないが、共感する人もいよう。読者の方々には、なぜ日米は対立するようになったのかという視点と共に、米中対立の現在から、親中アメリカ人の中国を見る目に注目して本書を読んでもらいたいと思う。ラインシュには何が見え、何が見えていなかったかということである。

というのも、彼は最初から反日ではなかった。日露戦争中に書いた「日本とアジアのリーダーシップ」(『ノースアメリカンレヴュー』一九〇五年一月号)では、日本を高く評価しているし、「日本における知的生活」(『ノースアメリカンレヴュー』一九一一年九月号)を読んでも、日本の歴史、思想、人物に関する知識は驚くほど広く深い。ラインシュは日本を知らずに批判しているのではないのである。彼が反日になった理由はどこにあるのだろうか。そして彼が期待する中国は近代民主国家になったのだろうか。

一九一九年に帰国したラインシュは翌年、中国政府の顧問となり、本書を出版した翌一九二三年に中国で亡くなっている。東洋問題を討議したワシントン会議はヴェルサイユ会議と違い、中国有利に展開して、一九二二年二月に終わっている。本書の「序論」には、その成果への視点が入っている。

訳文に関しては、できるだけ中国の地名や人名は漢字に置き換えたが、不明なものは基本的に元のままの英字にしている。登場人物の生没年も分かる限り記した。ラインシュは Republic of China を使わず、Chinese Republic と書いているので、これを中華民国と訳した。原書には三か所の原注があるが、補足説明であり、訳していない。本書にある「注」はすべて訳注である。巻末に、読者の便宜として「二十一か条の要求項目」、「石井・ランシング協定」交換公文、「西原借款」の個別内容を資料として挙げておいた。なおこれも原書にはないが、ほとんどの章に便宜上の小見出しを付けている。

中国人名、地名の漢字書き換え作業に繆亮氏や白石千尋氏のご協力を仰いだ。出版を快く承諾いただいた芙蓉書房出版の平澤公裕氏には深謝しかない。

日米戦争の起点をつくった外交官❖目次

【解説】第一次世界大戦が日米関係の曲がり角だった　田中秀雄　1

序　論　15

✺第一部　古い中国と新しい共和国

第1章　**中国の独裁者・大総統**　……………　21
袁世凱の相貌／信任状授与のため袁世凱大総統に謁見

第2章　**人間の多い国、中国**　……………　26
上海に上陸する／北京に到着

第3章　**新中国に残る古い儒教**　……………　39
復活した儒教／西洋の試みとその問題点／中国の聖地への旅

第4章　**政治の舞台裏を垣間見る**　……………　54
袁世凱による独裁化の進展／議会を解散する

第5章　**政治を見る人たちと**　……………　59

さまざまな中国通／一九一四年段階でのラインシュの観察
第6章　商業冒険家にとっての中国……68
批判されるアメリカ／アメリカは中国で政治的目的を持たない
第7章　アメリカの行動に対する迅速な提案……77
アメリカの進出を望む高官たち／ロシアの悪巧み
第8章　中国のための小さなビジョン……85
淮河の開発計画　山座円次郎公使／中国金融近代化の必要
第9章　〝アメリカ人は遅い〟……99
梁士詒と周自齋／福建省に軍港？／中国における勢力圏の問題／大戦直前の内閣改造
第10章　民俗と官僚……110

✺第二部　袁世凱の退場

第11章　戦争　山東省の日本……121
第一次大戦――日本の参戦／日本の陰謀
第12章　有名な二十一か条の要求　一九一五年……126
秘密交渉／要求の内容／アメリカは動く／最後通牒へ
第13章　団　結……143
ロックフェラー財団／中国社会政治学会の設立／『益世報』を取得する
第14章　北京、戦争の日々……152

第15章　皇帝・袁世凱……160
安徽派と交通系の抗争／帝制運動の推進／帝制反対運動

第16章　袁世凱の没落とその死……169
延期される帝制／帝制の中止／華麗なる葬列

第17章　共和国の人々は鞍の上に……181
段祺瑞内閣の登場

第三部　戦争と中国

第18章　北京のアメリカ人起業家……187
淮河の保全事業の調査／湖広鉄道建設問題／アメリカのビジネス慣行の問題

第19章　「門戸開放」を守るために……195
大運河の契約問題／ロシアからの抗議／フランスの抗議／中国の鉱物資源／日本との密約問題／中米産業銀行の設立へ

第20章　静かな日々の日記、一九一六年の秋……206

第21章　中国、ドイツと断交す……215
アメリカの方針に中国を誘う／中国要人の会議／中国、断交を決める

第22章　中国のボスたちが北京にやってくる……232
軍閥を使って圧力をかける／段祺瑞の解任／軍閥の反乱

第23章　一日だけの皇帝……………243
皇帝復位計画／段祺瑞の決起／戦闘の開始
第24章　ドイツとの戦争：再調整……………254
戦争をするにはカネがいる／参戦をめぐる南北の対立
第25章　中国人は借金をするようになった……………262
何もしないアメリカ／西原借款のはじまり

✺第四部　戦争の最後の年、そしてその後

第26章　石井・ランシング協定……………271
驚愕するラインシュ公使／協定の影響
第27章　困難の中で北京は喜ぶ……………279
西原借款批判／第一次大戦休戦の祝賀会／南北の和解のために
第28章　新たな世界大戦の到来？……………289
中国で戦争を起こさせないために／ラインシュの日本批判
第29章　日本、敵意をむき出す……………301
小幡公使の脅し／戦争参加局と日本の借款
第30章　匪賊、陰謀家、そして分裂した家……………307
誘拐されるアメリカ人／山東省を浸食する日本／ラインシュ、帰国して協議する
第31章　北京の若者たち、パリの老人たち……………316

五四運動／大統領への手紙
第32章　**国家がストライキを起こし、団結する**……326
ヤングチャイナの奔流／中国民衆のめざめ
第33章　**北京を離れて**……332
新中国建設への期待／帰国へ

【資料】

二十一か条の要求……345
米国国務長官からガスリー日本大使へ［電報］……346
ワシントン、一九一五年五月十一日午後五時
石井・ランシング協定……347
（ランシング長官より石井全権大使への公文のみ掲載）一九一七年十一月二日
西原借款……348

北京の各国公使館区域

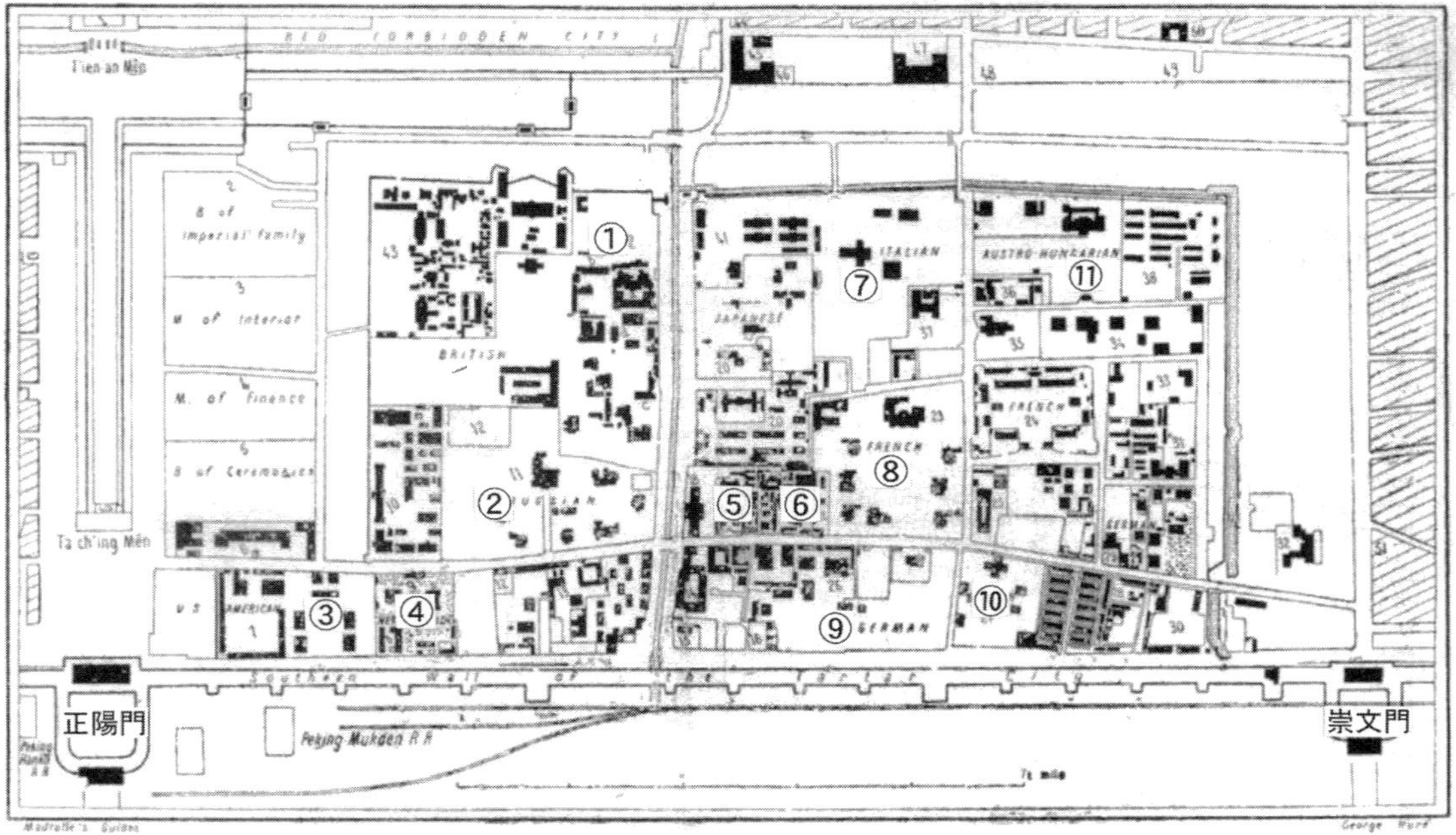

①イギリス公使館　④オランダ公使館　⑦イタリア公使館　⑩ベルギー公使館
②ロシア公使館　⑤スペイン公使館　⑧フランス公使館　⑪オーストリア=ハンガリー公使館
③アメリカ公使館　⑥日本公使館　⑨ドイツ公使館

日米戦争の起点をつくった外交官

ポール・S・ラインシュ

序論

近年、中国は国際的な関心の最前線に置かれている。世界は中国の重要性を認識し始めている。中国を長く知る人々、中国の伝統や社会的・産業的な強さの源に注目してきた人々は、中国が二十世紀の世界を構成する上で第一級の要因となるだろうという確信を持っている。彼らは、中国が、思いがけない社会的習慣で外部の人間を楽しませることを主な役割とし、政治的観点からは混沌とした状態にある、てんやわんやの国であるという考えを突き抜けている。中国が世界の将来の文明に貢献できる要素は何か、中国の文明が私たちにとって重要な意味を持つ特徴は何か、と考えると、その概要を紹介するだけで一冊の本が必要になるようなテーマとなる。社会活動の観点からは、広く普及した民衆の公平感がある。これにより、中国社会は何世紀にもわたって、文書化された法律や法廷に頼ることなく、財産権や個人の名誉、尊厳を維持して自らを律することができた。これは主に、多くの機関を通じて行動する社会自体が、人々の心の中に生きているバランスと正しさの感覚を非公式に実施することによるものである。経済生活の観点から見ると、中国は、仕事の喜びが奪われていない社会の姿を示している。産業の産物が職人の手の中で成長するのを見る満足感が、辛抱強く苦労しながらも胸が張り裂けるような苦行を伴わない労働の主な報酬を形成している。社会組織の観点から見ると、中国は非常に複雑な組織を形成しており、その中では一般的な原理や考え方よりも、特定の個人間の具体的な関係がはるかに重要である。忠誠心、信心、適性意識が中国の社会生活の儀式に意味を与えており、それは単なる社会的会話の装飾としてのエチケット以上のものであり、社会が拠って立つ関係と義務を日常的な遵守事項として目に見える形で表している。芸術の観点から見ると、中国は、完璧な製品という考えに何世代にもわたって愛情をもって献身してきたことを証明する洗練された品質を表徴している。代表的な芸術においては、冷静な認識が中国人を、人間の生活環境を芸術的に再現するためのモデルとすることを可能にしている。中国の人々は、政策や世界的な地位に対する考え方において、先天的な卓越性や美徳に基づいて優位性を主張する用意があることを示してきた。彼らは、その崇高な文化による敬意と賞賛を誇りを持って受け入れてきたが、人工的な権威を隣人に押し付けてはいない。

極東問題が国際会議や交渉の主なテーマとなっている今、中国を本当に知っている人たちの目には、中国が甘やかしや援助を請う破産者としてではなく、人類の伝統と力の偉大な単位として世界の前に映っている。これまで中国は、他の国々が権力や嗜好、機械的な支配で獲得したものをやや軽んじていたが、真の強さは内面的な徳に基づくものであると確信し、いささか無頓着に生きてきた。中国は自己宣伝の術を使わず、小さな陰謀や強引な侵略に最終的に勝たなければならない偉大な人間の力の意識を自分の中に感じてきた。中国文明の世俗的な持続性は、中国人に内面的な強さと自信を与え、攻撃のためにより効果的に組織化された国々の侵略によって自分たちの立場が絶望的になるような場合でも、耐え忍ぶことができるようになっている。この広大な社会が、対立する帝国の利益の戦場となるのではなく、平和と有用な産業の伝統に従って生活し続けることができれば、世界の平和は、形式的に考案されたいかなる契約によっても達成できないほど真に前進するのだということを、世界は認識しないでいられるだろうか。宣言、条約、同盟はいずれも有用な手段だが、結果論でなく、各国が中国の生活と文明を尊重することに同意しない限り、世界をより良くするという宣伝文句は実際には裏切られることになる。中国が他国の帝国主義政策の材料として見られるのであれば、平和会議では議論も解決も無駄になってしまう。

中国で仕事をしていた六年間、私は常に中国の生活が新しい方法や目的に移行している証拠に囲まれていた。この巨大な変革は、その複雑な段階のすべてにおいて、私の目の前で見直され、中国や極東だけでなく、全世界にとってその深い意味を持つものとなった。これこそが、この時代の中国での生活と仕事を非常に魅力的なものにしていたのである。新しい政府の形態が採用された。私は、この政府の大部分のモデルとなった共和国を代表しており、その精神に中国人は従うことを切望していたので、中国の指導者たちと、彼らの一人であるかのように相談することができた。組織をより高い次元に引き上げることに成功した偉大なアメリカ連邦 American commonwealth の経験は、中国の問題を、世界中で正しい考えを持つ人々が闘っていることの一部であると考える上で、私にとって限りない助けとなった。しかし、最も落胆させられたのは、中国のニーズは、長期的な計画を立てるのが無駄に思えるような緊急事態の形をとることが多く、即時の支援が必要だったことである。瞬間的に圧倒的な困難に直面している人々と協力していると、より長い時間をかけて政治的・経済的組織の全般的な改善を考えることさえ学術的に思えてくることがよくあった。帝国体制の古い要素、権威を上からのものに基づかせる伝統的な方法、政治に対する純粋に個人的な概念と、かつて美徳とされた、一族の構成員が互いに世話をしなければならないという考えに付随する腐敗など、これらすべてが、より高度で効率的に組織された連邦の計画にいたるまで、いたるところで突出した未解決の困難の原因となっていた。しかし、コモンウェルスの精神、世論の組織化、公共サービスの要求に対する明確なビジョンが次第に現れてくるのを見るのは喜ばしいことだった。役人の間でも、政府は単なる税金や役職のための組織であるという考えが、特に若い男性の間では、政府の機能を発展のために使うべきだという願望に変わってきていた。つまり、農業や産業におけるより良い方法を目指して人々を助け、交通手段の改善や様々な種類の公共事業を奨励するために、政府の機能を使うべきだということだ。

この時期の北京から見た国際行動には、あまり安心できるものがなかった。ほとんどの場合、相互に譲歩することで一般的な利益が得られるとしても、少しも譲らず、技術的に有利な立場を失うまいという願望に基づくものだった。それぞれが、一歩一歩前進してきた自分の立場を嫉妬深く守っていた。自分がさらに一歩前進するためには、ある者は公平感に欠けることでも他人と共同戦線を張ることを厭わなかった。この期間の大部分において、ある勢力は、中国国民自身の権利を著しく無視し、他者の権利を忘却して、自らの地位を獲得するために、陰謀、脅迫、腐敗、力のあらゆる手段を用いていた。

アメリカの政策に関して、私が遭遇した困難は、中国に対して非常に公正な政策を宣言し、常に追求してきた強大な国に、多くのことが期待されていたという事実から生じた。中国の好意と信頼、そして中国国民のアメリカに対する真の友情は、アメリカが引き受けようとするあらゆる任務を容易にするものであった。しかしアメリカは政治的な目的を持っておらず、我々が徹底的に信じている原則のためであっても、政治的な干渉に近いものは特に避けたいと考えていた。アメリカと中国との関係は、政府の行動ではなく、教育、商業、産業の問題で両国民が自然に協力することに依存していた。

中国の内政問題や、様々な列強の特権と欲望の問題は限りなく複雑だったが、私にとっては、問題を健全な基盤に乗せるために何をすべきかを考えることは、難しい問題ではなかった。特に商工業において、中国人は放っておいても自らのことは自分で管理できる、私はその能力に大きな自信を持ったのだ。

中国の問題を混乱させ、そこから利益を得ようとする外国の利害関係者による公然・秘密の絶え間ない干渉から、中国人を保護すること、これが第一の望みだった。アメリカの外交活動に関する限り、その本質的な任務は、このような干渉を防ぎ、中国の独立と主権を支持するという最も声高で熱烈な宣言にさえしばしば伴う間接的な手段によって、門戸閉鎖されないように見張ることだった。それゆえ、我々は注意深く監視し、特権的な地位を確保して強化しようとする他の人々の無数の努力のすべてに、具体的に抵抗しなければならなかった。これが私たちの行動のマイナス面である。しかしポジティブな側面は、全くの非政治的なものだった。アメリカ人は権力や支配の立場を求めなかった。中国人の自由で自発的な招待があった場合にのみ、彼らは助言や援助をするためにやってくる。

重要なのは、アメリカ人が中国の教育、中国のビジネスや企業の育成に手を差し伸べ続けることである。アメリカ人は過去にもやっていたし、これからも自由な協力の精神で、他人を指導しようとは思わず、中国人自身が進歩したことを常に喜びながらやっていくだろう。このような活動は、今後も続けていかなければならない。ビジネスにおける健全な行動、産業における建設的な仕事は、中国の具体的な困難を解決するためにアメリカが貢献すべきものである。中国人は落胆し、困惑し、幻滅していた。しかしどんなに小さくても、教育やビジネスの分野で健全な影響力を放っているすべての拠点は、強さと進歩の源である。もしアメリカ人がこれらのことをするのを止められたり、妨害されたりしたら、アメリカ人がする価値のあることはもう何も残っていないだろう。しかし、もしアメリカ人が大小の企業を組織することができれば、最も直接的かつ効果的な方法で、中国が切実に必要としている励ましと組織化の原動力を与えることができるだろう。つまり、中国におけるアメリカ人の行動のシンプルな原則は、次の通りである。アメリカ人は、自分自身で価値のあることをすることによって、中国の人々の真の解放に最も貢献することができるのだ。

一国が他国のカウンセラーや友人として行動し、広大で愛すべき国民がより良い生活を求めていることを実現するのを助ける機会がこれほど多くあったことはない。自由に求められる協力、賞賛される制度や方法を手本にしたいという無制限で自発的な願望――これこそが、政治権力の強制や陰謀の狡猾さなしに、国家が相互に影響を与え合うことができる唯一の方法である。それが、中国人のアメリカに対する心の中に存在していた感情である。アメリカ人は、この信頼感がどれほどの宝であるかをまだ理解していない。

✺第一部　古い中国と新しい共和国

第1章　中国の独裁者・大総統

袁世凱の相貌

「私の反対者は誠実でない。彼らは私の政府を崩壊させるだろう」。袁世凱《えんせいがい》（一八五九〜一九一六）は、小柄で太めの体格だが、表情が豊かである。

中華民国 Chinese Republic の大総統である袁世凱は、背が低く、体格も太いが、表情豊かな顔つき、素早い身のこなし、力強い首と弾丸のような頭は、非常にエネルギッシュな印象を与える。彼の目は細くて澄んでいて、興味を持って生き生きと動き回り、常に明るく警戒していた。訪問者を鋭い眼差しで見つめながらも、決して敵意を感じさせず、常に強い関心を示した。彼のこの目を見れば、いかに会話の流れに敏速に注意を払っているか、あるいはたいてい先回りしているかがわかり、彼は細心の注意を払って耳を傾け、新たなる細部について判断を下しているようだった。フランス人は、彼がクレマンソーに似ていると考えていたが、それは中国の一ドル銀貨に描かれている彼の肖像によって証明されている。身長、顔の表情、頭の形、顔の輪郭、そして口ひげのつけ方など、彼は虎によく似ていた。

私は、最初に大総統に引き合わされたときに、これらのことに気づき、この男のほとんど冷酷な力を感じた。肩書きは共和国人だが、心は独裁者である。清帝国の昔のきらびやかな装飾品はすべて彼が保存していた。総統官邸の軍部の長でさえもそうで、袁世凱が私を迎えによこした廕昌《いんしょう》将軍（一八五九～一九二八）は、満洲人で元清国軍の司令官である。彼の唯一の外国語は、ベルリンで公使をしていた時に習得したドイツ語だったというから驚きだ。私は、フレデリック大王の好んだ背の高い男性たちのような、袁世凱の壮大な衛兵の間を通り抜け、偉大な皇太后（注　清朝最後の皇帝宣統帝の母でなく、西太后（一八三五～一九〇八）のこと。以下同じ）の派手な宮殿で、立って私を迎えている袁世凱を見つけた。彼の両脇には三十人の将軍たちが翼を広げたように控えており、それはとても印象的な光景だった。

しかし、それは公的な場でのこと。その後、公使館の書記官であるウィリアムズ氏と中国語書記官であるペック氏だけが同席した非公式な面談で、袁世凱の人物像をより詳しく観察した。袁世凱は民主派（国民党）を議会から追放したばかりか、議会そのものをあっさりと解散してしまった。袁世凱は、アメリカの好意が失われることを恐れてか、私を招いて自分の行動を説明しようとしたのである。

「この議会は、経験の浅い理論家と若い政治家で構成されており、良い議会ではなかった」と彼は語り始めた。「彼らは政府に干渉するだけでなく、すべての問題について立法することを望んでいた。彼らの本当の役割は、共和国の永久憲法を採択することだったが、それは一向に進まなかった」。そしてまことしやかに付け加えた。「我々の伝統は西洋のものとは非常に異なり、我々の問題は非常に複雑である。我々はあなた方の抽象的な政治の理想を支障なく適用はできない」

新議会が効果的に組織されないように、自分が密使を使って内部の党派的な論争を煽ったことについては、もちろん袁氏は語らなかった。また行政府と立法府をより緊密に連携させる可能性についてもほとんど語らなかった。つまり彼がすぐに憲法を制定し、新しい選挙法の下でより慎重な選出を行って国会を再建したいと言っている間、私は彼の経歴について考えていた。彼の私的な支配、不正な権力獲得、それに伴う汚職や冷酷な処刑、そしてすべての政敵に対する激しい個人的感情——これらは、他の人々が率直に意見を表明して、政治的権力が移動するのに十分な支持者を得ることを許可することに依存する、安定した議会政治に必要な資質ではなかった。この民主主義の基本原則を理解していないことが、中国政治の悪弊である。

「ご覧の通り、中華民国はまだ幼い赤ちゃんです。外国の医者が処方するような固い肉や強い薬を飲まないように、しっかりと介護しなければなりません」と袁氏は熱心に語った。袁氏はこの比喩を楽しそうに繰り返し、目を輝かせて私や他の聴衆の同意あるいは留保の表明を待っていた。

まさしく確かに幼い赤ん坊が、子供のように世話をしているのだ！　例えば、袁世凱が一九一五年三月八日に発表した布告がある。これは、袁世凱の共和主義に対する確信がいかに遠隔地にまで浸透しているか、そしてその確信がいかに袁世凱によって報われているかを示すものである。

「コエルシン旗の王子であるイシハイシュンは、モンゴル・チベット委員会を通じて、旗のフツフツであるクアンチュクチュアイムパルが従者を率いて共和国の大義を支持していることを報告し、その善意に報いることを同フツフツに要請した。同フツフツは従者を率いて共和国への忠誠を誓ったが、この行動は彼が大義を明確に理解していることを示している。彼には感謝の意を表すため、黄色い天蓋付きの馬車に乗ることを許可する」

信任状授与のため袁世凱大総統に謁見

このように、外見や誇示を重視することは、古い帝国主義由来のもので、中国の政治生活では思われているよりも重要な特徴となっている。中国の公的な儀式のほとんどは、このようにして行われている。十一月十七日、私の信任状授与のために大総統が北京城の公邸に私を迎えるために送った儀装馬車は、青に金の装飾を施した非常に豪華なものだった。八頭の馬に引かれ、大総統から派遣された騎兵隊の護衛と、私自身の騎兵隊の護衛が付いており、公使館のスタッフである書記官や随行員は別の馬車で私に同行した。このようにして、旧清帝国のバルーシェ（幌付き四人乗り馬車）に乗り、元帝国軍人の蔭昌将軍を従えて、私は共和国の最高責任者の住居に向かったのである。帝都の西部にある美しい南湖を囲む囲いの中の記念碑的な門に降り立った。この湖に浮かぶ島には、青と黄の鮮やかな瓦で覆われた、皇太后から光緒帝《こうしょてい》に割り当てられた宮殿があり、光緒帝は死を迎えるまでの長い間、ここで半囚われの身だった。この宮殿は現在、袁世凱大総統の住まいとなっている。

帝国の湖を昔ながらの船でゆっくりと渡っていると、その建物の遠い起源、その精巧な形と鮮やかな色、その季節の湖の暗さとのコントラスト、そしてそれらが舞台となった感動的な出来事が、訪問者の心をとらえずにはおかない。

宮殿に到着すると、すべてがつい最近潰えたばかりの色鮮やかな宮廷生活を思い起こさせた。私を迎えてくれたのは、儀典長の陸徴祥《りくちょうしょう》（一八七一～一九四九）氏と、その同僚で、後にロンドンとワシントンの中国公使となった施肇基《しちょうき》（一八七七～一九五八）氏だった。陸徴祥氏はすぐに外交総長になり、施氏はまず駐英公使として派遣されたのである。彼らに案内されて、いくつもの中庭やホールを回ったが、どれも広々としていて印象的だった。そして、この驚くべき東洋の美の世界における建築の宝石ともいえる京師図書館にたどり着いた。この図書館は澄んだ深い池に面しており、その周りには宮廷劇場や様々な玉座の部屋、フェスティバルホールなどが配置されているが、いずれも静かでひっそりとしていて、名高いエンターテインメントにとっては魅力的な場所である。重厚なシルクのざわめき、虹色の色彩、劇場から聞こえてくる歌声やリュートの響き――洗練された東洋の雰囲気が今も残っている。

図書館は、これらの区画の中でも最も優れたものである。建築に表れている完璧なプロポーション感覚、すべての装飾に見られる静かな控え目さ、皇帝の手で紙のパネルに書かれた詩に見られる生きた文学的な記憶、これらすべてが、最も洗練された趣味を証明している。

私の信任状を受け取ることになっている大総統に言葉を伝える間、ここで私たちは数分間休憩した。その後、背の高い衛兵の間を歩き、皇太后が建てた立派な近代建築物の大謁見室に入り、中央に立ち、将軍たちを従えた袁世凱に謁見したのである。

私は外交総長の孫宝琦《そんほうき》（一八六七～一九三一）氏から正式に大総統に紹介され、顧維鈞《こいきん》（一八八八～一九八五）博士が私の短い演説と大総統の返答を翻訳した。

軍事独裁政権が古い清王朝の後を継いだ、それだけのことである。袁世凱は軍事指揮官として名を馳せ、力を得ていた。しかし彼には冒険家の面影もなければ、戦場を連想させるものもない。彼は今、軍の指揮官というよりも管理者のようだった。彼が権力を手にしたのは、無限の忍耐力、人間に対する優れた知識、政治的な洞察力、そして何よりも、無節操ではあっても常に安全なゲームを行ってきたからに他ならない。

共和国の統治とは何を意味するのか、彼にはわからなかった。鍛えられた頭脳と豊富な情報を持っていても、高い文学的教養はなかったし、外国を見たこともなければ、外国語の知識もない。そのため、当時の中国が真似をし始めていた外国の制度については、遠巻きに漠然としたイメージしか持っていなかった。彼は、連邦政府の原理、議会の真の用途と機能、特に議会の野党について、実際の知識や概念を持っていなかった。彼はこれらを、できるだけ狭い範囲に収めるべき必要悪として受け入れていたにすぎない。

私が北京に来てから亡くなるまでの二年半の間に、袁世凱が官邸の外に出たのは二回だけだった。これは私に、国務省の紹介で上海から私に電話をかけてきて、袁世凱が「官邸から国会議事堂に向かって進む」様子を動画で撮影する手配をしてほしいと頼んできたアメリカ人のことを思い出させた。大総統の隠遁生活は、通常、暗殺を恐れてのこととされているが、もし彼の心の中にそのような恐れがあったとすれば、それに加えて、最高の政治権力を持つ者は、よほどのことがない限り人前に出るべきではないという、清朝から引き継がれた考え方があったことは間違いない。

私を非公式に迎えるとき、彼は礼服を脱ぎ捨て、常に中国製の長いコートを着ていた。彼は、中国の礼儀作法の特徴と洗練された雰囲気を保っていたが、握手などの西洋の要素も少し加えていた。一九一二年、大総統に就任したとき、袁世凱は辮髪《べんぱつ》をやめた。今は外交部だが、それまで住んでいた建物の中で、袁世凱は蔡廷幹《さいていかん》（一八六一〜一九三五）提督に、新時代に入るに際し、かつては束縛の証で国民性の象徴となった頭の飾りを落として表向きに出すべきではないかと尋ねた。蔡廷幹がそれを強く勧めると、袁世凱は大きなハサミを持ってきて、「あなたのアドバイスだ。やってくれ」と言った。蔡廷幹は勢いよくハサミを入れて、袁世凱を現代的な男性に変貌させた。

しかし、袁世凱は心の中ではあまり変わらなかった。

第2章　人間の多い国、中国

上海に上陸する

袁世凱は、個人的な権力を持ち、絶対君主の政治理論を持ち、自分自身に国民の希望があると信じていた支配者であり、中国自体は個人主義者の国であり、彼らの間にはまだ統一された国家意識や生来の国への愛はなく、政府に対する個人的な責任の伝統もなく、自分たちの生活を規律する法律の制定を自分たち自身が共有しているという意識もなかった——これらは、私が共和国の初期に特使として来た国について最初に受けた明確な印象であったと思う。

　北京に向かう途中で通過した川や都市でも、この感覚が深まったように思う。それを視覚化してくれたのが、上海の港にひしめき合う屋形船である。それぞれの船は家族の避難所であり、その家族は狭い甲板の上で生活し、動き、存在している。それぞれの家族は、隣の船に乗っている人たちとは全く独立していた。それぞれが食物を得るための仕事に没頭していた。これらの屋形船の人々（と思われる）は、お互いにほとんど共通点がなく、定期的に訪れる都市や村の生活ともほとんど共通するものがなかった。それぞれの家族は、ほとんどの時間、他の家族から孤立していた。彼らの生活は、中国の文明の縮図だと思われた。もちろん、このような姿は大まかにしか当てはまらない。私が言いたいのは、この広大な国の人口は、政治的な意味で均質なものではないということである。社会の単位は何世紀にもわたってそうであったように、国家ではなく家族である。これが今、急速に変化している。民主主義の種は中国に肥沃な土壌を見つけたが、八十世紀に渡って形成されてきた文明がいきなり攻撃されることはない。中国は結局のところ、古代の君主制国家であり、その上に共和制が突然押し付けられたのである。今はまだ調整の時期である。一九一三年十月のあの日、黄浦江を上り、上海の中心にある港の盆地に入ったときの私の反応は、少なくともそのようなものだった。

　市内のホテルでは、「サタデー・ランチ・クラブ」が開かれていた。アメリカで最近流行したこの昼間の美食の場が、この遠い港でこれほどまでに馴染んでいることに、私は少なからず驚きを覚えた。しかしこの国際的な集まりには多くの国籍の人々が参加していたが、言語は英語であった。服装については、昼食会に参加した中国人の多くが、威厳のある長袖のローブを西洋のコートとズボンに変えていた。

伍廷芳《ごていほう》（一八四二〜一九二二）博士は、中国風の衣装に紫の帽子をかぶって出席し、私たちは座って話をした。彼は袁世凱が国会で民主派（国民党）に対して行った動きについて説明し、次のように述べた。「袁世凱の唯一の目的は議会をなくすことだ。彼には自由な政府という概念はなく、完全に個人的な権威の人である。彼の周りには絶対主義の空気が漂っている。北京の高い壁の中に入ったら、気をつけなさい」と彼は諭した。「その空気は淀んでいる。その力に抵抗する者はいないだろう。誰もその力に抵抗できないだろう！」

後日、私はあるアメリカ人宣教師に重大な問題で尋ねられた。彼はどこの宣教団体にも所属していないが、「上流階級における宣教のための国際研究所」を組織していた。彼の表情からは、過剰な気遣いや不吉な予感が感じられず、すでに国務省に重大な問題を提出したと言っていた。それは「サタデー・ランチ・クラブ」に関するものだった。私はいささか早とちりして、その明らかな成功を喜んで話した。彼は「しかし、それは総領事が設立して動かしたものですよ！」と遮った。

私にはどこに問題があるのかわからなかったので、彼は強く言った。

「私の研究所は異なる国籍の人々を結びつけるために設立されたものであり、そのようなクラブの結成は私に任されるべきであったということを、あなたは理解していないのですか？」

世の中には善意の関係を築くことに終わりはなく、そのような成果はすべて感謝をもって受け止められるべきだという私の気持ちを伝えると、彼は私を見限った。私は最初、彼が総領事を少なくとも横領の罪で告発しようとしているのではないかと思った。

その日の午後、私はセント・ジョンズ大学の学生大隊を視察した。この大学は、エピスコパリアン教会に所属する近代的な大学で、卒業生の中には公私の分野でともに優れた人物が多い。その中で、顔恵慶《がんけいけい》（一八七七〜一九五〇）博士、顧維鈞博士、施肇基博士、そして後に中国の首席判事となった王寵恵《おうちようけい》（一八八一～一九五八）博士を挙げておく必要があるだろう。学長のホークス・ポット博士は、集まった学生たちに私を中国の旧友として紹介した。そこで私は、ポット博士の妻である中国人女性と、その娘や息子たちに会ったが、そのうちの二人は後に第一次世界大戦で戦った。

ある新聞記者が、私を突然、現地の問題に引き戻した。中国で私を取材したのは彼が初めてだった。

「アメリカの海兵隊を正陽門から追い出してくれないか」というのである。

気になる質問である。私は、その古い塔に海兵隊がいることさえ知らなかったので、慎重になった。海兵隊を置いておくべきかどうかは、国の運命を左右する他の事柄と合わせて検討すべき問題である。

その時は上海に留まれなかったが、後になって見ることができた。深く観察すれば、その良さが際立つ。高い壁に囲まれた個人の庭園はその魅力を示している。何エーカーもの広さの中に輝く植物、低木、茂みがあり、春には花で輝く木々の列や木立があり、遅い午後に人々がお茶を飲みに訪れる公園やクラブのベランダがあり、夜の南京路の輝き、人間の波、川やクリークに群がる生命がある。これが本当の上海であり、市場であり、国々《くにぐに》の会合の場である。

次に南京を訪れた。十一月四日だった。寂しげで悲しげな古都で、私たちが入ったときには灰色の朝の光に包まれていた。通りには張勲《ちょうくん》（一八五四～一九二三）の半野蛮な軍隊が並んでいた。彼らは、表向きは「革命」の最後の痕跡を抑圧すると称して、町を掠奪していた。張勲将軍は、古い習慣に固執する古い帝国主義者であり、袁世凱の大義名分に賛同していた。共和国政府のためではなく、自分の利益のために南京を占領し、兵士たちに掠奪と放火をさせた。彼らは巨大な黒い制服を着たおかっぱ頭の男たちで、地元の住民たちが恐怖を感じながらしずしずと歩いている通りを「警備」していた。どこもかしこも、屋根のない焼けた壁、壊れて路上に投げ出された家財、壁の中の榴散弾の破片など、悲惨な光景が広がっていた。

広大で原始的な南京は、一部が農業に復帰しており、何マイルにもわたって農家の家が広大な畑を囲んでいた。川の中州には三隻の日本軍艦が停泊していた。騒乱の中で日本人の理髪師が受けた傷に対する日本領事の訴えを支援するために来たのだ。賠償金の支払いを余儀なくされた張勲将軍は、日本領事に儀礼的に訪問して正式な遺憾の意を表明するなどしていた。彼はこれを実行したが、同じ日にすべての外国領事を呼ぶように手配して、自分の面子を保った。

私たちは車でアメリカ領事館に向かった。南京の農業地帯のはずれにあり、納屋が建っているような質素な場所である。領事は休暇で不在だったので、担当官が私たちを迎えてくれた。彼の妻の話によると、数日前に張勲の勇士三十人が武装して家にやってきて、何を持っていくかを確認していたという。夫が留守だったので、ギルバート夫人が玄関で彼らを出迎え、部下がアメリカ領事館に侵入してきたら、皆に、特に張将軍にどれほどの迷惑がかかるか、お茶を用意する間によく考えた方がいいのではないかと、とても静かに話をした。

最初は猛烈な勢いで容赦なかった男たちは、お互いに困惑した表情を浮かべ、ベランダの端に席を見つけた。お茶が運ばれてくると、彼らの代表が、自分たちの行為が愚かなものであったことを諒解したと言った。このことは、一人のアメリカ人女性が、中国の破壊者の野蛮な胸を、静かな理屈の言葉で静めることができることを示している。

南京での彼の部下の活躍を見た後では、私は張勲閣下に会いたいと思わなかった。私たちは天津行きの始発列車に乗ることにした。フェリーで広い川を渡り、デッキから友人たちが虎頭 Tiger Head などの有名な風景を指し示し、最近の戦闘や一九一一年の革命時の衝突の様子などを話した。津浦鉄道（天津―浦口）の特別車両の居間では、私と一緒に北京に向かったスタンリー・K・ホーンベック博士（注／ラインシュの下で哲学博士号を取得。米国務省の極東問題専門家として一九二一年から一九四四年まで勤務した。一八八三～一九六六）、中国人に詳しいアメリカ人のロイ・S・アンダーソン氏、そして私に同行した中国政府の代表者という小さな仲間がいた。アンダーソン氏は、午後たった一日で、中国の政治の現状について、多くの個人的な体験やその特徴を交えながら、私に全体像を教えてくれた。

中国の政治では、個人的な要素が最も重要である。過去の経歴、所属や利害関係、友情、敵意、経済的地位、グループ、そして様々なグループの相互作用など、個人を知ることが政治的影響力の鍵となる。中国の社会倫理には、人間味が強く、抽象的なものはほとんどない。彼らの行動の理想は個人的なものであり、原理や愛国心への遠大な忠誠心は行動に強く表れない。この直接的な社会的結合こそが、中国社会が昔から存在し続けてきた強さである。

この偉大な資質の欠点は、人間が自分の狭い利益を超えて、明確に考えられた広い公共の目的に向かって進むことができる動機がないことである。私が中国に来たときには、現在よりも古い方法が主流であった。そのため、アンダーソン氏の中国人に関する知識は、国家としての幅広さと、その重要な人物すべての資質に関する具体的なものであり、私は中国の問題に具体的かつ個人的に取り組むことができ、一般的で先入観のある考えをいったん脇に置くことができたのである。また、例えば淮河《わいが》の大飢饉のような重大な問題が、中国政治の近視眼的な個人的関心事のために、いかに無視されてきたかを知ることができた。

その日の午後、私たちは淮河地域を通過した。どこまでも続く沖積平野は、山から運ばれてきた黄土が長い年月をかけて堆積したもので、土の深さも質も無尽蔵に豊かである。地球上で最も肥沃な耕作地帯の一つとなるように自然が配慮している。しかし、自然がそれを台無しにしてしまった。高地の集中豪雨で増水した川は、定期的にこの広大な地域に氾濫し、すべての作物を破壊してしまうのだ。

ここでは、飢饉や疫病の到来は永遠に続くのである。最近一九一一年の飢饉の際にアメリカ赤十字社が行った寛大で効果的な援助は、中国の人々に感謝されている。これほどまでに恵まれた環境にありながら、現在の人口よりも少なくとも二千万人以上の人々が安心して生活できるようにするための適度で計画的な土木工事が行われていないこの地域を見て、私は最初に取り組むべきことの一つとして、この広大な土地の再生を支援することを決意した。

日没後に到着したのは、私の中国での公式な生活に大きな役割を果たすことになった山東省だった。駅々での人出は膨大になり、挨拶の声も大きくなっていた。旧友のTsai Chu-tungが現れた。彼は省長と外務委員の使者で、私のもとで学生生活を送り、一時は私の中国語秘書を務めたこともあった。軍楽隊の演奏や金属的な歓迎、メッセージカードを持って現れた代表団がいる駅を夜通し通り過ぎて、我々はついに山東省の省都である済南に到着した。ここでは、省長に代わって、若い局長が公式の代表団とともに私を正式に迎えてくれた。その後、彼は私を北京に連れて行ってくれ、非常に鋭く、高度な訓練を受けた人物から中国の状況について話を聞くことができた。

その日の午後、天津に到着した私たちは、民政長官の代表とその楽団に迎えられた。アメリカ人社会は、私が来るというニュースに早くも心を動かされたようで二日続けて駅を訪れていた。英国人である駅長は、私の到着日を間違えて総領事を混乱させ、第十五アメリカ歩兵隊によるパレードを含むすべての歓迎装置を早々に開始してしまったのだ。

この日の夜は、民政長官の劉氏と官邸で夕食をとった。雨の中、何キロもかけて暗くて狭い道を走り、巨大な壁とランタンで照らされた門を見た後、中庭に入り、最後にアンティークで色とりどりの建物のメインホールで、太っていて気さくな長官が私たちを迎えてくれた。省の各部局長はもちろん、議会議長や軍の側近も出席していた。長官の秘書であり、食後のスピーチをする人たちの通訳でもある若い李氏は、一度に二つの言語でスピーチを全部訳すという珍しいことをやってのけたが、そのスピーチは決して短いものではなかった。私の中国語書記官は、彼の見事な翻訳、英語から中国語への完璧な翻訳についてコメントし、私も彼の英語のイディオムの習得に感心した。このような翻訳の才能が発揮されることはめったにない。講演者の話は通常、短いパラグラフに限定され、通訳者の表現によって常にチェックされる。もちろん、これでは思考の流れや聴衆との接触が妨げられてしまう。しかしこの晩餐会の通訳者は、ジョークやウィットに富んだ言葉をポイントを外さずに翻訳していた。言葉遊びを外国語にするのは最も難しいことだが、中国語にはダジャレの機会がたくさんあるので、機転の利く通訳者は必ず代わりの言葉を見つけてくれる。本当に面白い状況を伝えると、中国人は必ず答えてくれる。中国人のユーモアは、特に過剰なことをして喜ぶアメリカ人と似ている。一般大衆向けのスピーチを翻訳する際に、通訳者は自分で考案したものに頼ることがある。期待される笑いを生み出すためだ。外国のジョークが的を射ていない場合、彼らは時折講演者について個人的な発言をして、事態の進行を助けることがある。話し手のはしゃぎや満足は、取られた方法が理解されているので通常明るいものとなる。

天津からの出発の際には、中国政府の異例な好意が明示されていた。北京への移動には、先の皇太后の宮廷車が割り当てられたが、皇太后の治世が終わってから一度も使われていないと聞いた。古い習慣に新しい発明を加えて、列車内は小さな宮廷部屋のようになっていた。入口のドアは二重になっている。中央の扉は、君主が出入りするときだけ開けられるもので、横の扉は通常のものである。サロンの端にある中央の扉の反対側には、高さと幅のある小さな玉座があり、インペリアル・イエローの布張りであった。車内のドレープや椅子もすべてこの色で統一されており、それなりに豪華さと亡き人の偉大さをアピールしていた。

北京に到着

首都に近づくと、北京から約十マイル先の平原から突然そびえ立つ、標高六〜七千フィートの西方丘陵と呼ばれる美しい山の形が、平坦で遠くまで伸びる千里の平原との印象的なコントラストを生み出している。北京の塔や城壁は、力強さと永続性を感じさせる印象的で驚異的な外観で、この光景にふさわしい。荘厳で神秘的、その大きさや広さ、構造の必然性は、ピラミッドや自然の手で作られた大きな山としか比較できない。多くの人種が出会い、戦い、働き、生き、死んでいったこの平原を見下ろすと、そこには人種の流れの主要な出会いの場の一つがあり、この壁はそれ自体が記憶に残る長い期間持続した文明の象徴となっている。

近づいてみると、城壁はすぐ頭上にそびえ立ち、列車は数マイルにわたって城壁を横切り、都市の南門に通じるいくつかの交通量の多い道路を横切り、そして突然、城壁の開口部を通って内部に入る。最初に、いわゆる中国の都市（Chinese city）を通過する。この一角はもはや人口が密集しておらず、今では庭園や畑、記念碑や仏塔のある埋葬地になっている。私たちは中国の都市の人口の多い部分を通過するだけだ。すぐに、中国の都市と満洲の都市（Manchu city）を隔てる高い壁のすぐ下に入る。壁は北側で隣接しているが、高さ百フィート、直径八十フィートの巨大な壁で隔てられている。二つの城壁が交わるところには、そびえ立つ堡塁があり、道路の上には何階もの高い門がある。これらの記念碑的な構造物の冷やかさは、下の通りに群れを成して押し寄せる群衆と鋭い対照をなしている。

天津で私たちを出迎え、北京まで同行してくれた公使館中国語書記官のウィリス・R・ペック氏からは、首都での最近の出来事や、袁世凱が議会に対して繰り広げている戦いについて詳しく聞いた。駅では大勢の官僚や軍人が出迎えてくれ、カルフーン氏が去った後の公使代弁であるE・T・ウィリアムズ氏が紹介役を務めてくれた。外交総長の孫宝琦氏は、背が高く、温厚そうな男性で、ヨーロッパ風の服を着て、長い顎ひげを生やし、英語を少し話し、フランス語とドイツ語を多く話したが、歓迎と祝辞を述べた。他の高官や多くのアメリカ人コミュニティのメンバー、議会の代表者数名も参加していた。北京の軍隊の中でも、身だしなみの整った、スマートで兵士らしい姿で知られているアメリカ海兵隊の立派な隊員たちを見ることができたのは嬉しいことだった。公式の歓迎会には、堅実な中国の歩兵隊と、同じく軍隊組織である北京の国家憲兵隊の一隊が参加した。何千人もの観衆が集まる中、いくつかのバンドが互いに国ぶりや刀礼を競った。

北京市の中心となる城門（正陽門）は、元のままの姿で残っており、この城門をくぐったり、下にいたりすると、このユニークな首都の特徴である途方もない雄大さと尊厳がはっきりと感じられる。内門と外門をつなぐカーテンウォールは、今では取り外されている。その脇にある門をくぐると、そこには高くて美しい二つの門楼がそびえ立つ印象的な広場があった。正面玄関の脇には、絵のように美しい二つの小さな古寺がある。一つは軍神を祀ったもので、皇太后のお気に入りの場所で、皇太后は通るたびに行列をここに止めていたそうだ。これらの寺院の旗竿からは、色鮮やかな巨大な旗が空中に浮かんでいる。正陽門の壁の上にはアメリカの海兵隊員が見張りをし、我々を見下ろしている。彼らこそが、人々の関心を集めている存在なのである。

正門からは、北京の中心軸をなす大通りをまっすぐに見上げることができる。この大通りは、多くの装飾的な門をくぐり、重厚な建物の間を通って、帝都の中央の玉座につながっている。北京の都市計画は左右対称なものである。この中心軸は南北に走り、重要な門やモニュメント、権力の中枢を次々と通過していく。この軸から都市は東西に規則的に広がり、南側には道路や路地の対称性が崩れた中国の都市（Chinese city）、北側には満洲の都市（Manchu city）があり、主要な門につながる広い通りがある。一方で、それらの間の大きなブロックは狭い道路や路地によって規則的に切り分けられている。

中国の都市の主要な南門から、中央線は主要なビジネス街に沿って北京市の中央南門（堂々とした正陽門）まで通り、その八十ロッド先には帝都の最初の外門がある。そこから中央線は紫禁城のすぐ外側にある大きな広場を切り、帝都への主要なアプローチを形成している。その後、線は柱と巨大な石の獅子の間を通り、紫禁城の第一門を通過し、内側の閲兵場とその上には皇帝が軍隊を閲兵する玉座がある内門を切る。玉座の間や戴冠式のホールなど、三つの壮大な建造物が並ぶ中央の囲いを通り、玉座のある地点で、現皇帝（注／宣統帝・溥儀のこと）が住む紫禁城の居住区に入り、北京で最も高い場所である景山の頂上に突き当たる。それは皇帝たちの遺体が埋葬される前に安置されていた寺院と交差し、帝都の後方から北門を通って古代の鐘楼と鼓楼を通り抜ける。これほど畏敬の念を抱かせる荘厳な権力の座への接近の仕方は、この世に存在しない。貢ぎ物を持った人々が北京にやってきて、堂々とした建造物や偉大なモニュメントに囲まれたこの直行路を通ったとき、彼らは最終的にこれらすべてが序章にすぎない力を持つ人物の前で敬意を表する準備をしていたのだと、私たちは十分に想像することができる。

しかし、私たちはこの主権者に向う道を歩まなかった。正陽門を通過した後、私たちは直接右に曲がって公使館地区に入り、高くて堂々とした正陽門の影にある城壁のすぐ内側にあるアメリカ公使館にたどり着いた。このアメリカ公使館は、公使館街に沿った大きな施設の最初のもので、色とりどりの美しい街門(street arch）を通って近づく。

海外にいるアメリカの代表が赴任先に着任したとき、楽な時間を過ごせる人はほとんどいない。私たちが行くのは、十分な家具を備え、必要に応じてすぐに昼食を提供できる召使や係員が揃った、歓迎のために準備された家である。残念ながらほとんどの場合、アメリカの外交官は数週間から数か月の間、ホテル以外に寝る場所がない。多くのアメリカの公使や使節は、就任した最初の年の半分の時間を、必要な生活の準備に費やすのだが、私は北京で完全にそれができた。この時期は、彼らが仕事をする状況を観察するために、心の余裕を持つべき重要な時期でもある。海外での威厳ある利益の代表の必要性を、国民がより完全に理解する時が早く来ますように。

公使の住居は、コロニアル・ルネッサンス様式の重厚なもので、簡素だが立派なものである。この建物はアメリカから輸入した材料で作られており、公使館の建物を建てるために政府の建築家が特別に派遣された。彼はアメリカで政府の建築物を設計していたので、なんとなくステレオタイプな公文書保管庫や秘書官の家は「若い郵便局」と呼ばれていた。しかし公使館は、当時公使であったW・W・ロックヒル（一八五四～一九一四）氏の努力により、煙突を除いてすべてが適切に設計された傑作である。この建築家は、中国人労働者のやり方に慣れておらず、しばしば彼らを苛立たせたため、彼らの悪意を買ったと言われている。不機嫌な石工たちは、建築家が「面子を失う」ように、そっと壁を作ってしまったのだ。大きなダイニングルームの暖炉から出る煙突は、徹底的に塞がれてしまい、永久に使えない状態になってしまった。

中央広場に面した公使館を囲む「コンパウンド」と呼ばれる囲いから少し離れたところに、秘書やアタッシェ、領事の学生や事務職員が住む家々が集まった、まさに村のような場所がある。古風な寺院や、高い壁に囲まれた庭付きの家がたくさんあり、絵に描いたような中国の村である。翡翠運河（jade canal）に隣接し、想像力に乏しい理事長によって「スリーピング・カー」と呼ばれているホテルに向かい合っているが、「フォー・ネーションズ・ホテル」と呼ぶのがふさわしい。翡翠運河が城壁の下を通る水門は、一九〇〇年にアメリカの海兵隊が初めて北京の街に侵入した場所である。（注　義和団の乱のこと）

中国人は驚くほど自意識がなく、それゆえに優れた役者である。通りを行き交う何千人もの人々を見ていると、彼らもまた演技をしているのだと感じる。西洋の大都市の混雑した通りのように、頭から突進したり、肘をついたりするようなことはない。皆、ある重要性を意識しているかのように、威厳を持って歩いたり乗ったりしていて、それは今すぐある場所に行こうとする熱心な目的ではなく、何世紀にもわたる伝統と記憶を持ち、現在の事業はほんの些細な出来事に過ぎないという、ゆったりとした存在の流れを表している。外国人女性は、時にこの広大で押し寄せる群衆に恐れを抱くことがあるが、どんなに臆病になっていても、人力車で通りを数回走り、この人々のマナーを少し観察すれば、気の弱い人でも家にいるように感じることができる。このタタール人の大群に、いつの間にか恐怖を感じなくなり、民族学的な標本であるという感覚さえなくなってしまう。人は、包み込むような、しかし決して圧迫したり群がったりしないこれらの大群の中で、すぐにすべての人間性を感じることができるのは驚くべきことである。

中国の通りを見下ろすと、大勢の人々が行き交い、ロバの荷車、馬やロバの背に乗った人、ラバの子馬、人力車、ラクダのキャラバン、販売や屠殺に連れて行かれる動物の群れ、そして飛ぶように走る自動車が混ざり合っている。これらすべてが、動きと回避の完璧なコントロール、混雑と喧騒の印象を与え、混雑した舞踏会のフロアで練習したダンサーの動きを思い起こさせる。また、大きな門の前で自分の番が来るのをじっと待っている群衆の様子は、常に楽しさと喜びを与えてくれる。その列はまるで針に糸を通すように、ゆっくりと門をくぐる。衝突や事故があった場合、抗議の声が上がることはあっても、人力車に座っているストイックで威厳のある人の声が上がることはない。中国では、すべての人間と動物が、ほとんど乱れのない調和と相互理解の中で共に暮らし、働いている。

時折、喧嘩の騒ぎが空を舞うだけである。この頃は辮髪が廃止されたばかりだった。旧来の戦闘技術は、お互いに相手の辮髪を握って押さえつけ、自分の性格を説明するというものであった。改革初期には、喧嘩をした男たちが必死になって相手の後頭部をつかんでいる姿が見られたが、それはもはや固定するものがない状態である。

中国人の生活の大部分は公共の場である。通りには無数のレストランがあり、広く開かれたバザールには商売人がいて、動き回る手紙の書き手や物語の語り手がいて、その周りには好奇心旺盛な人たちが集まっている。これらすべてと、そこに群がる人間性の魅力がある。相手を思いやる気持ち、絶え間ない動き、興奮したおしゃべり、活発さと思慮深さ、そして時折起こる熱い、しかし無血の戦いがある。

第3章　新中国に残る古い儒教

復活した儒教

「全中国人民は孔子の教義を最も神聖なものとしている」と袁世凱大総統は一九一三年十一月二十六日の政令で宣言し、旧来の国教の大部分を復活させたのである。儒教を確立された宗教とするには至らなかったが、いけにえの儀式や二年に一度の記念行事を復活させることを命じた。「私は、中国の伝統的な信仰を維持することの重要性を強く確信している」と述べている。これを支持したのが、アメリカの大学を卒業した陳煥章《ちんかんしょう》博士（一八八一〜一九三三）が中心となって組織した北京の儒教協会である。陳氏の博士論文は孔子とその学派の経済原理を扱ったもので、帰国後、彼は儒教を共和国の国教にすることを目指していた。

キリスト教の宣教師たちは憤慨した。彼らは、新しい共和国がいかなる形態の信仰も正当性を認めることは後退であると考えた。しかし袁氏は、「政府が強調したいのは、むしろ教育の一環としての孔子の倫理と道徳の原則である」と述べている。儒教には神秘的なものや神学的なものはないので、このような見解は確かに妥当である。

袁世凱は十二月の終わりに再び「冬至の日に天を拝むことにした」と宣言した。この日は十二月二十三日で、再び話題になった。「袁世凱が皇帝の座に就こうとしているのではないか」という意見が多かった。

私はこの件について内務総長の朱啓鈐《しゅけいけん》氏（一八七二〜一九六四）と話をしたが、彼は儒教や天上の崇拝の詳細に精通しており、中国の伝統について無尽蔵の知識を持っていたのである。しかし、彼は都市計画、道路建設、産業開発などを行う行動派であった。比較的若く、教育も性格も完全に中国人であった彼は、中国の政治の性格に関する知識を最高に持っており、それは彼の職務に必要だった。建築家として、彼は北京のオスマン男爵（注／ナポレオン三世時代のフランスの政治家、パリの都市計画、改造、近代化に貢献した。一八〇九～一八九一）となり、大通りを広げ、舗装し、公園を作り、公共の場所を再配置し、二年という短い任期の間にすべてにおいて驚異的な成果を上げた。彼は北京の国立博物館を設立し、帝都の一部を公共の公園に変え、それらは、それまで中国では知られていなかった市民生活の中心となった。朱氏は、宗教、芸術、建築に精通しており、考古学と芸術の生きた百科事典であり、中国の寺院や宮殿の歴史を語ることに喜びを感じていたが、現代的な誘惑からは逃れられなかった。彼は、自分が計画した改修工事に外国の要素を取り入れようとしすぎたため、外国の中国美術の友人たちは、この大都市の見事な調和を台無しにするような西欧の不調和な形態を持ち込まないように、彼のそばについていなければならなかった。

朱氏は、「共和国政府が天の崇拝を怠ることは危険である」と私に教えてくれた。「農民は古い暦に従って、種まき、収穫、その他の農村の儀式を守っています。政府が成立した今、冬至の日に天を拝むことを怠り、その後、作物が枯れたり、全く収穫できなかったりした場合、政府は必ずや全国の農民から責任を問われることになるでしょう」

「もちろん、礼拝が豊作を保証するものではありませんが、とにかく政府の責任は軽減されるでしょう」と彼は微笑みながら付け加えた。

私は、民主主義国家においても、全体的な繁栄、あるいはその欠如を理由に、政権が評価されたり非難されたりすることがあり、豊作は確かに政権党を助けるものであると考えざるを得なかった。

「儀式では、共和主義にふさわしい変化を取り入れます」と朱氏は断言した。「私自身、参加者が着る特別な礼服をデザインしていますし、音楽や典礼も多少変更されます」。しかし私には、その変更のどこに具体的な共和主義のバイアスがかかっているのかはわからなかった。袁世凱は十二月二十三日の夜明け前に天壇に向かった。朝の暗いうちに、大総統は中国の都市の南壁に沿った大きな聖なる木立の中にある、素晴らしく威厳のある野外の聖域に車で向かった。黄砂で覆われ、前夜から駐留していた兵士が三列に並んだ道を、護衛兵に囲まれて走ったのだ。最高裁長官、儀典長、検閲官、陸軍総長、その他の高官や将軍などのスタッフが同行した。寺院に到着すると、彼は制服をいけにえ用の衣と帽子に着替え、沐浴の後、他の高官たちと一緒に大きな円形の祭壇に進み、そこに登った。彼はそこで犠牲の肉を運ぶ者、絹と玉を運ぶ者、杯を運ぶ者、そして唱える者と一緒になった。続いて、様々な儀式の捧げ物が前に出され、何度もお辞儀をして天に捧げられた。そして次のような祈りが捧げられた。

天よ、あなたは私たちを見下ろし、私たちに国を与えてくださいます。すべてを見、すべてを聞き、至るところで、しかし、なんと、なんと近いことでしょう。私たちは、空気が新しい生命を得たこの冬至の日に、あなたの前に来て、敬虔な精神で、古い儀式を以て、あなたに翡翠、絹、肉を捧げます。私たちの祈りと供物が、甘い香とともにあなたのもとに昇りますように。我々は自らを清め、あなたが我々の供物を受け入れてくれることを祈ります。

最初の儒教儀式は、約二か月後、大総統が朝四時に自ら出席して行われた。前日の午後には、細部に至るまでのリハーサルが行われた。多くの外国人が参加していた。神殿の入口から、樹齢を重ねたアヤメの木の間を通り、高いポーチを抜けると、そのうちの一つには賢者の時代に作られた有名な石の太鼓が保存されていて、訪問者は最も内側の囲いに入った。ここにも古木が植えられているが、中央部は開けられている。楽器は本堂の前の台に置かれている。ここでは儀式そのものが行われ、宮廷には儒教協会のメンバーや威厳のある長身の男たち、北京の一流階級の人々が集まっていた。

この日の音楽は、昔からこの地で聞かれていた古典的な曲をアレンジしたものだと聞いた。この音楽についての完璧な知識はもはや存在しないようだ。しかし翡翠の飾り板、笛、小さなハープに似た長弦楽器、太鼓、シンバルなどで魅力的な音楽が奏でられていた。翡翠の板の一つを叩くと、すべての楽器がハミングのような音を出し、それが一分ほど続く。旋律はなく、ドミナントの連続で、この音の流れに合わせて、盛り上がったり、引いたりしていた。興味深いのは、豹のような動物の形をした楽器で、その背中には二十枚ほどの小さな板が密着している。音楽のある段階では、スティックがこの板の上を素早く通過し、演奏されている曲に非常に独特な区切りを与えている。

主賓は内務総長の朱啓鈐氏と外交総長の孫宝琦氏で、新調した礼服を着て華やかに行われた。中庭の荘厳な雰囲気が式典を盛り上げたが、その効果は詠唱法や音楽、そして参列者の非常に凛とした態度に依存していた。私は、国教の是非や、このような儀式が持つ反動的な影響の問題とは全く別に、こうした伝統を完全に捨て去ることを拒否するのは、健全な本能に触発されたものであると感じざるを得なかった。

西洋の試みとその問題点

さらに、この復活は新しい方法を採用する中で起こったものである。中国の女性たちは、二月五日の夜、外交部の舞踏会で初めて一般社会に姿を現した。中国の辺境属領の代表者の多くが絵に描いたような衣装で参加していたが、常に自然な自信に満ちていて、この近代的な環境にすっかり溶け込んでいるように見えた。アメリカ人建築家によって設計された外交部の建物は、メインフロアに印象的なアパートメントが配置されており、大規模な催し物に十分なスペースを提供する一方で、小規模なグループの親密な集まりにもあらゆる機会を提供している。踊り子たちのために素晴らしい海軍バンドが演奏している舞踏室から、ゲストたちが長いアパートメントの列を通ってやってきた。

中国人女性は、このような一般的な社交場に慣れていないことを全く感じさせず、自然な気楽さと威厳を持っていた。また、彼女たちは現代のダンスの形に多少の面白みを感じたことを隠さなかった。この時には若い女性のほんの少ししかこの西洋芸術を会得しなかった。しかし心酔者の数はその後数年間で急速に増えていった。

辺境のタタール人の間では、この機会は、モンゴルから来た生身の仏陀のためにあるとされたが、中国の政府当局は彼に最も注意を払っていた。大きな従者に囲まれていたが、彼はその全員を凌駕し、その胴回りは巨大であった。彼は夕方になると、軽食が出されている部屋に行き、テーブルを占領して、七、八枚の衣服を脱ぎ捨てた。そうすると普通の大きさになった。その後、何人かの従者が各テーブルを回って、生身の仏陀が満足できるような料理を持ってきた。深夜になっても、舞踏室にはまだ報告が届いていた。

「生きている仏陀はまだ食べている」。

中国の女性が、全く新しい状況にすぐに適応可能というのは驚くべきことである。彼女たちは、社会的、政治的、科学的な分野でリーダーシップを発揮できることを示しており、多くの人が幅広い知的関心を持ち、鋭い精神力を発揮している。二月十三日に北京の女子医大で卒業式の挨拶をしたとき、私はどのような中国人女性が医学教育に専念するのか興味があった。この分野では金韻梅《きんいんばい》博士（一八六四～一九三四）と石美玉《せきびぎょく》博士（一八七三～一九五四）が先駆者である。中国の近代医学の進歩に伴い、多くの中国人女性が看護師や医師の道を歩むようになった。この日、中等学校の女子生徒たちは様々な曲を歌ってくれたが、そのアルトの声がチェロのように美しいことに感動した。このような場では、いつものように通訳を介して挨拶をした。段落ごとに切り刻まれるわけで、面白いものではないが、しかし中国の聴衆は非常に礼儀正しく、気配りができるので、講演者に焦りを感じさせることはない。

翌日の昼食は、農林総長の張謇《ちょうけん》（一八五三〜一九二六）氏により、植物園で供された。この植物園は、北西門の外にある広大な敷地を占めており、以前は皇太后の公園や趣味の庭園として使われていた。皇太后のために建てられた近代的な建物は、各階に大きなメイン・アパートメントがあり、そこから小さなサイド・チャンバーが出ている構成になっていて、私たちの昼食会に使われた。この建物の壁には、多忙な生活の中で花を描くことを好んだ皇太后の手による絵がまだ飾られていた。ここでの会話は主に中国美術についてで、ゲストの中には古美術の専門家がいて、その周氏は素晴らしい絵巻物を展示した。中国人は、絵に添えられた文字（奥付）にも、絵そのものと同じような関心を持っていることに気づいた。特に有名な作家の中には、複雑な筆致を躊躇することなく完璧に操ることができる人がいることを彼らは賞賛しているようだった。宋の有名な詩人が書いたページを見ていたとき、周氏はこう言った。「彼はいつも詩のように軽やかに筆を終え、まだ何かを残している」。

中国の筆跡には、性格や教養の違いを表現する無限の力がある。それは個性と密接に結びついている。鉄の彫刻のように精密なものもあれば、フランツ・ハルスの筆のように大らかで確実なものもある。中国人が特に称賛するのは後者であり、中国の文字についての知識がなくても、その芸術性と個人の特徴を明らかにする力に感銘を受けずにはいられない。教育を受けた中国人にとって、上手に書くこと、つまり力強く、個性的な表現をすることは、今でも大きな野心である。この日の私のホストは、中国で最も有名な書道家の一人だった。多くの人が彼を尊敬していたが、その中の一人である北方軍の総督 **military governor** は、出世したものの、毎日苦労して覚えた幾つかの文字で巨大な巻物を飾り、友人たちを喜ばせていた。

中国の生活の中で生まれた新しいものには、否定的な人もいた。ロックヒル夫妻が北京に遊びに来ていた。政権交代によって公務から解放されたロックヒル氏が、知的関心の高い場所に戻るのは当然のことだった。ロックヒル夫人は、最初の夕食時の会話では、中国に対して非常に反動的な見方をしており、旧清朝を称賛し、近代化の試みをすべて馬鹿にしていた。彼女は君主主義者であるだけでなく、昔の皇帝のような絶対主義の信奉者であると思われた。このように賢い女性は、どのような意見でも合理的に見せるようなことができる。ロックヒル氏は、それほど強くは言わなかったが、過ぎ去った中国の昔を懐かしんでいたことは確かである。私がロックヒル氏のために開いた晩餐会で、私たちが一緒に接待をしていると、遠くから従来の夜会服を着た若い外交部の参事官たちが現れた。ロックヒル氏は、「何と恐ろしいことだ」とかなり悩んでいた。「どうしたのですか」と私は尋ねた。「彼らは昔ながらの服を着るべきだ、ヨーロッパの服装は彼らには合わないし、ああいうのは模造品も同様だ」と彼は答えた。

ロックヒル氏、フランク・グッドナウ博士（一八五九～一九三九）、ヘンリー・C・アダムス博士（一八五一～一九二一）らが集まった別の夕食会では、中国の状況を中心に、やや悲観的なトーンで話が進んだ。アダムス博士は、鉄道の統一会計システムを考案していた。「我々は汚職の蜘蛛がおり、種族全体が強力な親分蜘蛛に操られている場所に通じる袋小路に毎回入り込んでしまうようだ」と彼は言った。

公務員の収入の大部分が手数料で占められていた過去の安易な時代から引き継がれたこの腐敗は、中国のあらゆる賢明な官僚が大きな悪であると認識していた。彼らは効率的な行政のためにこの問題に取り組もうとしたが、制度全体を新たな基盤に引き上げるという大胆な仕事はなかなかできなかった。新しい方法では、給料が大幅にアップするため、厳格な説明責任、誠実さ、効率性という理想には、徐々にしか近づけなかった。グッドナウ博士は、この会話の中で次のように述べてあらゆる困難を感じさせた。「ここにあるのは、何世紀にもわたって、裁判所や正式な処罰なしに、社会的・道徳的な絆によって自力で維持されてきた非政治的社会だ。今突然、選挙や議会、その他の我々西洋の抽象的で人工的なシステムの要素を取り入れようとしている。私は制度の変化がもっと緩やかで、普通選挙という抽象的な考えよりも、代表制はむしろ既存の社会集団や利害関係に基づいていた方が、はるかに良いと考えている。このような政治的抽象概念は、実際の経験を経ていない中国人にはまだ何の意味もない」。

また彼は民主派がイギリスの内閣制度に類似したものを設立しようとしていることを認めなかった。彼はこのようなデリケートなシステムを動かすには、もっともっと政治的な経験が必要だと感じていた。「私は、より満足のいく結果を得るためには、大総統への権力と責任の集中を期待したい」と述べている。

ロックヒル氏の基本的な考えは、世界が中国に一切干渉しない方がはるかに良いというものである。「何千年もの試練に耐えてきた中国の社会システムをそのまま存続させ、模範となる人々の影響によって徐々に必要な修正がなされることを信じるべきだ」と訴えたのである。彼は、袁世凱に自由裁量権が与えられれば、中国の伝統的な思想に則り、かつ現代的な方法を十分に適用して中国を統治することができると確信していた。袁世凱の政府が行っている厳しい報道検閲も、この状況下では適切であると考えていた。

このように、主に困難や欠点、腐敗について語られた会話の中には、中国の人々に対する信頼感が顕著に表れていた。仕事で具体的な悪に接してきた経験豊かな彼らは、中国ビジネス全体が全く絶望的であるとする外国人にありがちな視点からではなく、国民性の本質的な強さと美徳への信頼が根底にある中で、自分の国の欠点を考えるように中国を見ていたのである。ロックヒル氏は、中国が破産するという考えを一笑に付した。「膨大な天然資源と人的資源がある」と。「人的資源とは、単に粗野な物理的マンパワーの量ではなく、手工業における非常に高度な訓練された産業能力のことである」。しかしこの国の途方もない可能性、物質的な富の資源、マンパワー、産業技術、実際の資本を理解したときにこそ、その発展を妨げる困難はそんなに嘆かわしいものになるのである。

この頃、梁啓超《りょうけいちょう》（一八七三～一九二九）氏が夕食会を開き、アダムス博士、グッドナウ博士、シカゴ大学のジャドソン（一八四九～一九二七）総長、婦人たちが出席した。梁氏には、肉、野菜、菓子を調理する際に必要な、あらゆる種類の風味豊かな料理を作ることができる、その道の達人である料理人がいた。通常、中国のディナーは百五十から二百のコースがあると言われている。しかし料理の数が多いと言った方が正確で、常にテーブルの上には様々な料理があり、客はそこから選択する。このような晩餐会で提供される料理の豊富さは、確かに驚くべきものである。客はそれこれと味わうが、その大部分は家人たちに送り返される。中国料理は珍しい料理ばかりだと思われがちだが、実はそうではない。確かに鳥の巣のスープやフカヒレ、アヒルの腎臓などはあるが、中国料理の本当の素晴らしさは、鶏や魚など一つのものを無数の方法で調理し、歯ごたえや粘り気、風味などを無限に変化させることができる点にある。注目すべきは、肉類がどれほど多いかということだ。野菜や果物の種類は常に豊富だが、中国人が食べる肉の量は、通常のように中国人をベジタリアンの民族と分類している人にとっては、驚くべきものだ。

中国人の宴会の見栄えは、帝室の食卓で出される豪華な料理の数々に比べれば、貧しく思える。皇帝がいつでも必要とする料理は、毎日の主要な食事の際に出さなければならないというのが帝室のルールだったが、在位期間が長くなるにつれ、食卓に並ぶ料理の数は当然ながら増えていった。乾隆帝の晩餐には百二十のテーブルが必要だったと言われているが、皇太后が亡くなった時には九十六のテーブルが用意されていたと言われている。皇帝の厨房には三百人もの料理人がいたというのも不思議ではない。ある時、醇親王（一八八三〜一九五一）が私と帝室の財政状況について話していた時、彼は深いため息をつきながらこう言った。「皇帝は召使の数を減らさなければなりません。例えば、現在、料理人は三十人しかいませんし」。上記のような習慣を知らなかった私は、その数で十分だと思った。この記事を書いている時点では、小皇帝は約十五人分のテーブル数だと思う。（注／醇親王　最後の宣統帝溥儀の実父。幼い皇帝の後見人を務めたために「摂政王」とも称された）

梁啓超氏のもてなしでは、料理は中国式に出され、料理は箸で食べるが、通常の夕食の手順にはいくつかの変更が加えられていた。中国の食事の作法では、テーブルの中央に新しい料理の入った皿が置かれると、ホストやホステス、その他の家族は、そこにあるものを見て、一番おいしいものを選んでゲストの皿に盛り付ける。ゲストもそれに応え、このやりとりはディナーの間ずっと続き、全体的にとても社交的な雰囲気に包まれる。梁啓超氏のテーブルでもこれらの礼儀は守られていたが、中央の皿から料理を取って隣の皿や自分の皿に移すために、特別な箸が用意されていた。

夕食後の会話は、中国の倫理観に及んだ。梁啓超氏はこの問題や、西洋の思想や生活との関係について最も有能な権威の一人である。私はあえてこのような意見を述べた。「中国では、年長者が若い世代から尊敬されていることは、非常に強い社会的結合力であるが、それは、より活動的な若い世代に自分の考えを実行する機会をほとんど与えないという点で、進歩を妨げている」。

「しかしこの制度は必ずしも変化を妨げるものではない。結局のところ、支配するのは社会であり、個人ではない。年長者に敬意を払えば、若い人たちは社会を変えるためのアイデアを持ち出し、実行する機会を十分に得ることができます」と梁氏は返答した。

彼は年長者の尊重と祖先崇拝の原則を根本的に重要視し、その直接的な社会的効果に加えて、それが、西洋人が不死の信仰から得ているものすべてを中国社会に与えたと見なした。生きている個人は、祖先の長い系譜の連続性を通して永続性を強く感じ、その影響は実際に生きている人々を鋭敏に取り巻いている。さらに彼ら自身の行動は、現在の狭い利益からではなく、次の世代の生活との関係で見て、より高い次元に引き上げられ、現在生きている個人の性格と行動の中で存続するのだろう。

この夜の催しは、中国側の親密な設定と、異なる文明間の深い関係をテーマにした会話が繰り広げられ、参加した人々にとって忘れられない体験となった。ゲストの一人がつい最近、思い出していたものだ。「ワシントンの『司法長官』とディナーに行き、魂の不滅について話し合うことを考えてみてください」

と。

中国の聖地への旅

中国の新しい方針にもかかわらず、古い儒教がどのように残っているかを知りたいと思い、私は孔子廟を巡礼することにした。ヘンリー・C・アダムス博士は、一九一四年十一月に私を山東省の聖なる山である泰山と孔子の故郷である曲阜への旅に誘ってくれた。

少人数のパーティが組まれた。私は公的な注目を避けるため、また、外国人代表を正式にもてなす手間を省くために、ひっそりと出立した。私たちは早朝に泰安府に到着すると、宣教師の助けを借りて、山に登るための椅子持ち（chair-bearers）を確保した。

この聖なる高みへの旅は一風変わっている。麓からの登りはほとんど階段である。この急で厳しい階段を、二人の頑健な男と交替用の三人が椅子で旅行者を素早く楽な足取りで運んでくれる。このルートが魅力的なのは、通過する渓谷の特異な自然の美しさと、どの高台からも常に広がる山東省の実り豊かな平原の眺めがあるからだけでなく、この場所の歴史的な面白さがあるからだ。孔子の時代には、ここはすでに、太古の伝統を持つ巡礼の地であり、小さな欲求から心が解放され、無限の中に自分の居場所を見つけることができるような、特別に壮大な場所であったことを忘れてはならない。多くの記念碑は孔子にちなんだもので、孔子が途中で休憩したり、景色を眺めたりしたときの言葉が記録されている。ある場所では、何千フィートも下の平原を見下ろす険しい断崖から、孔子の言葉が伝えられている。「この高さから見ると、人間はまさに一片の虫にすぎない」。しかし、彼の発言のすべてがこのような明白な性質のものであったわけではなく、多くの人の心に訴え、魂の真理を伝授することで、それ自身の正当性を示しているのである。

この数千年の間に、他の多くの賢人、皇帝、政治家がこの聖なる山に登り、彼らの気持ちを彫刻した石の形で記念碑を残している。これらの碑文を読み、想像力を働かせて、歴史の夜明けにまで遡る果てしない巡礼の旅を再現することは、休暇のための快適な作業となるだろう。

六千フィートの高さの山を登る階段はしばしば急で、下を見るとめまいがするほどだ。時折、道端の寺院に立ち寄り、日陰の中庭でお茶を頂くこともある。夏の暑さの中では、これらの避難所は特にありがたいものだろう。約六時間かけて、山頂にある寺院に到着した。頂上の寺院の中庭には、先回りしていた使用人が台所を設けており、十分な量の昼食が用意されていた。

この高さでは、冷たい風が吹いている。しかし私たちは寺院の外に出て、ここに広がる山東省の大きな景色を楽しみたかった。私は、苦力たちがこの壮大な高さの神聖さに感銘を受けていないようで、寺院の中庭をキャラバンサライ（宿）として使っていることに注目した。

階段を降りるときには、熟練した椅子持ちの男たちが素早く確実に階段を駆け下りるので、乗客は飛行機で山の斜面をめぐるような感覚になる。たまには事故もあるのではないかと尋ねると、彼らはこう言った。「しかし、最後に人が落ちたのは四百年ほど前のことです」。昔は落とした椅子持ちは殺されたので、いつの間にか落ちる傾向はなくなったのだ。彼らは、鳥の飛翔を思わせる滑るような動きで降りてくる。担ぎ手はギルドで結ばれており、宗教はイスラムである。

山の麓にある泰安府の町には、泰山を中心とした自然崇拝を代表する神を祀る、非常に古く荘厳な寺院があり、中国のすべての宗教の歴史的基盤となっている。広々とした寺院の中庭には、太古の樹木や、数千年前の皇帝が奉納した碑文が刻まれた高い石板が林立しており、この地の信仰の強さを物語っている。町の通りには、動物の形をした彫刻が施されたアーチが間隔を置いて設置されており、店が並んでいた。夜になると、棚のついた窓から明かりが灯り、中の様子がうかがえる。それに加えて、時折、高い塔や寺院が暗闇の中に影を落とすので、この古い町はロマンと不思議な美しさに満ちているように見えた。

車中で寝た私たちは、夜になって曲阜駅まで運ばれた。約七マイル先に、孔子の故郷である同じ名前の町がある。私たちは駅でロバの荷車を借り、女性たちは地元の乗用車である手押し車を使ってみたいと思ったので、数台の手押し車を雇った。その途中で、椅子持ちたちが携帯用の玉座を持って、聖公（Holy Duke）からの招待状を持ってきた。椅子は私のために送られてきたもので、乗り込むしかなかった。またすぐ、我々の雇った骨と皮の荷車とは対照的な艶も栄養もあるラバに引かれた荷車がやってきた。

非公式の旅は終わり、聖公が我々の来訪を知ったことは明らかだった。続いて、地方行政官の使者がやってきて、栄誉礼などの更なるもてなしを申し出た。また聖公の別の使者が、昼食の招待状が入った大きな赤い封筒を持ってきた。私たちはこの場所の魅力にすっかりはまろうと、これらの儀礼をすべて断り、静かに散策しようとした。しかし私たちにはそれ以上の散策は無理だった。椅子やカートに座らねばならず、昼食会の招待状を二回丁重に辞退し、時間がないことと、すべてをしっかり見たいことを主張し、午後になって訪ねることにしたが、結局我々は慣例の三回目の聖公の招待状を受け取った。

私たちの行列は非常に堂々としたもので、墓域の内門に向かって進んだ。約一・五平方キロメートルの広さを持つこの墓域は、孔子よりも古い、少なくとも三千年前から儒家の墓所となっている。世界のどの一族も、その継続性をこのように記念していない。塚に覆われた墓の前には巨大な大理石の板が直立しており、そのシンプルな威厳が聖人の埋葬地を示している。弟子たちが代々彼の墓を守ってきたが、約二千年前に消滅してしまったその家の隣接する場所にも記念碑と碑文がある。

墓地を出ると、区長から派遣された大規模な騎兵隊が、椅子、ラバ車、手押し車などの騎兵隊と合流し、大勢の物見高い人々が足を運んでいた。村の通りには外国人を見ようとする人々が並んでいたが、彼らの好奇心は押し付けがましいものではなかった。彼らは親しみを持った見物人で、あなたの目が彼らの目に止まれば、気持ちよくうなずいて歓迎するだろう。

私たちは、古い宮殿のいくつもの門をくぐり、最後に内玄関で聖公本人に迎えられた。彼は行政長官を伴っており、私たちはこの二人と一緒に座って話をした。テーブルに呼ばれるまで一時間かかった。食事は無数のコースで構成されており、少なくとも二時間は続いた。その間、私たちは町と廟の最近の歴史について活発な会話を続けた。

聖公は、泰安府からの宣教師たちが曲阜に土地を取得しようとしていることに腹を立てていた。この町は中国の賢者の記憶に捧げられているので、外国の宗教がその崇拝を導入しようとするのはふさわしくないし、地元の反感を買うことになるだろうと、この侵入を不当なものと考えていた。

私は、宣教師の教育活動や、彼らも賢人を尊敬していることなどを話して、彼の不安を和らげようとしたが、彼の反対を消すことはできなかった。

行政長官は陽気で、些細なジョークにも大笑いしていた。私たちが席を立つと、聖公は私たちを夫人の居室に連れて行った。夫人は聖公の二番目の妻で、彼は妻よりかなり年上である。この夫人は特に猫が好きなようで、少なくとも四十匹の猫が彼女の周りで遊んでおり、そのうちの一匹をアダムス夫人にプレゼントした。

邸宅のすぐ隣には大きな孔子廟がある。午後になってもまだ時間があったので、それを見学し、その高貴な中庭を散策した。本堂の柱には見事な彫刻が施されており、廟は構成する建造物の洗練された美しさと、落ち着いた威厳のある外観が特徴的である。本殿に隣接する古井戸の近くには、孔子の家があったとされている。石のレリーフには孔子の歴史が長々と描かれており、古典音楽を演奏するための楽器のコレクションも充実している。しかしこの廟の最大の魅力は、壮麗な樹木と七十世代にわたる記念碑が配置された中庭からの眺めにある。

廟の参拝が終わった時には日が暮れていた。私たちは聖公に別れを告げ、駅に向かって出発したが、私たちの行列は、椅子や荷車に添えられた燃え盛る松明や巨大な紙製のランタンによって、絵のように美しくなった。暗い平原をゆっくりと戻ってきた行列は、駅のプラットフォームの明かりと、私たちが見てきた生活とはあらゆる点で対照的な機械文明の象徴に向かって進んでいった。聖公は、鉄道を町に近づけるという提案に強く反対したことを後悔していたが、結局のところ、彼は大賢者自身が古い文明の穏やかさと静寂を常に好むだろうと感じたのだ。

三年後、今度は、最初の訪問時に同行できなかったチャールズ・R・クレーン氏と妻を連れて行った。役人たちが私たちを待ち受け、どこでも歓迎された。鉄道関係者からは二台の専用車だけでは飽き足らず、特別な機関車も用意してほしいと言われた。曲阜では軍隊がエスコートした。邸宅に到着すると、聖公は両腕に子供を抱えて私たちを迎えてくれた。娘は三歳を過ぎ、息子は一歳を過ぎたばかりである。私は聖公ほど子供を愛する人を見たことがない。彼はいつも子供を連れて歩き、一緒に遊んだり、あやしたりしていた。聖公夫妻が北京で私たちを訪問したときも、彼は二人の小さな子供を連れてきて、私の小さな子供たちと一緒に、年長者たちを楽しませながら長時間遊んでいた。聖公は背が高く、肩幅が広く、貴族のような外見をしていた。大きな能力があるわけではないが、知性ある人物であることは間違いない。ただ彼の受けた教育は狭義の古典的なもので、世界の情勢に触れることはなかった。彼は大聖人の七十三代目にあたる。当時、彼は特に儒教の伝統を純粋に継承しつつ、近代的な科学も教える大学を曲阜に設立する計画に携わっていた。

満洲族に対する革命の際には、聖公が王位の後継者として検討されたこともあった。もしこの国に有力な中国系の家系があれば、中国系の家系に王政を移すことができたかもしれないが、彼は決して行動力のある人ではなく、政治家でもなかった。明、宋、楚の各皇帝の子孫や他の帝室の子孫にも、国民の注目を集めるほどの著名性や指導者としての才覚はなかった。

聖公の称号は、中国で唯一、永久に変わらないものである。帝政期には爵位が与えられていたが、代を重ねるごとに爵位が一つずつ下がり、再び平民の身分になっていた。このように、貴族の地位が徐々に「消滅」していくことで、中国は貴族の階級やカーストの形成を免れたのである。

第4章　政治の舞台裏を垣間見る

袁世凱による独裁化の進展

中国は、アメリカの例を参考にして、真の意味での代表的な政治制度を作ろうとしている。個人的な支配、帝国の伝統が、経験を持たない中国人の努力を妨げる。さらに外国の懐疑と反対を受けている。アメリカの役割は、彼らの努力に干渉することではなく、あらゆる適切な方法で彼らを支援することである。ある国が発展させる制度は、ほとんどがその国自身の問題である。他国が干渉してはならない。しかし中国では、自由な心を持ち、前向きな人たちは皆、米国に自由な政府を見て、それを見習いたいと思うだけでなく、関心、同情、道徳的な援助を求めている。彼らの努力の結果は、我々にとって決して無関心ではない。彼らが失敗すれば、軍国主義者や絶対主義者が優勢になれば、特に中国が外国の軍国主義独裁国家の付属品になれば、重大な危険が生じるだろう。進歩的な中国人の理想は、中国の平和的で勤勉な伝統と一致している。中国にいるアメリカ人は、これらの伝統と密接に結びついている。彼らは中国の人々の選択を政治的手段でコントロールしようとはしないし、その必要もないだろう。一方で、中国人が自分たちの選んだモデルに自由に従うこと、そして彼ら自身が望んでいるアメリカとの相互扶助の関係を確保することを妨げようとする試みを容認することは困難である。この意味でのみ、アメリカ人は中国の政治に重大な関心を持っているのである。個人的な支配と帝国の伝統、そして軍事的専制主義が、新しい中国の民主主義の意思を妨げるのに十分な力を持っていることは、私が最初に目にしたいくつかの事例から明らかになるだろう。

第一の事例は王正廷《おうせいてい》（一八八二〜一九六一）氏のものである。彼は民主派（国民党）の指導者の一人であったし、現在もそうだが、自分の党の解散の経緯を私に語ったとき、自分は非常に危険な状態にあると言った。王氏は解散した党の指導者として処刑の対象になっており、逃亡者として身を隠して暮らしていた。私が北京に到着して間もなく、彼が私を呼んだことが、私が中国の内政や党内政治に直接触れた最初の出来事であった。彼は私の到着時に駅で出迎えてくれたが、袁世凱が国会の反対勢力を打ち破り、国会を無害なものにすることに成功した話をすぐにしてくれた。王氏は参議院の副議長であり、彼の政党を通じて、孫文《そんぶん》（一八六六〜一九二五）や黄興《こうこう》（一八七四〜一九一六）将軍といった、過ぎ去った夏に革命を試みた人物たちと関係があった。（注／一九一三年七月〜九月にかけて袁世凱政権打倒を目指したいわゆる「第二革命」のこと。その後国民党は政権から追放される。一九一七年には南方の広東に政権を打ち立てて、北方北京政権と対立し、戦争も起るようになる）。しかし王氏は党内の若い穏健派を代表しており、西欧の優れた制度や慣行を取り入れたいと考えていたが、暴力的な手段は好まなかった。

袁世凱は、多数派の党を分裂させ、最終的にはその二つの部分を破壊しようとした。最近の動きとしては、十一月五日、大総統に対する革命運動に国民党が関与し、責任を負っているという理由で、大総統が国民党の解散を宣言した。大総統は各省の都督（総督、袁世凱失脚後は「督軍」と呼ばれた）に働きかけて、事前に自分の行動を承認してもらったのである。もちろん、これは国家の持つべき憲法上の性格を無視したものであり、軍閥らは自分たちが半独立の支配者であると考えるようになった。袁世凱の死後、彼らの名声意識と独立意識はたちまち成長した。彼らは袁世凱に倣って軍隊を自分たちの所有物のように考えた。また地方の税を掌握するようになった。このようにして、軍事専制君主の疑似封建主義が生まれた。袁世凱が中国に残した有害な遺産である。

国務省を通じて、私はアメリカの友人たちから王氏の安否に関する問い合わせを受けていた。彼はイエール大学を卒業しており、アメリカからの帰国留学生の中では一番で、アメリカ人の間でも評判が高かった。もちろん、私は王氏がどれほどの危険にさらされているかを知ることはできないし、事実がわからないケースでは正式な表明をすることもできない。しかし逮捕などの不利な処分が予定されていないかどうかを尋ねることで、私は政府に対して、王氏に対するいかなる厳しい処分も配慮されるようにとほのめかしたのである。良心的な外国が注目しているという事実は、一部の熱血指揮官や役人がしばしば強行する軽率な行動や高圧的な行動を防ぐ傾向がある。またある人物の不当な扱いに世間の注目が集まったときには、賢明な計らいによって軽率な執念が抑えられることもある。

議会を解散する

この時期に私が見た中国の内政事情のもう一つの例は、袁世凱が副総統を慇懃に投獄した方法に示されている。

袁世凱は、副総統の黎元洪《れいげんこう》（一八六四〜一九二八）将軍が軍隊の指揮を執っている武昌から北京に来るように、折に触れて使者や手紙を送っていた。自分のそばにいてくれれば、重要な問題について彼の支持と助言を得ることができると訴えていたのだ。黎将軍はこのような丁寧な誘いに対して、非常に謙遜した口調で答えた。自分は大総統が自分に与えた功績や知恵には及ばず、重要な国務にはほとんど役立たないと。

　このようなやりとりがしばらく続いた。黎将軍は北京に来ることを望んでいないことは明らかだった。民主派が真の共和主義者で民衆の共感を得ていると宣伝した黎元洪将軍の名前が目立つことを、大総統は好まなかったのだと推測されている。袁世凱は、黎将軍が大総統の権威に反する新たな政治運動の先頭に立つことを恐れたのであろう。

　大総統は、使者や招待状を送るだけでなく、軍隊を処分して再編成し、その結果、袁世凱が信頼できる兵隊が武昌を中心に集まり、その半径をどんどん狭めていった。十二月になってようやく黎将軍は他に方法がないことを悟った。彼は最新の使者に、度重なる心のこもった招待にもはや抵抗できないこと、自分の欠点を痛感しているが、力の及ぶ範囲で最高行政官を援助するよう努力することを伝えた。

　十二月、彼は軍隊を持たずに北京にやってきた。大総統は最上の心で彼を出迎え、彼を抱きしめ、責任の重荷が軽くなると誓った。偉大な同僚であり友人である彼を常に身近に置いて、毎日、いや昼夜を問わず相談できるようにしなければならないと考え、黎将軍に袁世凱の官邸の近く、つまり、色とりどりの優美なホールがある南湖の小さな島に家を建てるように勧めた。そこに光緒帝は長年、皇太后の捕虜となっていた。

　黎将軍は、偉大なる親友である最高行政官が昼夜を問わず自分を放っておかないことを知っていたので、ここに居を構えた。

　外国の代表者が新しく到着した副総統を訪問すべきかどうかが問題となった。政府は一応、ホストとして彼らが最初の訪問をするのが適切ではないかと提案した。この提案が受け入れられないことを想定していたかどうかは別として、袁世凱は副総統と外部の人間との親密な関係を望んでいたわけではなかった。

　袁世凱はまだ臨時議会の存在を認めていたが、この際、臨時議会を完全に解散することを決意したのだろう。国民党が追放されたことで、議会の定足数が確保できなくなったからである。十一月十三日には、政府の諮問機関として中央行政会議を設置することが発表されたが、これは議会に代わるものであることは明らかだった。候補者のリストは、ほとんどが旧体制の人物、文人、元官僚で構成されていた。中国人の間では「骸骨」と呼ばれる種類の人物で、地位も高く評判も良かったが、建設的な行動はほとんど期待できなかった。彼らの中に、非常に有能な演説家がいた。ローマ・カトリック教会の会員である馬良《ばりょう》（一八四〇～一九三九）である。彼は威厳のある年配の男性で、森林再生と辺境地域の植民地化について話をするために私を訪ねてきた。彼が西洋文明に触れたのは、徐家匯《じょかかい》（注／上海市内）にあるイエズス会の大学がきっかけだった。また、多くの学術書を中国語に翻訳し、中国語で近代的な科学用語を作って評判になった厳復《げんふく》（一八五四～一九二一）博士もいた。私が懇意になった他の評議員には、後に国務卿となった徐《じょ》世昌《せいしょう》（一八五五～一九三九）や、清帝国の雲南総督だった李鴻章《りこうしょう》（一八二三～一九〇一）の甥、李経方《りけいほう》（一八五五～一九三四）などがいた。

アメリカ人憲法顧問であるグッドナウ博士は、私とよく中国の政治問題について議論した。彼の印象では、議会は西洋の政治手法をあまりにも多く取り入れようとしており、中国的運用への適合性を十分に考慮していなかった。彼は、行政権は議会の干渉を受け続けるべきではなく、中国はまだ内閣制度を導入する準備ができていないと考えていた。そのため、西欧の制度を全面的に採用するのではなく、徐々に発展させていくという、どちらかというと保守的な考えを持っていた。袁世凱政府はこのアメリカ人専門家の態度を利用して、支配力を強化するための新しい仕組みを提案するたびに、グッドナウ博士をはじめとする外国人顧問の承認を得ていることをアピールした。しかし彼らは実際には相談を受けていなかった。つまり重要な会議に参加することもなく、重要なプロジェクトの策定に協力する機会も与えられていなかったのである。もちろん形の上では「協議」されていたが、大抵は決定した後である。合意された内容が知らされた後、顧問の承認を得たと発表される。これも袁世凱とその政府の無感情な自己満足の一例である。

彼らは自分たちを信じ、自分たちにしか責任がないと考え、公共サービスのすべての部門において、基本的には君主的な視点を持っていたのである。

第5章　政治を見る人たちと

さまざまな中国通

私は北京で、政治をよく観察している人を何人か見つけた。特に、ジョージ・モリソン（一八六二～一九二〇）博士、B・レノックス・シンプソン（一八七七～一九三〇）氏、そしてW・H・ドナルド（一八七五～一九四六）氏である。三人とも、信頼ある新聞に寄稿することで、観察力と判断力を鍛えられていた。モリソン博士は、細部を記憶する能力に優れていた。彼は次のように語っている。「私が初めてニューヨークを訪れたとき、私は東二十九番街一五七番地の三階にある小さなホールルームに住んでいた。家主の名前はシムキンス、目は緑で鼻は赤く、部屋代は週二ドルだった」。彼は毎日の生活を細かく描写するのが好きだった。モリソン博士は、その細かい感覚と抜群の記憶力で、中国の公人に関する情報を網羅した百科事典のような存在だった。彼らのキャリア、弱点、野心、そして人間関係を知り尽くしていた。中国にいる多くのイギリス人と同様、彼も中国人が成功することを心から願っており、より良い方向への変化があらゆる段階で遭遇する障碍に苦痛を感じていた。彼の心は、建設的というよりは分析的、批判的なタイプで、出来事の解説者として、また複雑な中国の状況の意味を公人や民衆に明確に伝えることに最大の貢献をした。「親切な老婦人たちが、私を一八五七年に亡くなった宣教師モリソンと同一視しているので、私は困っている」と彼は言う。

ドナルド氏が中国事情に精通していたのは、新中国の指導者たちと親しく接していたからであり、彼らとは軍事的にも政治的にも密接に協力していた。ドナルドは、中国の人々を自分の同胞のように思っていた。彼は中国人の憂いを憂い、彼らの戦いを戦ったのである。「パットナム・ウィール」のペンネームを持つ著名な作家シンプソン氏は、海上税関の職員として活動を始めたが、すぐに辞職して文学活動に専念した。彼の政治分析の傑作は日露戦争の時期に書かれたものであるが、彼の最も有名な著書はそれより少し前に書かれたものであり、この著書によって彼は北京の多くの公使館から悪意と疑念を持たれることになった。彼自身、『北京からの軽率な手紙』で、現にあった事実を語ったのではないと否定している。彼は私にこう言った。「私は、豊富な資料の中から重要な事実や表現を選んで、包囲戦の心理を伝えたいと思ったが、出来事や個人の行動を記録しようとしたわけではない」と私に語った。

シンプソン氏は、中国の生活を扱った一連の小説も書いている。しかし、最近出版された『九人目の王《ワン》』は、中国人の心理を見事に研究した作品であり、優れた物語でもある。彼はその遊び心と皮肉屋ぶりから、文学的な効果だけを狙っているのではないかと思われがちだが、私には、中国が世界にとってどのような意味を持つべきかを深く理解しているように思えた。また中国人に対する真の共感を持ち、彼らが国と民族の偉大な約束を実現できるよう、あらゆる面で支援したいと考えていた。会話者としてのシンプソン氏は、沈黙の時間が少ないという点で、マコーレーに似ている。しかし昼食会では、シンプソン氏の会話の素晴らしさにもかかわらず、他の人が一言も話せないような独り言に、男性たちが苛立ちを覚えることもあったという。

この三人の英国系作家の他にも、多くの人が事象の行方を知的好奇心を持って見守っていた。J・W・バッシュフォード（一八四九～一九一九）司教は、広い心と政治家としての資質を備えており、過ぎ去った出来事に重要な解釈を与えてくれると信頼されていた。W・A・P・マーティン（一八二七〜一九一六）博士は、時事問題の個々の詳細にはもはや関心がない年齢に達していた。彼の親しい友人であるアーサー・H・スミス（一八四五〜一九三二）博士は、とても素晴らしいスピーチをする人で、ウィットに富んだ鋭い観察者であり、中国の人々に対する深い友情で和らげられてはいたが、しばしばひどく悲観的であった。

外交団の中では、主に中国語書記官たちが、職業上の関心から中国問題の詳細に奔走していたが、彼らはすべての場合において状況を広く把握しているわけではなかった。

アメリカ公使館の中国語書記官であるウィリス・R・ペック（一八八二〜一九五二）氏は、中国生まれで、この国の難しい言葉を完全にマスターしていた。日常会話が容易で、中国語を話す一般の外国人の硬い発音とは対照的であった。中国人との対話における彼の機転と、性格や政治に関する彼の判断は頼りになるものだった。ペック氏は、国務省極東部長としてワシントンに召集されたE・T・ウィリアムズ氏の後任である。私は中国の事情に精通した経験豊かな人物が国務省にいることは、非常に良いことだと考えた。

公使館の一等書記官として、中国問題の難しさと複雑さに対処するための特別な資格を持った人物を迎えることができたのは、私にとって幸運だった。中国の問題は、それ自体が非常に複雑であるだけでなく、何十年にもわたって外国の条約条項が重ねられてきたため、見知らぬ人が取り組むとさらに困惑してしまうのだ。しかし書記官のJ・V・A・マクマリー（一八八一〜一九六〇）氏は、鋭い分析力と法律的な訓練を受けた頭脳を持っており、地域の慣習、国内法、国内協定、一般的な衡平法など、絶望的に絡み合った複雑な問題を切り抜けることができた。また彼の中国への関心は非常に深く、純粋であったため、彼の調査は決して場当たり的なものではなかった。軍人の息子である彼は、公共サービスという考えにほとんど宗教的な献身を持っていた。（注／マクマリーは一九二五年から四年間、中国公使を務め、いわゆる「南京事件」のアメリカ側当事者で、中国南部を海上封鎖することを本国に建言した）

公使たちの中では、外交団の長老のジョン・ジョーダン（一八五二〜一九二五）卿は、長い経験と細心の注意を払った仕事ぶりから、中国のことについて権威ある発言をするのに最も適していた。私はすぐに彼に強く惹かれ、親しい友人関係を築いた。これがきっかけで、それからの困難な時期にも常に協力し合うことができた。ジョン卿は、通常では考えられないほど長い間、中国で様々な経験を積んできた人物である。領事職を経て朝鮮駐在公使となり、四十年に及ぶ公務の中で中国の事情に精通していたのである。彼は中国語を流暢に話すが、公式の面談や会話には必ず中国語書記官が同行し、英語で正式に意思表示をする。実際のところ、外交官が公式の場で中国語を使うことはほとんどない。中国語には無限の意味があり、複雑で不慣れな伝達手段であるため、他の言語を併用することで誤解を避けることができるからである。ジョン卿は、中国の性格や事情を理解し、自分がライフワークとしている国に共感していたが、彼の中には簡単に従うという精神はなかった。必要な時には、自分の望む行動を強くきっぱりと主張したので、中国人からは厳しいと思われることも多かったが、彼の本質的な英国精神である公正さと率直さを常に尊重していた。

またスペイン公使のドン・ルイス・パストールは、アメリカ的な考え方を持ち、ワシントンに長く滞在していたこともあって我が国の事情に精通していた。イタリア公使のスフォルツァ伯爵は、中国が亡命先のようなもので、退屈そうで自分の周辺のことにはあまり興味がないようだった。しかし彼の公使館には、スフォルツァ伯爵夫人、ロンバード人のような美しさでスコットランド人であることを感じさせないヴァーレ夫人、モナリザのような怪しげな微笑みを浮かべ、大きな倦怠感を隠し持つデンティ侯爵夫人、そしてヴァトーの絵から飛び出してきたかの如き少女のように陽気なザヴァグリ伯爵夫人がおり、非常に魅力的な社交場となっていた。オランダ公使のベーラーツ・ファン・ブロックランド氏は、明晰な思考と鋭い頭脳を持ち、非常に合理的な人物であり、オーストリア公使のフォン・ロストホム氏は、深遠な中国学者であり、当時、中国史の執筆に取り組んでいたが、これらの人物とはこの数年間よく会っていた。この時期、北京には中国学者はほとんどいなかった。アメリカ公使館の歴代の中国語書記官は、この点では上位にランクされていた。滞在していた中国学者の中で最も有名なエドワード・バックハウス氏（後にサー）は世捨て人で、西洋人と一緒にいるところを見ることを許さなかった。私が彼と長時間話をした唯一の時期には、中国人の間で流れている何の根拠もない荒唐無稽な噂に彼が大いに悩まされていた。中国語の知識が非常に豊富だったのは、英国中国公社の代表で元領事のシドニー・メイヤーズ氏、米国グループの秘書を務めたガットレル博士、北京語学校の校長W・B・ペタス氏、前述のシンプソン氏、そして何人かの宣教師と北京大学の教授である。

一九一四年段階でのラインシュの観察

もちろん中国人の中にも、その日の事件について有益な議論ができ、価値のある提案や解釈を集めることができる人がたくさんいた。私は噂や報告ではなく、直接関係者や事情通の人から聞いた事実を頼りに、事件について彼らと意見を交わした。一九一四年春というこの時期の中国の政治状況について、このような様々な情報源から得た私の意見は、次のようなものだ。

中国における中央政府の政治的権威は、軍事組織にかかっている。他の権威の源泉、例えば、一方では慣習的な服従、他方では世論に従って政府の目的を達成するためのあらゆる階層の市民の知的な協力に基づく支持は、二次的な影響力を持つに過ぎない。したがって軍事力が公権力を安定的に支えるように組織されているかどうかを調べることが重要であった。しかし、そのようには見えなかった。

そもそも、当時の中国国家の資源が限られていたことや、軍備を合理的な規模に縮小しようとすると頑強な反対に遭うことを考えると、効率性に疑問のある大規模な軍隊が存在すること自体が悪であった。軍隊が解散しても、有用な職業に戻ろうとする傾向は見られない。元兵士たちは、その土地に住み続けることだけを望み、もはや既成の権威には仕えず、盗賊団に加わって、大部分の省の内部を不安定にしていたのである。

外敵や内敵から国を守るために軍隊を使おうとすると、軍隊の弱さが顕著に現れた。モンゴルとの戦い（注／辛亥革命に起因するモンゴルの独立宣言に伴う中華民国軍との戦争）では、中国軍は完全に失敗した。国内でも、この大軍は政府の第一の義務である国民の生命と財産の保護を保証することができなかった。

河南省や湖北省では、「白狼」と呼ばれる人物に率いられた山賊たちが、数か月にわたって住民を恐怖に陥れ、田園地帯を荒らし、城壁都市を掠奪し、住民を殺害して暴虐の限りを尽くし、外国人を殺害した例も少なくなかった。これまでのところ、軍隊はこれらの山賊を鎮圧することができなかった。実際、軍隊があまりにもいい加減で怠惰な行動を繰り返していたことを示す証拠が手に入ったのだが、彼らの行動を唯一説明できるとしたら、山賊行為を密かに共謀していたことと、軍隊の指揮官の間で協力がないことにあると思われるのだ。

中央政府の権威は、都督（督軍）と呼ばれる総督に対する支配力に比例するので、大総統に対する彼らの態度には注意を払わなければならず、各省の権威の柱となる者たちの間に完全な一致が見られないことは、少なからぬ不安をもたらしていた。例えば最近では、湖北省の都督代理である陸軍総長の段祺瑞（一八六五～一九三六）将軍と、江蘇の都督である馮国璋《ひょうこくしょう》（一八五九～一九一九）将軍との間に摩擦が生じていると言われていた。共に大総統の有力な支持者である。

この三か月間、中国のどの省でも、山賊行為、反乱の企て、軍隊の解散に伴うトラブル、地方での暴動などがない所はなかった。「白狼」が活動している河南省と湖北省では、状況は最悪だった。

これらの集団は明らかに排外的な態度をとっていた。甘粛省では、チベットやモンゴルで起きている反乱に関連して、イスラムの反乱が絶えなかった。山西省、陝西省、四川省、安徽省、江西省、湖南省、福建省、貴州省、雲南省、広東省などでも、軍隊の反乱に加えて匪賊の活動が起きていた。浙江省、広西省、山東省、直隷省は最も被害が少なかった。

政府は国民の生命と財産を守るという義務を果たすことができなかったが、集税を通して自分たちを支える手段を備えるという基本的な力を行使することもできなかった。軍隊維持のための利用可能な手段は食い尽くし、中央政府の通常の運営費を賄うために地方から十分な資金を確保することはできなかったのである。一九一三年の反乱と政情不安の状況にもかかわらず、一般商業は非常に活発であったため、中国の驚異的な抵抗力は、関税と塩税の徴収額が前年を上回ったという事実に示されている。この二つの収入源は、当時協定されていた長期対外債務の利払いと償却を賄うのに十分なものであり、外国の管理下にあるこの二つの収入源によって、中央政府はこれらの義務を履行するための資金を確保し、明らかな破産を回避することができた。

他のすべての課税方法は混乱していた。地租の徴収は多くの場所で中止され、記録が破壊されたり、住民が徴収に敵対的な態度を取ったりしていた。徴収された釐金《りきん》税（注／内地関税）の収益は、可能な限り地方での使用に留められた。合計すると、中央政府が省から受け取った収入は、一九一二年の最終清帝国予算におけるこれらの財源からの推定収入の十％以下だった。

一方、中央政府はその日暮らしで、外国からの借款を行政のために使い、資材の調達や各種の利権のための外国からの借款契約に基づいて、現金を前借りしていた。このようにして、将来を危険なまでに割り引いていたのである。

政府の財務管理の弱点は、政府の活動の他のすべての分野にも見られた。建設的な能力を示す証拠はほとんどなかった。

中央政府の省庁では、とんでもない無秩序が露見していた。技術的な問題に対処する際には、職員は全く手探り状態で、こうした問題について自ら訓練を受けることもなく、政府が雇っている多くの顧問を実際に利用しようともしなかった。適切な会計システムはなく、部門の記録はよく保存されておらず、取引の存在が最も近い関係者にも知られていないことが多かった。完全に完了した過去の取引が忘れ去られていたり、政府の知識が集約されていなかったりするため、公共事業の多くが行き当たりばったりで行われ、最も強く急き立てられたことを実行したり、長いこと後悔することになる契約を犠牲にして目先の小さな利益を掴んだりする、どうしようもない日和見主義に陥っていたのだ。

一般政策の野心的な計画が提起され、精巧な規則が公布されたが、その後そのすべてに注意が払われることはほとんどなかった。その一方、建設的な仕事で得られた具体的な成果はほとんどなかった。

首都のある直隷省は一九一二年の革命勃発以来、静かで平和だった。政府には建設的な改革を導入するための十分な権限があり、この省では建設的な活動を行うための一般的な条件が相対的に最も有利なものとなっていた。しかし直隷省の場合でさえ、税制は効率化されておらず、会計監査システムは公布されているものの、実際には効率的な監査方法は導入されず、教育機関は荒廃したままで、つまり最も好ましい条件の下でも、建設的な仕事は達成されていなかった。

建設的な仕事をしようとすると、すぐに外国からの借款が発生し、しばしば政府への現金前貸しが発生していた。もちろん中国政府の大きな問題は、建設的な仕事を行うための資金がないということであり、したがって、外国からの借款を確保できるような改善策しか取ることができなかったと言えるかもしれない。

しかしこれは部分的にしか当てはまらない。多くの改革は、支出を増やさずに達成できたはずで、むしろ支出を減らすことができたはずだ。中央政府は、一九一三年の革命の間に外国からの資金援助がいかに重要であったかを知り、最終的なコストを計算することなく、どんどん外国からの資金を確保したいと考えていたのが実情だった。

中国の官僚や商人がこれまでに扱ったことのないような大金を海外から入手する機会は、それだけで公務の方法に不安を与えるものだった。公的債務を狭い範囲にとどめていた旧来の慎重さと経済性は、何百万人もの人々の労働と犠牲の結果によって将来的に返還されなければならないという、中国に課せられた負担を意識することなく、膨大な量の資金を海外から調達することになったのである。

また公務員の不十分な給与を通常、外部の不正な利益で補わなければならなかった古い制度も、より効率的でビジネスライクな公務の組織に取って代わられていなかった。そうした組織では、職員は収入を得るための追加の手段にエネルギーを費やすことなく、与えられた通常の仕事の達成に専念することができる。

政府は、ある種の公務員については、その給与をこのような慣行から独立させるのに十分な額に設定するよう努力してきたが、政府の財源は、公務全部を個人の独立性の土台の上に一度に置くには十分ではなかったのである。また大総統の側近の中には、その地位を利用して莫大な私財を築いていると思われる者がいたのも事実であり、その正当性の有無にかかわらず、そのように信じられていることは、全国的に享受されている政府の地位を決定する上で考慮しなければならない。

このように、商人と役人の関係を特徴づけていた旧来の敵対関係と信頼性の欠如は、新しい制度の下でも継続していた。

議会の解散によって、中国政府は大中産階級と政府との間に信頼関係を築くことができたかもしれない機関を破壊してしまったのである。

大総統は政治家として、最初に秩序と権威の必要性を強調した。彼には、議会が自由な議論を行い、政治的な派閥を形成して権力者に対抗する機会を持つことは、永続的な法秩序のシステムを確立する上で邪魔になると思われた。そこで彼は、まず国民議会を解散させ、次に省議会を、最後に地方自治組織を解散させた。

いずれの場合も、効率の悪さが指摘された。議会のメンバーは、しばしば利己的で、派閥的で、実務的でなかった。しかし大総統は公権力の基盤としての議会活動の真価を全く理解していないようで、政府への反対は合法的な権力への反対と同義であると考えていた。また大総統が発表した議会の再建に関する考え方は、経験豊富で保守的な考えを持つ人物のみを選出すること、議会の活動は政府が決定した政策の討議と助言に限定すること、という二つの大原則に基づいていた。

第6章　商業冒険家にとっての中国

批判されるアメリカ

過去は、人間の現在において、かつてないほど生き生きとしているかもしれない。ジョン・リチャード・グリーン（注／英国史を書いた十九世紀のイギリスの歴史家、一八三七〜一八八三）は、バーウィックのギルドの古い記録の中に、「二つの場所に多くの体が並んでいる場合、彼らは一つになり、一つの意志を持ち、一人が他の人に対処する際には、強くて心のこもった愛を持つことができる」という法規を見つけた。サクソン人の歴史の中で、ノーサンブリアのエドウィン（注　古代イギリスの王、五八六〜六三三）は、「澄んだ泉を見たことのある街道に杭を打ち込み」、「旅人を休ませるために、真鍮の皿をその杭に繋いだ。その疲労はエドウィン自身も経験したものだった」。これらのことは、太陽とともに輝き、今日の私たちの仕事を照らしている。メイン州の林業家は、何世紀もかけて成長した輪切りの切り株の上に座っている。公使館に、中国の子供たちが我々の子供たちと遊びに来たとき、私はいつも彼らの品位ある態度と、年長者がいる間は礼儀を守ることに感銘を受けた。聖公の小さな後継者たちの顔には、八十世代にわたる文化と伝統の落ち着きが新鮮に感じられ、アメリカのおもちゃや人形で遠慮なく楽しんでいた。

このような古いものから新しいものへの転換は、中国のいたるところで見られる。毎朝、花のように新鮮な日がやってくる。しかし、私たちはそれが古いものであることを知っている。それは星のように白く美しい古代の日である。中国の農民は、先祖代々の土地に何年もかけて鋤の棒を突き刺している。中国北部では、地球上で最も肥沃な土壌である黄土が、何千年もかけて山地から運ばれ、二十～三十フィートの深さまで堆積している。洪水がないときには、雨はこの多孔質の土壌に深く沈み、下に保持された水分と出会い、そこに溶け込んだ無機塩類を汲み上げる。だから、その肥沃さは無尽蔵なのである。

しかし、洪水は昔から止むことなくやってきた。このような自然の豊かさに恵まれた淮河流域では、人々は貧しく、弱く、飢えに苦しみ、定期的に流される粗末な小屋の集合体に住んでいる。本来なら三年で六回収穫できるはずの作物が、平均して二回と三回しか収穫できないのだ。この地域は、肥沃で広大な谷の一例に過ぎないが、飢饉と疫病が猛威を振るい、わずかな工学的コストで完全に防ぐことができる氾濫に悩まされている。これらの地域が再生され、辺境の諸省が入植されれば、中国の作物だけで現在の人口の二倍を養うことができる。安全で豊かな淮河流域の人々は、五十世紀の文明を受け継ぐ二千万人の生存者を容易に増やすことができるだろう。ほんの少しの洞察力と科学的応用が、中国を変えてしまうのである。

時代が西欧のために生み出したもの、つまり、古いギルド精神が現代の信頼の中で蘇ったものがあれば、西欧は東洋と出会うことができる。中国への真の外交使節や大使は、西欧諸国の商業冒険家であり、彼らの商品、鉄や工具、独自の工学技術や作品を携えている。アメリカ公使としての私の政策が、この二つの文明の補完的な出会いに向けられたのは、企業家たちが中国から「得られるもの」のためではなく、中国が私たちから「得られるもの」のためでもなかった。それは、少なくとも私たちと同じように豊かな生活を送っているにもかかわらず、何百万人もの人々が、西欧人が提供すべき組織化の技術を欠いているために、惨めに死んでいるのを目の当たりにしたからである。それは、立派な家族生活と地域の民主的制度を備えているからこそ、地球の人口の四分の一を占めるこれらの閉ざされたコミュニティを、同様に立派な中央民主主義に結びつけるには、幹線鉄道が必要だと知ったからである。

しかし西洋が東洋とどのように出会っていたかは、北京到着の二日目の朝に思い知らされた。朝食室に入ると、ホーンベック博士が困った顔をしていた。彼は私に『北京ジャーナル』の複写を手渡した。この新聞はフランス語で発行されており、ロシアやフランスの政治的利益に従順であることが知られており、そこから補助金を得ている。問題の記事は、私個人と、中国でのアメリカの活動全般に対する卑劣な攻撃であった。

上海の中国の新聞は、私の出版した本からの抜粋を引用した称賛記事を掲載していた。その中の一つ、『世界政治』からの抜粋では、極東におけるロシアの政策にフランスが従属していることが語られていた。このフランスの新聞は、これらの表現を、あたかも中国に到着した私がインタビューで語ったかのように繰り返している。実際には十年以上前に出版された本からの引用であり、その本はフランスの批評誌の試練をくぐり抜けてきたが、一度もフランスに敵対しているとみなされたことはなかったので、私が心配する理由はなく、現地の新聞の憤怒と怒りはむしろ私を楽しませてくれた。しかし私はこれらの攻撃の気質、その辛辣さ、そして告発における全くの軽率さと調査の欠如に注目せずにはいられなかった。我々の友好的なライバルたちから何が期待できるのかと、誰にでも友好的な精神でここにやってきた新参者に対する礼儀が著しく欠如していることを考えると、これは私に早々と警告を与えた。数年後、この新聞のスポンサーとなった公使の一人が、彼を攻撃した中国の新聞を抑えるために私の影響力を使ってほしいと言ってきたとき、私は自分の力では助けられないことを残念に思った。

この記事の意義はもちろん、アメリカの政策を「はったり」と称して攻撃したことにあり、アメリカは他人を批判することで優れた美徳を身にまとい、中国への友好を声高に主張する一方で、実際の問題では責任の一端を負わないとしている。ＹＭＣＡとスタンダード・オイル・カンパニーは、悪意に満ちた偽善的な政策の双子のロボットとして結合されていた。

上海の米紙『チャイナ・プレス』は、フランス紙の攻撃はアメリカ公使が直面しなければならないものを暗示していると指摘し、公使の外交任務の成否は、アメリカ政府が中国の再建に積極的な役割を果たす準備ができているかどうかにかかっていると述べていた。アメリカが、利他的ではあるが無力な友人という役割を演じ、他の大国を批判するような態度をとれば、同情も尊敬も得られないだろう。

このとき、アメリカ政府は六か国による借款団（コンソーシアム）を支持しなかったことで厳しく批判されていた。（注／それまであった対中国借款のための英仏独の借款団に対して、アメリカが強引に加入を迫り、一九一一年十一月に四か国借款団となり、これにノックス米国務長官が日露を勧誘して一九一二年六月に結成された。日露はそれぞれ、満洲とモンゴルの特殊権益を国際承認することを条件に加入した。しかしこの年末に就任したウィルソン大統領が、翌年三月十八日に脱退することを宣言した）。米国政府は、大国の協議会で穏健かつ友好的な影響力を行使することによって、アメリカの善意を中国の公共問題に反映させるための最良の機会を犠牲にしたと主張された。一方で、ある特別な銀行グループを独占的に支援するという突然の提案に、新政権が直面した場合、特に、この銀行グループがニューヨークの四社だけで構成されているという事実（注／

J・Pモルガン商会、クーン・ローブ商会、ナショナル・シティ銀行、ファーストナショナル銀行）を考慮すると、新政権は躊躇するかもしれないと考えるべきだろう。以前の政権でも、このような質問に対して同様の回答をしていた。中国の立場からこの問題の利点を考えると、この行動は、他の国と一緒になって若い共和国に外国の金融支配の束縛を加えることを拒否したということになるかもしれない。さらに更生借款の資金は、実際には中国国民のために使われたのではなく、この資金援助によって袁世凱の個人的な権威が国内に定着し、議会との戦いを成功させることができたのである。議会がこの借款を承認することはなかった。

赴任前のウィルソン大統領との会話から、アメリカは中国の発展を支援するための協力的な取り組みから撤退した以上、大統領は自分の役割を独自に果たし、具体的な精神的・財政的支援を行うべきだと認識しているという結論を得た。実際、私は大統領から、中国での建設的な活動を積極的に支援するという確約を得た。しかし大統領は会話の中で、金融や商業の問題よりも、教育面や政治的な模範、道徳的な励ましに重点を置いていた。

米国が借款団から脱退したことを、中国では、当時の政府の主導権を握り、米国が借款団諸国の協議会に参加することを望んでいたグループ以外の、すべてのグループが友好的な行為と解釈したことは疑う余地がない。政府に反対する人々は、中国にとって有益とは到底思えない協定への参加を拒否したことを特に強く称賛していた。しかしすべての関係者は例外なく、国際協力の方法を拒否した米国の友好的な行動は、他の国とは無関係に続くだろうという結論に達した。米国の力と資源を考えれば、米国が中国の産業、商業、行政借款にこれまで以上に参加することが期待されていた。

アメリカは中国で政治的目的を持たない

このように、中国におけるアメリカの立場には困難がつきまとっていたのである。借款団五か国の密かな敵対関係は続いていた。私たちは孤立しており、自分たちで何ができるかで判断されていた。もし我々が賢明な助言しかできないとなれば、ライバルの厳しい指摘も、やがては一定の説得力を持つようになるかもしれない。

アメリカ人自身に関しては、彼らは徹底的に落胆し、いたるところでアメリカの中国事業はもうダメだというようなことを言っていた。私が「いや、まだ始まったばかりだ」と言っても、礼儀をわきまえた不信がせいぜいの反応だった。文学系の大学人を駐中国公使に任命したことで、アメリカの経済事業には特別な奨励が与えられないことを示していると、落ち込んでいたアメリカ人は考えていたのではないだろうか。極東情勢の基本的な事実を長い間知っていた私は、中国の産業・経済の発展にアメリカが参加することに第一の重要性をおくことに完全に心を決めていた。西洋の学問と生活の概念を中国にもたらすために、アメリカの宣教師、教師、医学者が行った重要な仕事を、私以上に高く評価した人はいないだろう。しかし、中国が自国の産業と資源の近代的な開発において、積極的な支援を他国に全面的に頼らなければならないとしたら、中国国民の目に映る私たちの立場は、地理的な位置と産業の強さによって自然が与えてくれた機会には決して及ばないだろう。

私は外交というものを狭義に解釈することをやめて久しいのだが、外交官は政治的なことだけに専念しなければならないという原則を貫いたとしても、中国では政治的なことの中に商売や金融、産業が含まれていることを認めざるを得なかった。もちろん、公使館が利権争いに巻き込まれることは意図していなかったが、私の目的は、中国の経済活動に従事するアメリカ人と同情的な接触を保ち、彼らに公正な待遇を与えたいという中国側の要望が、他のいかなる原因によっても打ち破られないようにすることだった。

私がアメリカの中国事業を考えるとき、政府との契約よりも、健全で幅広い基礎に基づいた大規模な事業によって、各省の企業拠点で中国の人々の信頼を得ることを念頭に置いていた。中国では、政府よりも人民の方がはるかに重要である。そのため、最初から北京を自分の活動のすべてと見なすのではなく、内陸部の重要な中心地のすべてで何が起こっているかに深く関心を持つ必要がある。そこでは人民に対する政府の実権が行使され、人民の活発な組織が存在するからだ。

アメリカが中国で政治的な目的を持っていないという広く知られた知識は、それ自体、アメリカ人を中国人に信頼させ、親密な協力関係を好むようにさせる。我々の政策は建設的であり、中国の国民生活に陰湿な危険をもたらすものではないと知られている。アメリカ人が中国の資源開発に重要な役割を果たすことができなければ、中国人は落胆するだろう。アメリカ人にとって、優位性を確保するという考えは相容れないものだが、純粋に経済的な利益の本質からは、独占的な権利や優位な立場を得ようとする他者の試みには抵抗しなければならない。それはアメリカの機会を制限したり、完全に消滅させたりすることも可能となるからだ。

したがって私は、教育、金融、商業、産業のいずれにおいても、建設的な事業に対してあらゆる合法的な奨励を与えることを決意した。中国に行く約一年前、私はアメリカの政策のあり方について自分の見解を述べ、自国を支配し、その資源を開発し、世界のすべての国に平等に商業・産業活動を開放する、そんな統一された中国が切実な望みであると述べた。

中国ですでに存在していたアメリカの具体的な関心事の中で、この時点では、宣教と教育の仕事が第一にあげられなければならなかった。この仕事が本当に注目すべき影響力を持つようになった要因は二つある。一つは、この活動が協調的な宣伝計画の結果ではなく、多くの人々の友好的な動機による個人的な衝動の結果であること。第二の要因は、この仕事に浸透している助け合いと協力の精神である。恒久的な教育機関を設立しようという意図は見られない。ＹＭＣＡのような機関は、中国人が自分たちの社会的・教育的生活をよりよく組織できるように支援することだけを考えて活動している。彼らが早く自分たちで管理できるようになればなるほど、アメリカ人教師を喜ばせることができるようになる。中国人は教育者を非常に尊敬しており、W・A・P・マーティン博士やチャールズ・D・テニー（一八五七〜一九三〇）博士など多くのアメリカ人が、教師としての活動を通じて夥しい中国人の献身的な忠誠心を獲得するという幸運に恵まれた。（注／マーティンは一八九八年に北京大学の前身である帝国北京大学初代学長、テニーは一八九五年に帝国天津中国大学初代学長となる）。

商業企業では、スタンダード・オイル・カンパニーが中国全土に石油を運んでいた。石油ランプを導入し、何億人もの中国人に一日の長さを延ばし、空になったブリキ缶でさえ、その容器が様々な用途に使えることから、町でも田舎でもよく見かけるようになっていた。この大企業の中国組織は、効率性と人々との密接な関係において、実に見事なものであった。

「英米タバコ会社」も同様の結果を得ていた。同社は、イギリスの法律に基づいてイギリスで組織された会社であるが、所有権、ビジネス方法、人材などの面ではアメリカ的である。このたばこは、一般大衆の嗜好と購買力に合わせて作られたものである。アメリカには優良な取次会社（commission firm）がいくつかあったが、イギリスの大企業のような広範な貿易と財務上の重要性は持っていなかった。十九世紀初頭に中国で設立されたアメリカの会社名は、フレイザー&カンパニーのように、所有者がイギリス人になっているものもあった。唯一のアメリカの銀行はインターナショナル・バンキング・コーポレーションだったが、この銀行はこの時点では為替業務に限定されており、その方針や業務内容は一般的な条約港（注／条約によって中国が開港を認めた港）の銀行と変わらなかった。

中国での国力を政府の利権を握っているかどうかで判断するとすれば、この時点でアメリカは実に貧弱であった。ベツレヘム鉄鋼会社は、一九一〇年に清帝国政府と二千万ドルの船舶建造契約を結んでいた。私が中国に来たとき、会社の副社長アーチボルド・ジョンストン氏が北京にいて、民国政府と契約の継続を取り決めようとしていた。アメリカの銀行グループは、イギリス、フランス、ドイツのグループと共同で、湖広鉄道（注／広東―漢口、漢口―成都、二つの支線を持つ）に出資していた。当時、アメリカ人技師を雇って、揚子江沿いの線路予定地の一部を測量していた。また、ロシアと日本に阻まれていた満洲の錦州―愛琿鉄道の利権もアメリカグループが握っていた。さらに、前述の三つのグループとともに、通貨借款のオプションにも参加していた。これらの契約に関連して、アメリカ側で行われていた唯一の活動は、宜昌の西にある湖広鉄道の調査であった。

ヨーロッパの列強の間では、ある分野で専門的な知識を持っているとされる人物を顧問として雇うよう、中国側に働きかける慣習がしばらく前から生まれていた。この時の顧問は、一九〇〇年の危機的状況下でロンドン・タイムズ紙の北京特派員として極東情勢の解釈に定評のあったジョージ・モリソン博士であった。再編融資の条件で、新たな顧問団が加わったばかりだった。各国の代表者は、中国側に少なくとも一人の自国人を顧問として任命するよう主張していた。アメリカ政府は、中国にそのような任命を求めたことはなかった。しかし、一九一三年にC・W・エリオット学長（注／ハーバード大学学長 一八三四～一九二六）が中国を訪問した際、中国政府関係者から、著名なアメリカ人を中国政府の顧問にしてほしいという要望が寄せられた。エリオット学長は、カーネギー財団が専門家を推薦し、中国政府がその中から選ぶという方法を提案した。その結果、憲法学の権威であるコロンビア大学のF・J・グッドナウ教授が中国政府に採用され、すでに北京に滞在していたのである。交通部では、鉄道会計に詳しい人物を求めて、ミシガン大学の著名な経済学者で鉄道専門家の故ヘンリー・C・アダムス教授を起用した。

税関検査官と塩税外国人検査官という重要な行政職は、二人のイギリス人職員が務めていた。塩の管理は、更生借款契約によって国際的な監督の対象となっていたが、アメリカはその借款の当事者ではないため、アメリカ人をこの業務のいかなる役職にも任命することは、いくつかのパートナーから嫌われていたのである。しかしインドでの経験が豊富な監察官リチャード・デーン卿（一八五四〜一九四〇）は、借款団諸国の国民に限定しないという方針をとった。彼は何人かのアメリカ人を雇っていたが、とても信頼しているようだった。関税局では、アメリカ人は相対的に資格のある役職には就いていなかった。これは、中国ではアメリカ人にもそのような職があることを知っている人がアメリカにはほとんどいないこと、また実際に任命されたアメリカ人の多くは、この仕事での比較的遅い昇進に不満を持ち、他の好機に惹かれてしまうことにあった。しかし税関には、評判のいい、効率的なアメリカ人職員が多かった。

第7章　アメリカの行動に対する迅速な提案

アメリカの進出を望む高官たち

アメリカ政府が六か国借款団から脱退したことで、中国人はどのような結論を導き出したのか。十一月二十七日、二人の閣僚が私を訪ねてきて個人的な話をした。その後、中国古来の学問の権威であり、工商総長でもある張謇（注／農林総長を兼任）氏が私を訪ねてきた。この二つの場面での出来事を、張氏から順に話す。

張謇は一八八九年の旧体制下で行われた北京の大都試験（great metropolitan examinations）で一等賞を獲得した。彼は中国古典の卓越した学者であり、彼の筆跡は非常に有名であり、彼の書の手本を売った収益で大学を支えることができたほどである。しかし彼は古学に満足しているわけではない。彼の故郷である揚子江畔の南通州には、農業や工業の発展のために学校や工場、実験場などを設立した。しかし彼には財政的な困難があった。この頃の人々は、彼が永久に成功するかどうか疑っていたが、彼が多くの改良に弾みをつけたことは認めていた。その後、彼の事業は繁栄し、増え続けている。彼の言葉は正しい公共の行動を求める誠実な気持ちから発せられ、国民に決定的な影響を与える偉大な国民的人物となった。彼は完璧な文学的訓練を受けた優れた人物ならば、どんな事業も成功させ、どんな現実的な困難も解決できるはずだという古い信念をいまだに表しているが、この信念は専門性を求める複雑な現代の生活に反するものである。

漢学者としての高い教養から予想されるように、これ以上の思いやりと威厳のあるものはないほど、張謇氏は洗練されたマナーの人である。中国人は一緒にいる人の考えや気持ちに非常に敏感で、相手が忙しかったり手が離せなかったりすると、どんなに丁寧に迎えてくれても、相手の大変さを感じ取って訪問を切り上げてしまう。また会話を切り上げたり、準備のできていない議論を避けたりする手際が巧く、これを失礼と思わせずに議論を終わりにするやり方で行うのだ。中国人のマナーの滑らかさと柔らかさ、卑屈な同意の欠如、議論の完全な独立性の維持は驚くべきものであり、何千年にもわたる社会的訓練がある証拠である。

張謇氏は、河川や港の開発、定期的な洪水に見舞われる中国の地域の排水計画に特に関心を持っていた。重要なプロジェクトのための調査を担当する特別な保全局を設立することが考えられていた。私は張氏に、その出身地である江蘇省と安徽省の北部における洪水防止のための淮河の保全計画の状況について質問した。

「この仕事のための人材を育成するために、すでに専門の技術学校を設立しています」と彼は答えた。

「調査の大部分はすでに終わっており、さらに三万五千テールを支出すれば、すべて完了することができます。隣接するすべての農地に多大な利益をもたらすだけでなく、無尽蔵に肥沃な土壌にもかかわらず、現在は全く利用できない約三百万エーカーの土地が埋め立てられることになる。このようにして埋め立てられた土地は、少なくとも一エーカーあたり四十ドルですぐに売却できるでしょう。これだけでも、大規模な河川管理借款の担保として十分ではないだろうか？　二千五百万ドルあれば十分です」。

張氏は、アメリカの資本家と提携して商工銀行を設立することにも興味を持っていた。「そのような銀行は、内政改善のための資本を提供するのに役立つだろう」と述べている。

張氏は、銀行をこのような企業に資本を投入する機関と考えていることがよくわかった。これは当時の中国人の間ではかなり一般的な考え方だった。中国人は、現代の信用組織では、銀行は預託機関として機能し、一時的な融資を行うことができるが、より永続的な投資は、最終的には個々の資本家が行うものであり、銀行はあくまでも引受機関、販売機関として機能するということを、まだ十分に理解していなかったのである。

このような大規模で有用なプロジェクトの実行について話していると、張氏は何度も次のような表現をした。「私はアメリカの協力を得たい。アメリカの専門家を雇って計画を練り、監督する用意がある。しかしこれらの工事は、アメリカや他の国で必要な資金の大部分を調達しなければできないことを心に留めておいてください」。

二人の閣僚は通訳を連れてこなかった。「私たちが話したいことは、非常に重要なことなので、できるだけ少ない人数で話したい。我々は、アメリカ人が中国で何をすべきかということについて、袁世凱大総統とその政府の考えを持ってきた」と言った。

彼らはまず、満洲とモンゴルをめぐる日露協約（注／一九〇七年調印）の最近の進展について説明してくれた。彼らは、外モンゴルはロシアの支配を妨げてはならない地域として扱い、逆に南満洲だけでなく東モンゴルでも日本の自由裁量を認めるという理解が両勢力の間に存在しているとの見解を示した。中国南部における日本の継続的活動は、中央政府への反発を煽るもので、中国を弱体化させ、可能であれば分裂させたいという願望を示している。また、日本が海軍を増強するために行っている異常な努力についても言及された。彼らの話から伝わってくる印象は、日本は中国で強力な前進政策をとっており、これにはロシアの同意と支持が得られているということだった。

その後、訪問者たちは、アメリカが日本やロシアの進出に対抗し、イギリスやその他の門戸開放政策に好意的な国と協力して中華民国を解体しようとする動きを阻止するために、自分たちに精神的な支援をしてくれるのではないかという期待を中国人が抱いている理由について説明した。彼らは、中国と米国が同盟を結ぶことはあり得ないと十分に認識していたが、両国の並存する利益、特に民主主義政府の原則に従うことによってもたらされる共感を強調した。共和国になったことで、中国政府は米国と特別に密接な関係を持つようになり、米国の中に最も誠実で無欲な友人を見出し、米国の精神的支援の重要性を認識している。

具体的には、中国は米国の友好的な関心と助言を高く評価しているが、欧州列強と日本が中国の資源開発に非常に重要な役割を果たしているのに、米国がほとんど何もしていないことに失望している、と指摘した。中国政府と中国国民は、アメリカ人が協力する準備ができていれば、飛びぬけた機会を提供することを望んでいると彼らは述べた。

具体的な事業としては、一九一〇年に清帝国政府がベツレヘム鉄鋼会社と結んだ契約を、政府が批准して実行する意思があることを述べている。この契約では、商業目的でありながら、ロシアの義勇艦隊の船のように軍艦にも転用できる船を作ることを意図していた。帝国政府は、直接またはパナマ運河を経由して米国に向かう蒸気船航路の設立を強く望んでいた。

慶親王の海軍使節団が訪米した際、中国海軍の指導者としてアメリカ人専門家を貸与することが検討され、タフト大統領率いるアメリカ政府がその援助を約束したことが想起された。想定された援助は、指導的・技術的なものであり、政策的な問題や政治的な提携を示唆するものではなく、過去に他国、特に英国が行ってきたような性質のものであった。彼らは、中国政府は必要性が生じればこの援助を利用するつもりであり、このような問題でのアメリカの協力は、アメリカ政府の政治的利害関係がないという理由で好ましいと述べた。

続いて両閣僚は、より純粋な工業事業を取り上げ、特に河川や港湾の整備計画に触れ、淮河流域や破壊的な洪水によって農業が中断されている他の地域について言及した。中央政府はこれらの問題を解決するために国家機関の設立を考えているので、二人はアメリカ政府に計画と実施のための専門家を貸与することで支援を求めることを提案した。閣僚たちは、こうした事業におけるアメリカ人の技能は、中国のこれらの問題に対処するのに、他のどの国よりも的確であるとの確信を示した。

他にも、タバコの専売権を創設することで、収入の増加と中国全土でのタバコ生産のより効果的な組織化を期待していることなどが取り上げられた。閣僚たちは、「英米タバコ会社」を追放することは望んでいなかったが、この会社が中国政府の販売代理店となるような取り決めを行うことを提案した。

もう一つのテーマは、中国の石油開発である。彼らは、中国政府が油田開発を行うことを望んでいると述べた。他の国では、この種の特権の範囲を広げて、特に鉄道の権利について一般的な優先権を確立しようとする傾向があるため、政府はこの問題をアメリカ人と一緒に解決することを強く望んでいたのである。

彼らは、中国におけるアメリカの活動に大きな期待を寄せており、有利な条件を整えるために自分の役割を果たす準備ができていることが明らかだった。彼らの頭の中には開発計画が生きていた。同様の問題に対するアメリカの経験と、アメリカの公正な精神から、近い将来に予想される大規模な産業変革にアメリカ人が積極的に参加すれば、大きな利益が得られると彼らは信じていた。

話題は次々と重要な提案に移っていき、私は中国に新しい精神が確実に生まれていることを感じた。伝統的な形式主義で鍛えられ、外国人への不信感から消極的な態度をとっていた高官たちが、このように率直に外国の代表に近づき、共同行動のための具体的な提案をすることは、旧体制下では考えられなかったことである。周知のように、過去においては、変化や新しい事業を望むのは外国人であり、季節を問わず、消極的で不活発な中国の役人にそれらを押し付けていた。しかしここにいる人々は、計画し、開始することが政府の役割であることを理解しており、彼らが動機を完全に信頼している国に言い寄るためには、どんなことでもする用意があった。

ここに示された展望に魅了されないわけにはいかない。自然の富、労働力、国力、さらには資本に至るまで、膨大な資源を持つこの国は、これらすべての力をより大きな単位で、より広い地域で、これまで以上に集約的な方法で働かせるという新しい組織形態に向かっていた。単なる地域的な視点は、国家的な視点に取って代わられつつあった。国の資源や産業は、関心を持っている地元のグループだけの視点ではなく、国民の生活と努力の一体性の視点から見られるようになった。この再編成という大きな仕事に、アメリカ人が仲間や役員として大歓迎されていること、これらすべての材料や資源がより容易に国民生活の偉大で効果的な統一体に組み込まれるために、アメリカ人が自発的に心から望まれていることを知ることは、実際、アメリカ人にとって誇りと喜びの原因にならないはずがないのだ。唯一気がかりなのは、アメリカ人がここで与えられた機会の重要性を理解する準備ができているかどうかということだ。しかしこの機会の前例のない性質と、利己的な搾取や政治的野心ではなく、一般的な人類の福祉を促進するために、これらの材料がどのように組織されるべきかというアメリカ自身にとっての重要性を、アメリカ人に理解させるために、あらゆるエネルギーを投入しなければならないことに疑いの余地はない。

ロシアの悪巧み

この二人の訪問者が言及した、モンゴルでの地位を強化するためのロシアの努力は、この時点で、モンゴルの「自治」を認めさせるための中国との合意という形で実を結んでいた。この交渉の結果と派生劇が、十二月十一日の外交団会議で北京の外国代表に知らされた。会議は英国公使館で行われたが、この時にはジョン・ジョーダン卿が戻っていた。

ロシア公使館の大規模な施設の責任者は、クルペンスキー氏という若い男性だった。クルペンスキー氏は、ロシアの優秀な外交官の下で訓練を受け、公使として北京に何年も滞在していたので、偶然に選ばれたわけではないことは明らかである。英語書記官と一緒に、独身の彼は広大な家に一人で住んでいた。ロシア銀行の協力を得て、見事な接待を行っていた。クルペンスキー氏には、中国人をよく理解していることに加えて、自分の政府の政策に付随するあらゆる悪評を、アヒルが水を逃がすように洗い流す能力という貴重な資質があった。自分の最後の一手の意味を外交官仲間が推測しているのを知ったときの、彼の楽しげで無頓着な表情から判断すると、皆をけむに巻くことを大いに楽しんでいるように見えた。クルペンスキー氏は背が高く、華のある、紛れもないロシア人だ。私が最初に会ったとき、彼は中国のことを大げさに話していた。クルペンスキー氏は、ノックス氏の満洲提案（注／タフト政権（一九〇九～一九一三）のノックス国務長官による一九〇九年の失敗に終わった満洲鉄道中立化案のこと）やアメリカの六か国借款団からの脱退を受けて、私がどのような行動を取るかを考えていたのだろうが、自分の気持ちをほのめかすことはなく、私が政策上の親密な仲間になりそうだとは考えていなかったに違いない。彼と別れたとき、私は、金融、言語、法律の有能な専門家に囲まれて、中国の複雑な事情を巧みに操り、他の人が思いつかないような機会や状況を利用することができる男がいることを知った。

十二月十一日の会議で、ロシア公使は発表したいことがあると述べ、公使館の衛兵とその他のロシア軍を中国北部から撤退させることを決定し、他の政府にも同様の措置をとるよう提案したことを、同僚（注／公使という同じ職の仲間という意味、以下同じ）たちに淡々と話したのだ。

この発表は驚きをもって迎えられた。各方面から質問が寄せられた。「この行動はすぐにでもできるのか」「あなた方の政府の目的は何ですか？」「この保護の代わりにどんなものを提案しているのか？」など、大変なものだった。ロシアの公使は、自分が起こした騒動を面白がっているようだった。彼はどの質問者にも、少しも心配させたり、長引かせることもしなかった。彼は訝しげな、そして非協力的な微笑みを浮かべて、外交官たちの不安な推測を受け流した。彼は肩をすくめて言った。「これは私の政府からの指示だ。その目的は、私には分からない」。会議が終わると、少人数のグループがそれぞれの方向に歩き出し、皆でこの動きの意味を熱心に議論した。やはり、公使館の衛兵は重要な存在だったのだ。上海での最初の質問はこの衛兵に関するものだったが、ここではロシアが衛兵を引き上げるという発表で、外交官たちが大騒ぎしていた。

私が公使館に到着すると、そこでは私の妻が応対し、大勢の訪問者がお茶を飲んだり、マリンバンドの音楽に合わせて踊ったりしていたが、このニュースは明らかに私に先行していた。一般的に受け入れられている解釈は、ロシアと、おそらく日本は、他の列強を窮地に追い込もうとしているというものだった。撤収させなければ、ロシアが行ったことを受けて中国政府の機嫌を損ねる可能性があり、撤収させれば、中国に近接しているために短期間で大規模な軍隊を派遣できる国であるロシアと日本に有利になるというものだった。

外交官たちの態度から、ロシア側の提案が受け入れられないことは明らかだった。数週間にわたり、新聞はロシアの提案の真の意味を測ろうとする試みに満ちていた。大きな戦争後のこの時期に、このような些細なことで騒ぎになったことは想像に難くない。もちろん、公使館の衛兵を排除すること自体はさほど重要視されていなかったが、ロシアが中国での影響力をさらに強めようとする意図を示すものとして注目されたのである。

おそらくロシアの行動は、実際には広範囲に及ぶ結果を想定していなかっただろう。ロシアは中国政府にモンゴルの「自治」に関する取り決めをするよう求めていたが、これは中国にとっては非常に不愉快なことである。ロシア人は何か見返りを提供しなければならなかった。中国政府の古いタイプの考え方を熟知していた彼らは、何の費用もかけずに、中国政府にとって最も喜ばしいものを選んだ。中国政府は、北京や直隷省に外国軍が駐留することは、自国の尊厳に反すると考えていた。したがってロシア政府は、自国の軍隊を撤退させ、他の政府にも同様の呼びかけをすることで、中国政府には重要な勝利を主張する機会が与えられ、モンゴルに関する放棄の苦々しさが多少和らぐことを知っていたのだ。袁世凱や政府はそのように考えるだろうが、中国人個人は外国軍の存在を純粋な悪とは考えないだろう。衛兵は情勢を安定させ、個々の勢力による非道な行為や強引な進出を防ぐ役割を果たしている。中国人に関する限り、ロシアはこの動きによってあまり信用を得られないかもしれない。

第8章　中国のための小さなビジョン

淮河の開発計画

私は、ちょっとしたビジョンとアメリカの科学的手法を応用すれば、中国を変えることができると言ってきた。張謇は淮河流域を例にとり、地球上で最も肥沃な土地として開花させることが容易であると述べている。中国はどの国よりも優れた園芸家と青果栽培業者を擁し、何千種もの野菜や花卉、低木を育てている。中国の庭師は、病気や弱った植物があれば、「その泣き声に耳を傾け、聞き取り」、母親のように健康になるように看護すると言われている。しかし今、洪水に見舞われた地域の多くの人々は、自分たちの見事な土地が傷つき、住居や愛する人たちが無慈悲な洪水にさらわれることを周期的に予想しなければならない。

アメリカ人はしばらく前から、これらの土地の耕作地帯を呪いから解放する可能性に気付いていた。アメリカ赤十字社は、一九一一年の深刻な飢饉を救済するために四十万ドルを寄付した後、担当者からこのような災害を防ぐ方法について助言を受け、アメリカ人技師を派遣して淮河流域を調査し、適切な工学的工事を提案したのである。張謇は、自国の技術者集団を率いて洪水の状況を調査していたが、ちょうどその頃、アメリカの資金提供者グループが六か国借款団から離脱した。このアメリカ人グループは、すぐには中国での事業を始めようとはしないだろうし、むしろ他のグループが始めるのを阻止するかもしれないと予想された。そこで私は、これまでの関係から自然に生まれた事業や、すでに中国で確立されているアメリカの関心事を発展させるような事業だけを提案することが肝要だと考えた。私は健全で有用、かつ賞賛に値する淮河流域の救済計画に惹かれた。

中国人は、他国の領土的野心や、中国に「勢力圏」を築こうとする動きを恐れて、アメリカ以外の国とはこの問題を取り上げたくないと考えていることが分かった。技術者を派遣して排水や灌漑を行うということは、密な関わりを意味し、影響を受ける地域の内部資源を支配することになるかもしれない。なぜなら外国の債権者は担保として、改良される土地に抵当権を設定することを要求するからである。またこのような工事の範囲内で、外国の技術者や資本家が内陸部に直接侵入する手段となる、航行可能な水路である大運河があった。中国人は、外国の政治的支配に用心して、自分たちの権利を守っていた。しかしアメリカの政策は伝統的に非侵略的であり、私は公正な心を持ったアメリカ人に対しては、中国は他の国では望めないような特権を認めるだろうと考えた。

そこで私は国務省を通じて、アメリカ赤十字社が今後どのような活動を続けていくべきかを尋ねた。アメリカ赤十字社は、評判の良い効率的なアメリカのエンジニアリング会社を選び、この会社をアメリカの資本家に支援してもらい、その資本家が中国政府に豊かな淮河の地域を取り戻すために必要な資金を貸してくれるような措置をとることはできないだろうか？　赤十字は、これを快諾してくれた。そこで私が探し出したのが、学者であり総長でもある張謇氏で、この大改革を遂行するための技術者と資本家の選定を、定められた条件に基づいてアメリカ赤十字社に委ねることに、明確な同意を得たのである。

総長と私は頻繁に会議を行った。技術者の契約、融資の条件、担保などについて慎重に話し合った。最終的には、一九一四年一月二十七日に、張謇総長とアメリカ赤十字社を代表して私が署名した。予備調査の資金は、J・G・ホワイト社が担当することになった。こうして、翌年の夏に三人の専門家が中国に派遣された。パナマ運河委員会のシベール大佐（後の少将）、米国干拓局のアーサー・P・デイビス局長、そして水利工学の専門家であるウィスコンシン大学のD・W・ミード教授である。

このようにして、新たな方向性に向けて、大きな期待が寄せられたのである。

山座円次郎公使

しかし、アメリカの企業は、スタンダード・オイル社が開拓した分野で、すでに中国人の日常生活に影響を与えていたのである。つまり、スタンダード・オイルの灯が中国を照らしていたのである。

さて、日本の公使である山座円次郎（一八六六～一九一四）氏の登場である。ランプに油のない日本は、中国で油を探したいと思っていた。しかしアメリカの石油会社は、後に詳述するような方法で、利権を手に入れていた。さらにベツレヘム鉄鋼会社は二千万ドルで、中国向けに巡洋艦に転用可能な商船隊を建造することに合意していた。中国の要請に応じて、ベツレヘムの人々は、この総額のうち三百万ドルを中国の港の整備に充てることにも同意した。これらのアメリカの活動は、淮河事業とともに日本を警戒させた。日本の新聞はその意味を歪めて報道していたが、山座氏はベツレヘムの小さな契約書の中に、将来の中国のアジアの海の女主人の姿、中国の沿岸部に軍港が点在している姿を見始めていたのである。ある晩、山座氏は私にそのことを長々と話してくれた。彼の政府が何らかの動きをしようとしていることは明らかだった。

山座氏とその一等書記官である水野幸吉（一八七三〜一九一四）氏は、二人とも非常に賢い人物であった。彼らはよく酒を飲んだ。公使は健康上の理由であると説明した。なぜなら病気になったときに諦められるものがなければ、それは彼にとって非常に悪いものかもしれないからである。水野氏はドイツ語の**Katzenjammer**（不運）に相当する表現を各国語で収集し、夕食時にパーティを盛り上げていたことを思い出す。二人とも中国での経験があり、中国の事情に精通していた。山座は非常に抜け目のない人物で、酒の影響でむしろ理解力が鋭くなっているようだった。寡黙で躊躇《ためら》いのある調子で話す彼は、決してしっぽを出すことはなく、相手にそのようなことをさせる機会を与えようと、巧みに会話を展開していた。

この会話の夜、私たちはロシア銀行の支店長の客となっていた。アマチュア演劇が上演されていた。フランスの「一人芝居」が三本、そのうちの一本がアナトール・フランスの「頭の悪い妻と結婚した男」であった。北京の外国人社会は活気に満ちていた。大半の人は舞台のある大きなサロンに集まっていたが、他の人は小さなグループで散歩したり会話したりしていた。二つの芝居の間の休憩時間に、私は日本の公使に出会い、彼が話したがっていることを知り、彼と一緒に喫煙室に行った。長い会話の間、我々は時折、舞台上の動きがより興奮したピッチになったときのサロンからの反響を聞いた。

山座氏は、今まで見たこともないほど饒舌だった。いつものように燃える水を飲み干していたが、いつものように頭は冴えていた。「山西省と直隷省では、スタンダード・オイル・カンパニーの利権問題で日本人が活躍したことで、彼らが考慮される権利を得た。私は中国側に、日本は山西省の油田に先行して権益を持っていると主張してきました。日本の技術者がかつてそこに雇われていたことを知らないのですか？」

私としては、日本の新聞がアメリカの石油利権についてあれほど騒いでいることに驚きを隠せなかったが、百年以上も中国でビジネスをしてきたアメリカ人が、時折新しい事業に乗り出すのはごく自然なことである。

しかし、山座氏が考えているのはベツレヘム鉄鋼会社の契約であることがすぐにわかった。彼は「福建省の戦略的重要性をお伝えしなければなりません」と言った。続いて長い説明があった。「中国はこの地域を他国に譲渡しないことを約束しており、日本はこの地域への関心を繰り返し主張している」と結論づけた。

そしてベツレヘムの契約内容について、さまざまな推測や風評を繰り返した。私はこの契約の性質とその昔の存在について、具体的に話した。ベツレヘム社の副社長であるジョンストン氏は、中国政府の要請を受けて、最も必要とされる改善策を見積もる目的で、さまざまな軍港を視察していた。私はこの視察に不吉な意味があるとは認められず、アメリカ人が中国のどの地域でも自由に港湾建設に携わることができないとは認められなかった。

自分の発言に無防備だったわけではないが、私はこのような状況での会話を正式なものとは考えていなかった。しかしすぐにわかったのは、ワシントンの日本大使がブライアン国務長官と福建省の港湾工事の問題について面談した際に、この件に関するメモが国務省に提出されていたことだった。この件については後で触れよう。

中国人の心理の特徴は、スタンダード・オイルの契約が結ばれた後に表れた。中国政府とアメリカ企業の共同事業として石油生産を行う特定の地域を選定するために、一年間の猶予が与えられ、双方の財産権の比率は45対55であった。この契約は、中国で発見される可能性のある石油資源の開発において、主要なシェアを確保する機会を提供するものであることは間違いない。しかし一九一四年二月に締結された契約自体は、単なる法的権利の確保であり、中国では政府の命令や利権はそれだけでは万能ではない。その動機が疑われたり、圧力や秘密裏に取得されたものであったり、その条件が理解されなかったり、特定の地方や国民全体に不当な負担を強いるものだと思われたりすれば、民衆の反発を招くことになる。これは助成金の法的性格や政府の責任には影響しないかもしれないが、事業の迅速かつ収益性の高い遂行を著しく妨げることになる。このような状況とは逆に、「正々堂々」と契約を締結し、それが公正で正当なものであることを証明すれば、あらゆる関係者が喜んで協力してくれる。

しかしスタンダード・オイル・カンパニーの契約が締結されると、その内容は一般的なものを除いてあまり知られておらず、対立する利害関係者たちは、この契約が中国の人々、特に山西省や直隷省の人々の権利を侵害するものであると主張し始めた。贈収賄の話が新聞に掲載された。北京で締結された交渉では、地元の意見に特別な配慮がなされていなかったため、地方の人々の疑念をかき立て、すぐに反発が起こったのである。

スタンダード・オイル・カンパニーの代表者は北京を離れていた。私はその会社に、自社の利益が危険にさらされていることを伝えた。その結果、中国事情に精通したアメリカ人、ロイ・S・アンダーソン氏を北京に派遣することになった。アンダーソン氏は反対する人たちと話し合い、特に北京に住む山西省の人たちとは契約条件について話し合い、山西省で大規模な産業が発展することで、山西省に利益がもたらされることを指摘した。中国人は合理的な議論には必ず応じるので、数日後にはこの契約に最も強く反対していた団体が農林総長に祝辞を述べた。彼らは、この契約を実行するために省の援助を約束した。もしこの契約が明快でなく、条項が公正でなく、不当な影響が避けられないものだったら、このような積極的な支援は得られなかったであろう。

その後、中国政府は石油開発局を設立し、淮河流域を含む排水工事のための河川保全局を設置した。新設された石油開発局の局長には、三月に内閣を退陣した国務総理の熊希齢《ゆうきれい》（一八七〇～一九三七）が就任した。彼は国務総理と財政総長を兼任していた。背が高く、顔立ちが整っていて、黒髪の輝きがあり、高音の声で流暢に話す。彼は「進歩党」に属していたが、民主派（国民党）と戦っていた袁世凱が総理に抜擢したのは、国会で否決されれば、議会の妨害行為を非難できると考えたからだろう。しかし議会は彼を受け入れたので、袁世凱は議会を転覆させる別の道を選んだのである。彼のキャリアは、彼の妻の助言と協力によって支えられてきた。彼女は非常に有能である。国務総理は善意で、広い視野を持ち、西洋の手法を取り入れていたが、行政や財政面での経験が浅かったため、任期中はハンディを負っていた。政治家として辣腕を振るい、金融操作に没入する者たちと彼は対抗しなければならなかった。

石油開発局の局長となった熊氏の最初の仕事は、日本の利益を推し進めようとする山座公使に、スタンダード・オイル・カンパニーに独占的な開発権が与えられていないことを指摘することだった。「アメリカ人への供与は、中国が日本との国際的な友好関係をあまり重視していないことを示しているようだ」と日本の公使は発言した。

熊氏は「これはビジネス上の取り決めであり、イギリス、フランス、ドイツなど他の国でも過去にこのような利権を求めたことがある」と答えた。また他の省でも同様の協定を日本と結ぶのかという質問には、「今はまだ都合がつかない」と答えた。

山座氏は、「ではこの件については、おそらく外務大臣に相談することになると思います」と答えた。

山座氏は、かつて山西省の油田で働いていた日本人技術者について言及したが、これに対して熊氏は、かつて漢冶萍《かんやひょう》製鉄所でアメリカ人とドイツ人の技術者が働いていたが、その会社が日本の会社と借款契約を結んだとき、アメリカからもドイツからも異議が出なかったことを思い出した。(注/漢冶萍公司と横浜正金銀行との間に借款契約が結ばれたのは一九一三年十二月二日である)。

この会話は、中国の企業に関して、事前の願望、あるいは個人の事前の雇用を主張することで、事前の請求権を確立しようとする試みがしばしば行われていることを示している。優先権や不確定な選択肢を確立するとは、どこにも考えられない話である。これはあるものに対する希望を表明するだけで、それが提供された場合に、そのものに対する事前の権利をすでに確立していると言っているようなものである。

中国政府との二つの重要な契約の締結は、当然ながら注目を集めた。イギリスの新聞では、『ノースチャイナデイリーニュース』が北京特派員の判断をそのまま伝えている。「アメリカ人は成功に値する、彼らは地道で一貫した努力をしてきたのだから」。

この成功は、ヘイ長官の時代以来、アメリカの中国における事業が一貫して平和的で慈悲深いものであったことが主な要因であるとデイリーニュースは述べている。「中国ほど友情によって、友情のために行われることは世界のどの国にもない」と宣言している。

ドイツの新聞は、批判的な傾向があったものの、契約の公正さと中国がそこから得られるであろう利益を認め、新しい石油事業に対して取った日本の態度を否定的に伝えた。その後、中国にあるドイツの主要紙 **Ostasiatische Lloyd** に長文の記事が掲載され、そこにはアメリカによる非常に広範囲な経済浸透政策の存在が推測されている。記者は、中国におけるアメリカの利益の実際の優位性を達成するために、教育、財政、産業などのすべての要因が、複雑だが調和のとれた計画に従って導かれていると推測していた。

ドイツの公使 フォン・ハクソーセンは、この記事について私に話してくれた。彼は「この記事が私と私の公使館の見解であると結論づけないでいただきたい」と言った。

私は彼に、アメリカの行動がこれほど入念に計画され、すべての細部を巧妙に把握して進められていると誰もが考えているので、非常に光栄に思っていると断言した。

露仏共同の半官半民の機関紙『北京ジャーナル』は、アメリカのすべての事業に対する批判的な態度を続けていた。ＹＭＣＡ、宣教師、スタンダード・オイル、英米タバコ会社を、中国におけるアメリカの影響力を高めようとする邪悪な活動に従事しているとした。しかしドイツの新聞が示唆した巧妙な計画を推量することはできず、これらのアメリカの機関の本能的な協力があると仮定していた。この新聞は時折、大きな憤りに駆られることがあった。それは、ＹＭＣＡがある寺院に水浴場を設置することで、中国人の宗教的モラルを損ない、聖地の神聖さを破壊していることを発見した時である。『北京ジャーナル』のベルギー人編集者の胸から、美徳を踏みにじられたうめき声が絞り出された冒瀆行為というのは、北京から十五マイル離れた山麓にある臥仏寺の大僧院で、ＹＭＣＡが夏の宿舎としている、囲いの中の居住区にある大きなプールが暑い朝には実際に水浴びに使われていたという事実だった。しかし、自分の気持ちが傷ついたとほのめかす中国人はいなかった。

アメリカの新聞やアメリカ人は、この建設的な行動に多少なりとも勇気づけられた。中国の新聞では、アメリカのベテラン弁護士Ｔ・Ｒ・ジェミガン氏が次のように述べている。「ウィルソン政権がその影響力を利用して、アメリカの商人が企業として活動しているかどうかにかかわらず、ビジネスの拡大を促進することは明らかである」。

中国金融近代化の必要

産業面と同様に金融面でも、中国人はアメリカに近づいてきた。財政総長と梁士詒《りょうしい》（一八六九～一九三三）氏は頻繁に私のゲストとして招かれ、特に金融情勢について話をした。二人とも、中国の伝統的な官僚の態度とは全く異なる見解を持っていた。彼らは国の信用と産業の両方を組織するために、政府が自ら役に立ち、主導権を握ることを望んでいた。彼らは中国国内の信用を発展させて、政府の資金需要を十分に満たすことができると考えていた。しかし残念ながら、山西銀行協会が築いてきた大規模な銀行システムは、現代のニーズには非常に不十分であった。銀行業務は、借り手の性格や信用に関する個人的な知識に全面的に依存しており、担保は使わず、企業の証券も扱っていなかった。

中国が西欧諸国のビジネス手法に触れても、このシステムでは新しい企業を育てることはできなかった。この仕事は、条約港に設立された外国の銀行が主に担当していたが、彼らは中国の国内発展の可能性を見通すことができなかった。一方、山西省の銀行は新しい状況に適応できず、行動範囲が徐々に狭まり、事業が衰退していった。彼らは政府からの資金援助の必要性を感じていた。財政総長は、これらの古い銀行を近代的で適切な中国国内の信用機関に変えることができないかと考えていた。彼をはじめとする国内の金融関係者は、米国で大量の公債を吸収して健全な通貨の基礎としていた国民銀行制度に関心を持った。

しかし山西省の銀行を、近代的なシステムの主要な支柱として利用することは不可能と思われた。「中国銀行」のような新しい組織（注／一九一二年に中央銀行として認可される）は、近代的なシステムに基づいて計画されており、アメリカの財政支援と技術支援によって強化されるかもしれない。梁士詒氏は強化融資の見返りとして、「中国銀行」の経営における重要なシェアをアメリカの利益のために提供することを望んでいた。ニューヨークの建設業者であるG・M・ゲスト氏は、家族と一緒に北京に遊覧に来ていた。彼は中国で新たな金融・産業事業を立ち上げる必要性を感じ、まず北京に路面電車を建設するための利権を確保しようと考えた。以前、中国の政府関係者から、中国の既存の契約をアメリカ人に譲ってはどうかという話を聞いた。私はこの事業にはあまり乗り気ではなかった。というのも、この事業は北京の街の独特の雰囲気を壊してしまうかもしれないし、ビジネス的にも大きな成功を収めることなく、誰にも大きな利益をもたらさないかもしれないと思ったからだ。

さらに調べてみると、フランス人が北京の路面電車などを対象とした融資契約を結んだばかりであった。この融資は不思議なもので、その資金で揚子江の浦口の港湾工事を完成させ、北京の路面電車を整備するものと思われた。しかし実際には行政や政治のための融資であり、工業的な性格は二の次で、工事は無期限に延期されたことは明らかだった。このように「産業借款」と称して、その資金を政治に利用するという裏技は、後に、特に一九一八年の日本の借款において非常に多く利用された。

このような状況を知ったゲスト氏は、中国の国内金融の問題に目を向け、北京での短い滞在期間を終えた時点で、「中国銀行」の融資契約のオプションを取得し、帰国後も精力的に活動したのである。

淮河の護岸工事や石油開発の契約がアメリカで注目され、アメリカの商業誌や銀行家たちは、中国でのプロジェクトへの融資を再び検討するようになっていた。この時期のニューヨークの銀行家の態度、彼らの困難、疑問、傾向を示すために、一九一四年四月二十九日付でウィラード・ストレート氏が私に送ってくれた手紙の一部を引用してみよう。ストレート氏とは、いくつかの詳細な事柄、特に借款団からの脱退については意見が合わなかったが、中国の金融、産業にアメリカが継続して参加することの重要性については、二人とも同意していた。手紙の内容は以下の通りである。

淮河の保全に関しては、赤十字社がＪ・Ｇ・ホワイト社と協定を結び、詳細な調査のために技術委員会が中国に派遣されることになっていることは、すでにご承知のことと思います。資金調達の問題がグループに持ち込まれましたが、グループは実際の状況と計画されている作業の推定コストに関する、より明確な情報なしにこの問題を議論することは満足にできないと考えました。

技術委員会の報告書を受けて、我々が資金問題の議論を始めるとき、三月二十四日のあなたの手紙に含まれている提案は非常に価値があるでしょう。あなたがおっしゃるように、ほとんどいつでも一千万ドルの借款を組むことは比較的容易かもしれません。しかし、それは規模ではなく、借款の性質によります。現在、中国の証券市場は国内に存在せず、銀行家が合理的な期間内に市場を創設するには、政府の積極的かつ知的な支援、あるいは少なくとも宣言された承認がなければ、不可能ではないにしても難しいでしょう……。

アメリカン・グループが最初に湖広借款の交渉に入ったとき、アメリカの状況は良好でした。ビジネスマンは新しい貿易の機会を求めて海外に目を向け、タフト政権は外国貿易の拡大を奨励することに熱心であり、中国政府のバブルは弾けていなかった。私たちの四年間の経験の中で、中国とその発展に対する一般の人々の関心が少なからず喚起され、一九一三年二月に私たちが望んでいたように更生借款を発行していれば、おそらく二千万ドルの株式を全米の投資家に販売することができたでしょう。中国で革命が起こり、政府の状況が不透明であるにもかかわらず、このようなことができたのは、我々と他の利害関係国の政府の支援による国民の信頼があったからです。

タフト氏もノックス氏も、利息の支払いが滞った場合に、アメリカの戦艦を派遣して中国を威嚇したり、海兵隊を上陸させて中国の領土を占領したりすると約束したことはない。国民は偽りの声明に惑わされることはありませんでしたが、それでも、わが国政府が中国の信用維持と中国の発展に積極的に関心を持っているという一般的な信念がありました。

これは、センチュリークラブでの会話でお話ししたように、一九一三年三月十九日（注／正確には三月十八日である）の大統領の宣言によって変わりました。大統領と国務省が、中国は若い共和国であり、特別な配慮と同情を受ける資格があると考えたこと、我が国の政府が袁世凱の政治集団を認めたこと、そしてその後、政府がアメリカ貿易の発展に関心を持っているという一般的な表現をしたことは、アメリカの銀行グループの活動を具体的に非難したことによって破壊された信頼を、投資家の心の中に取り戻すことにはなりませんでした。一部のいかさま新聞や欧米の議員の間では不人気であったにもかかわらず、この銀行グループは、中国市場に参入し、中国市場に留まる企業心、勇気と忍耐力を持ち、誠実さ、公正な取引、健全なビジネスを象徴する唯一の存在であり、債券発行の成功は債券購入者の購買意欲にかかっているのです。

中国の国債を売ることができたはずのこの信頼は、銀行家と政府の四年間の努力によって作り出されたものでした。いったん破壊された信頼は、おそらくタフト政権よりも強力な一般的な政府声明を出すか、それがない場合には、政府がわが国の商人、請負業者、銀行家を支援し、奨励する意思があることを効果的かつ一貫して繰り返し具体的に示すことでしか回復できません。ご存知のように、悪い印象を正すことは、良い印象を与えることよりも難しいことです。

私は大統領が以前の立場を覆すような行動を取ることが難しいことを十分に理解していますが、昨年三月の宣言の最後の段落で、「請負業者やエンジニアなどが現在不足している銀行やその他の金融施設を確保するために必要なすべての立法措置」を促すと述べたことが、赤十字計画を積極的に支援することを可能にする線で解釈され、発展することを願っています。

今後数か月の間に、政府がこの計画への関心と支持を公に示し、最終的に銀行家の判断を仰ぐ際に、国民が関心を持ち、政府がこの計画を支持していることを確信することができれば、我々が再び中国に進出するための手段となるかもしれません。このことは、状況を十分に理解していると思われるボードマン女史にも指摘しておきました。

私は中国での我々の利益を拡大しようと努力するあなたの大きな関心とエネルギーが、我々の政権に影響を与えることを心から信じています。しかし、私たちは、大陸の友人たちのように、海外に投資する機会を心待ちにしているわけではありません。特に、私たち自身が多くの問題を抱えている現在、単に機会を示されるのではなく、第一に、それが健全なビジネスであること、第二に、それを行うことが愛国的な義務であることを説得しなければなりません。さらに、もし私たちがそれを引き受けることになれば、私たちの事業とエネルギーは、外国事業を扱える同業者が政府の積極的な支援を受けるやいなや、自らリスクを負わないのに、「独占」と叫ぶ人々の側に、嫉妬の嵐を呼び起こすだけにはならないことを自覚しなければなりません。

これ以上楽観的な見方をすることはできませんが、私はあなたとあなたの努力を全力で支援することをお約束しますし、あなたの努力が報われることを心から信じています。

この手紙で約束された知的支援は、アメリカ平和委員会に所属していたストレート氏がパリで早逝するまで続いた。

(注／ウィラード・ストレートはコーネル大学卒業後、主に東アジアで活動した。中国の海関勤務後、日露戦争中は朝鮮で従軍記者、一九〇六年から二年ほど奉天米国領事館の総領事を務め、ハリマンの満鉄を含めた世界一周鉄道計画に協力し、日本から抗議を受けて、アメリカに召喚される。その後、国務省に設立されて間もない極東部の部長代理を一九〇八年十一月よりほぼ半年間務める。一九〇九年十月、錦州―愛琿鉄道建設の権利を満洲地方政権より獲得する。これまた満鉄に並行する路線なので、日本から抗議を受ける。その後、ノックス国務長官の肝いりで作られた米国四大銀行借款団の北京代表となる。そしてラインシュと知合う。アメリカの第一次大戦参戦後、軍務に就き、スペイン風邪でパリに客死する。一八八〇～一九一八)

第9章　〝アメリカ人は遅い〟

梁士詒と周自斎

「アメリカ人はことごとく遅い！」　中国人が言ったこの言葉は面白かった。この言葉は、北京が赤い砂嵐に包まれた日の夕方、食後の長い会話の中で、梁士詒と周自斎《しゅうじさい》（一八七一～一九二三）との間で交わされたもので、焦りを露わにしたのは後者であった。

「中国のピアポント・モルガン」と呼ばれる梁士詒は総統府秘書長であり、袁世凱に次いで北京で最も優秀で影響力のある人物だと言われている。梁氏は中国の文学水準に照らし合わせて高い教育を受けており、西洋の科学を学んだことはないが、鋭い洞察力を持ち、西洋の条件や方法を容易に理解することができる人物である。彼の優れた資質は組織化の能力である。彼は中国交通部を管理面と財政面で構築した。総長就任は辞退したが、重要な部下への影響力を行使して内閣の動きをコントロールし、袁世凱のためにすべての財政問題を管理したという。広東人で、背が低くて太く、ナポレオンのような重厚な頭をしており、口数は少ないが、その斜に構えた発言から、常に議論を先取りしていることがわかり、それは彼の探求心に富んだ質問にも表れている。自分で直接質問されると、どんなことでも必ず明快に連続した説明をする。彼は政治的目的のために金を使うことについては、中国の公式慣行のレベルを超えなかった。ある人にとっては詐欺と腐敗の父であり、ある人にとっては富の神であり、またある人は彼の組織化の才能を尊敬していた。彼は決してロマンチックな人物ではないが、他の人々の間ではロマンチックな興味を十分に刺激し、彼にはほとんど超人的な狡猾さと能力があると考えられていた。

一九一一年に郵伝部大臣（注／清朝時代は「郵伝部大臣」となり、辛亥革命後には「交通総長」となる）に就任した著名な盛宣懐（一八四四～一九一六）は、その影響力と狡猾さを駆使して梁氏の邪魔をし、政府の最も太った組織として知られる郵伝委員会の支配から彼を追い出そうとした。梁氏はその場に立ち尽くし、強力な攻撃に耐えたことで彼の影響力は大きく高まった。革命の間、梁士詒は軍機処にも大きな影響力を持ち、袁世凱との結びつきを強めていった。彼は外見によらない実質的な権力に満足していたため、責任ある大臣になることは断念し、大総統官房という有利な立場で仕事をしていた。しばしば命を狙われた。かつて所属していた民主派からは、議会を混乱させてから破壊するという袁世凱の複雑なゲームに協力したことで、憎しみを買った。また「進歩党」も彼に心酔していなかった。勇気のある彼はしばらくの間、ほとんどの新聞社が彼に浴びせた非難と嘲笑に無関心だった。このような攻撃が始まったとき、彼はまだ比較的劣位にいたので、彼の能力と個人的な重要性に注目が集まり、むしろ彼の助けとなったのである。このようにして敵方は彼を宣伝したのである。国会議員たちが初めて北京に来たとき、彼は状況の複雑さをすべて把握していたが、目立たないように座っていて、影響力と資金を得て、あたかもワックスを塗ったかのように政治状況を形成したのである。

閣僚の中では、交通総長の周自齋氏が個人的に最もアメリカ事情に精通しており、公務でワシントンとニューヨークに数年間滞在していた。彼は英語を流暢に話し、アメリカの方法を好む。彼は不必要な儀式を嫌う。彼に呼ばれるたびに、中国の高官として当然のことである外扉への同行を認めてもらうために、私はほとんど彼と格闘しなければならなかった。彼は信頼できる外国人から改良された方法を学ぶことを信条としており、信頼する外国人には中国人と同じように自由裁量権を与えるが、誰かに最高の支配権を与えることはなかっただろう。この日、彼は「中国銀行」の再組織と、中国の資本家の間で国内債を発行する可能性について語った。周氏は、中国人がアメリカ人に貴重な利権を与えるように仕向けられ、それが開発されずに、中国に困惑とトラブルをもたらしただけだと、怒りの声を上げていた。
また、アメリカ人がベルギーのレオポルド王（一八三五～一九〇九）に売ろうとした元々の漢口―広東鉄道利権、ノックス中立化計画、そして満洲に対するロシアと日本の支配力を強めるだけの効果しかなかった錦州―愛琿鉄道利権についても話した。アメリカは特別な信頼の証として、中国の通貨を再建するチャンスのある通貨借款のオプションを受け取ると、すぐに大英帝国、ドイツ、フランスをこのゲームに招待した。「そうして中国に国際借款団を背負わせたのだ」と周自齋は嘆いた。このようにして、大なり小なり、失敗に終わった事業が次々と紹介された。

正直に言うと、我々は中国では幸運の前髪を掴んだこともなければ、スカートにしがみついたこともないのだ。周自齋氏は、湖広鉄道の建設を請け負った四強グループの回りくどいやり方を特に憂いていた。「当初支給された三千万ドルは、ほとんど使い果たしてしまった」と彼は不満を漏らした。「実際の工事は二千マイルもできていないし、技術基準についてはパートナー間で常に揉めている。しかも北京からロンドン、ニューヨーク、パリ、ベルリンと、すべての都市を行ったり来たりしなければならず、何のための工事なのかを知るためには、膨大なファイルを調べなければならない。そして、それはすべて貨車の購入についてだったかもしれない」。

アメリカ人も、湖広鉄道事業のあまりの遅さに落胆していることは、私もよく知っていた。宜昌から西の四川省までの区間の技術権がアメリカに譲渡され、W・ランドルフ氏が測量を行っているところだった。彼はこの路線の将来的な重要性と収益性を無限に信じる、素晴らしい行動力の持ち主であった。しかし最初の調査費以上は得られず、新たな資金も得られなかった。それも四千万人の内陸帝国にアクセスできる鉄道のためである。

福建省に軍港?

しかし、最近発足したアメリカの企業には少なからぬ動きがあった。スタンダード・オイル・カンパニーは、人と物資を過剰に投入したとはいえ、称賛に値する迅速さで、第一級の地質学の専門家を中国に派遣し、エンジニア、掘削の専門家、必要な機械類などの大規模なスタッフを派遣したのである。地質学者たちは、すぐに直隷省と山西省の有望な石油地域に向かって出発した。熊希齢氏の局やスタンダード・オイル社のオフィスでは、探検隊の装備、物資の購入、大規模な中国人スタッフの選定などが急ピッチで進められた。誰もが希望に満ちていた。

淮河保全の件でも、アメリカでの交渉は急速に進んでいた。アメリカ赤十字社とJ・G・ホワイト社が予備調査のための資金を提供することになった。アメリカ議会は五月に予備調査のために陸軍技術者を貸与する法案を可決した。パナマ運河委員会のシベール大佐が技術委員会の議長に任命された。見通しは良好で、行動は迅速に行われた。

ベツレヘム鉄鋼会社の副社長アーチボルド・ジョンストン氏の中国滞在が日本人の間で話題になっていたが、ここにきてさらなる続報があった。中国政府とベツレヘム鉄鋼会社との間で、福建省に海軍基地を建設することなどを内容とする契約書の文面が、五月上旬に関係者の間で流布したのだ。この報告書のインチキさは一目瞭然だった。しかし何者かの影響で、この報告書は熱心に報道され、伝説の根拠となり、それが本物であるかのように識者である作家の本にまで載ってしまったのである。ワシントンの日本大使がブライアン長官に情報を求めたのも、この偽物の新聞のことだった。こうして、アメリカの請負業者が中国政府のために福建省に海軍基地を建設する可能性があるという問題が、国務省の関心事となった。私はワシントンの日本大使が、三月十二日に北京の日本公使と私との間で交わされた会話の要約を置いていったと聞いた。明らかに日本側は、アメリカの中国における事業が、アメリカ以外の列強の宣言や協定によって何らかの制限を受ける可能性があることを認めないという私の裏をかこうとしていた。

国務省は、新たに締結された三千万ドルの融資契約が、ベツレヘム鉄鋼会社の古い契約と同一であるかどうかを問い合わせた。私が知らされたのは、日本政府はこの融資に反対しているのではなく、福建省に新たな海軍基地を建設することに反対しており、中国政府自身が日本の反対を理由に建設を望んでいないと国務省に伝えたということだった。私はこのような建設は合法的ではあるが賢明ではないという考えを中国側に促すことができるのではないかと考えた。

私は国務省に、ベツレヘムの原契約は最近出回った偽文書とは無関係であること、中国での港湾工事に充てられるのはごくわずかな金額であり、その場所は決まっていないこと、そして契約全体の履行は財政状況のために延期されていることを報告した。中国政府は現時点ではいかなる建設も考えていないが、私は、他のいかなる政府であろうと、特別な監督権の主張を確立しようとする試みは、中国の主権とアメリカの機会均等の権利を損なうものと考えなければならないと述べ、したがってそのような主張を認めるような、あるいは助長するような行動や発言は避けるよう求めた。中国政府は、日本が自国の海岸線の防衛を計画する権利が、他国の政府による拒否権の対象となることを認めたことはない。日本が福建省の特別な利益を主張する権利を持っていると我々が認めることは、我々の真剣さと一貫性、そしてすべての国の通商に自由に開かれ、アメリカ人が他のいかなる部外者にも許可を求めずにビジネスを行うことができる、分割されていない中国における我々の正当な利益を守るという決意に対する中国の信頼を揺るがすことになるだろう。

中国における勢力圏の問題

当時、陳錦濤《ちんきんとう》（一八七一～一九三九）博士は欧米での中国政府の財務総監を務めていた。中国では、勢力圏の考え方がさらに拡大する危険性が高まっていた。鉄道利権は、各国が優先権を主張する領域に応じて各国に配分されていたが、それ以外の利権を主張すると、特別な領域を求める勢力の影響力を結集して、その利権を打ち破ることになる。そこで、英・米・仏・独の国際シンジケートに大規模な工事を発注し、各国の勢力圏ではないところで工事を分担させるという計画が立てられた。陳博士は、アメリカ人の助手を連れて、この提案を各企業に持ちかけることになった。フランスとドイツでは、請負業者と政府がこの提案に賛成していた。英国では、前年に中国で湖南省を中心とした鉄道利権を獲得していたポーリング商会に声がかかった。この会社は快く協力してくれたが、英国政府は反対した。しかし英国政府は、揚子江流域を横断するすべての路線を、シンジケートに参加する英国人が建設することを条件に、国際会社の原則を受け入れるとした。

これは勢力圏という考え方が、この時期のイギリス外務省の思想と行動をいかに支配していたかを示している。

アメリカ政府は、独占的な性格を帯びることを懸念して、利権の規模と期間に異論を唱えていた。結局のところ、補助金はかなりの額ではあるが、意図していたのは特定の限定されたものだったので、おそらくこの問題は解決されていただろう。しかし第一次世界大戦が勃発するまでは、事前の話し合いでは合意に至らなかった。

ゲスト氏は帰国後、アメリカの金融機関に中国への融資の話を持ちかけたが、アメリカ政府が賛同して支援の意思を表明するまで、彼らは行動を起こすことを躊躇した。そこでゲスト氏は、国務省を粘り強く説得した。六月三日、彼は国務長官から、今回の合意と同様の条件でアメリカ人から実質的な援助を中国が受けることは喜ばしいことである、という内容の書簡を引き出すことに成功した。この書簡には、「政府は通常の政策に従って、そのような性格の合法的な事業にはあらゆる適切な外交的支援を与える」と書かれていた。

国務省が、海外のアメリカの利益を、励ましや特別な保護なしに、自分たちで解決するようにしているのではないかということが話題になっていた。この書簡は、言葉は控えめであったが、それにもかかわらず大きな注目を集め、政権の心変わりを示すものと受け止められた。ここで言えることは、国務省は中国におけるアメリカの利益を発展させ、保護するための努力において、私を支援しなかったことは一度もないということである。しかし、特に後になって戦争の仕事に追われているときには、他の省庁の反対や無関心によって他の主張が前面に出てきたときに、自分が承認した事柄をフォローできないことがあった。

私は一シーズンの間、中国におけるアメリカの商業的利益を観察し、そのために働いた。アメリカの貿易を促進するためには、組織的に何が必要なのか、はっきりとした結論が出た。大きな欠点は、アメリカの商業に役立つ、外国からの借款を扱い、外国の産業開発を支援する金融機関がないことである。中国にある唯一のアメリカの銀行、インターナショナル・バンキング・コーポレーションは、当時、為替業務と手形取り扱いに限定されており、現地の産業ニーズに応え、中国の内部発展を支援するという方針を打ち出していなかった。すべての外資系銀行は、完全に条約港の視点に立っていた。彼らは、条約港の商業が依存する内陸部の開発を全く考えていなかった。彼らは国際的な商取引や為替操作のうまみをすくい取ることに満足していた。

私は、わが国の様々な地域のアメリカ資本を広く代表する銀行機関を設立することを強く希望し、また中国では地域の信用の近代的な組織を求める緊急のニーズに応えようとした。

アメリカの仲介業務会社はほとんどなかった。ほとんどの場合、アメリカで製造された商品は他の国籍の会社が扱っており、彼らはしばしばアメリカの貿易を促進することにほとんど注意を払わず、自国の製品が手に入らないときにのみアメリカの製品を使用していた。このような場合には、「英国製造業者代表団」のような貿易会社、特に輸出業者間の協力組織を設立する価値があると思われた。さらに私はアメリカ政府に対し、中国に商務官を駐在させるよう強く要請した。この年、知性と幅広い知識を持ち、たゆまぬ努力を続けているジュリアン・アーノルド総領事が商務官に任命されたことは、私にとって喜ばしいことだった。

大戦直前の内閣改造

数か月間、臨時総理の下に置かれていた中国の内閣は、一九一四年六月にようやく再編成された。主な変更点は、梁敦彦《りようとんげん》（一八五七〜一九二四）氏を交通総長に任命し、周自齋氏をそこから財政総長に異動させたことである。これらの新大臣のもとで、アメリカの請負業者や金融業者は多くの仕事をすることになった。二月には、国務総理の熊希齢が辞任し、他の二人の進歩党員も辞任した。これらの政治家は、袁世凱が議会を解散させるのに協力して目的を果たしたのだから、これで助かったのである。しかし新しい総理はすぐには見つからなかった。袁世凱はついに徐世昌を説得し、六月に総理に就任させた。国務総理の肩書きは国務卿に変更された。

私は六月二日、B・レノックス・シンプソン氏が主催する昼食会で、梁敦彦氏に初めて会った。梁氏は背が高く、貴族のような顔立ちで、知的で立派な顔をしている。彼はアメリカで教育を受けたので、英語は完璧に話せる。この時も、その後も何度も悲観的な意見を述べているのである。彼はフランス人が雲南に進出してきたことや、彼らがその支配を強化するために用いた方法を訴えた。しかしこれは悲観的な理由の一つに過ぎない。祖国の将来について、彼は「国家の強力な行動は期待できない」「外部からの効果的な援助も期待できない」と考えていた。彼は、上流階級の人々は「犠牲と活発な行動をとることができない」と考えていた。彼は一九〇一年に、義和団事件の賠償金を支払う代わりに、中国人が同額の公的資金を使って若者を海外に派遣し、教育を受けることを認めるべきだと提言していたという。中国人の若者はすべて、「堕落する前」に、かなり早い時期に海外に送り出すべきだと。

梁敦彦氏が就任すると、交通部を徹底的に浄化すると発表した。これは梁士詒の管理下で、部内が腐敗し、組織的にそうなっていることを意味した。鋭敏な総長が反対派をどのように扱うのか、外部の人々は注目していた。

有能なエキスパートで鉄道局長だった葉恭綽《ようきょうかん》（一八八一～一九六八）氏は次長になったが、彼は梁士詒の副官だったので、この地位は空威張りになるだろうと考えられていた。もう一人の次長には、梁敦彦氏の友人で、アメリカで教育を受けた尊敬すべきエンジニアが任命された。派閥の間には、正式な、あるいは公然とした決裂はないが、工作と反工作は間違いなく行われた。しかし、梁士詒の影響力はさほど揺るがなかったようである。彼は、中国の鉄道専門家や技術者を組織して鉄道協会を作り、葉恭綽を通じて彼らと連絡を取っていた。そのようにして、彼は影響力を保った。また、鉄道院の財政機関である交通銀行のトップも続けていた。

財政総長の周自齋は、政府が友好的な態度を示しているアメリカに、中国政府に融資をすることで報いようと熱心に考えていた。彼は政府の浮動債を全額返済する目的で、四千万ドルの借款を計画していた。スタンダード・オイル・カンパニーがその影響力を利用して、このような融資を実現してくれるのではないかと期待されていたが、スタンダード社は中国との特別なビジネス契約から外れることを望んでいなかった。ゲスト氏に与えられたオプションは、未だにアメリカでの取引が成立していない。中国人はどの国であろうと、中国政府を財政的に支援する返礼に、重要な利権を持たせる準備ができているので、大いなる友情を公言し、今まさに中国から多大な恩恵を受けているアメリカが、それに応える準備ができていないことが理解できなかったのである。すべての取引を独立したものにし、経済的支援を利権獲得の餌にはしたくないというアメリカ人の願望の健全さは、もちろん中国人にも理解されていた。しかし、中国側の切迫した要求は、彼らを焦らせることもあった。

七月一日、サラエボで暗殺されたというニュースが届いた。この日は、当時は疑っていなかったが、国内外のあらゆる生活条件が粉々になり、不穏な空気に包まれる恐ろしい前夜だったので、この時の私の指針として作成したメモの一部をここに掲載する。

中国は、その政治生活の基本的な性格と政治的発展の方向性が決定されつつあるという意味で、危機的な状況にあることは明らかである。何千年もの経験を具現化した複雑な社会システムの下で生活する広大な共同体は、その方法を突然変えることはできず、間違いなく長い間、西洋の政治社会とは根本的に異なるものであり続けるだろうが、発展の新しい時代が始まり、ある本質的な選択肢に直面していることは疑いの余地がないと思われる。そのような選択肢とは、国家の継続的な統一か分裂か、国家の継続的な独立か一つ以上の外国宗主国による直接的な支配か、商業的な統一か、勢力圏への分裂か、政府機関の傾向がロシアや日本の絶対主義の方向か、ヨーロッパ大陸や日本の思想に支配されるか、米国や英国の思想に支配されるか、米国の共和主義の方向か、教育・法制度の性格が米国や英国の思想に支配されるか、などである。これらのことから、産業・商業政策においても重要な選択肢が出てくる。

このような状況下では、中国政府が、中国の国民性の発展に好意的な影響力の助けを借りて、中国国家の統一性を維持し、その制度を発展させるために、自由であり続けることができるかどうか、あるいはその財政的な苦境が、革命的な反対勢力の企てと相まって、中国の国民生活の発展に好意的でない人々の手に委ねられるかどうかが、非常に重要である。

米国は、中国政府を支援し、自由な国民生活の方向に向けてその発展に影響を与える上で、非常に有利な立場にある。政治的な干渉を望む声がないこと、中国の人々の苦悩に対するアメリカの真の共感、文化的、教育的、慈善的な活動が利他的に行われていることが、アメリカに中国の揺るぎない信頼を与えている。中国の人々が、許されるならば米国の後に続きたいと思っているのは確かである。アメリカの中国における商業的関心を高めるような企業の発展は、付随的に中国の独立に好影響を与える。なぜなら中立的な利害関係者を参加させることで、政治的支配を求める外部の人々の欲求を相殺することができるからである。アメリカの商業を中国で発展させるために、アメリカの投資銀行や同様の機関を組織したり、鉄道建設にアメリカの資本が参加したり、アメリカの企業やビジネス手法で鉱山や油田を開発したりすることは、中国にとって好ましい影響力の強化として歓迎されるだろう。中国のさまざまな閣僚が私に繰り返し語ったところによると、今、中国は友好的な立場にある人々の積極的な支援を必要としており、そのような積極的な支援さえ得られれば、中国は協力し、利益を拡大するためにその役割を果たすことを望んでいるという。もしアメリカの資本、産業、商業が、今の時点で、状況が必要とする中国への比較的わずかな支援を行う準備もできていないのであれば、将来的にアメリカの中国での行動は、現在の可能性が約束するよりもはるかに控えめなものになるだろう。

もちろん、戦争は中国に多くの変化をもたらした。開始された良い仕事の多くは破壊されるか、あるいは大幅に遅れることになった。中国の発展の一つの段階が終わったのである。

第10章　民俗と官僚

何人かの声がささやいた。「溥倫《ふりん》親王（注／清朝皇帝一族、愛新覚羅氏、一八七四〜一九二七）だ」と。

一九一四年元旦、袁世凱大総統のレセプションで、外交団や高官たちが集まっていた。現場となったのは、現在大総統が住んでいる皇太后邸である。大総統と挨拶を交わした後、軽食を取るために退いた側室から大広間を見ると、大広間の床はすっかり取り払われており、将軍の制服を着た一人の人物が床を伝って大総統に向かっているのが見えた。中国帝室（Chinese Imperial Family）の代表が大総統への祝意を伝えるために一人で歩いていたのだ。帝室は退位後初めて、権力を奪った彼を公に認めたのである。

賓客が帰り始めると、私は自分の一行をまとめて、蔡廷幹提督とともに会場を後にした。外では溥倫親王がまだ一人で寂しそうに歩いていた。私たちは彼を追いかけた。奉天から運ばれてきた帝国の美術品コレクションのことなど、他愛のない話をした。彼はこの配慮に非常に感謝しているようだった。彼を外宮の門まで連れて行くと、彼の馬車が待っていた。

当時の北京には、閉ざされた宮殿の中で使う自動車を除いては、ほとんど存在しなかったが、道路が整備されると、やがて何百台も出てきた。皇太后は生前、これらの外国製自動車を大量に収集しており、大変興味を持っていたが、皇太后が亡くなるまで、式部職は彼女が座ったままの姿勢で召使の一人である運転手が乗っている自動車に、どのようにして乗るかという問題を解決できなかった。もっと時間があれば、運転手がひざまづいて御料車を運転できるような方法を見つけられたかもしれないが、哀れな皇太后は、あれほど切望していた高速移動の喜びを味わうことができなかったのである。

地方の一部では、いまだに多くの迷信が流布している。アメリカ公使館の駐在武官であるボウリー少佐は、後に第一次世界大戦で砲兵将軍として活躍したが、中国各地の軍司令官を訪問し、彼らの行動を観察して意見を聞くことに積極的であった。将軍の一人が、敵を殺した血を飲むことで士気を高めようとしていたことを話してくれた。彼はボウリー少佐に、この貴重な液体を一杯、朝食の前に飲むようにと言った。中国人のように高度に文明化された人々の中に、野蛮な教義や習慣の名残が時折見られるのは驚くべきことである。中国の民間信仰には、「等しき者は等しき者を強くする」という逆ホメオパシーがあり、筋肉を食べると力がつく、胃袋を食べると消化が良くなる、心臓を食べたり血を飲むと勇気が出る、などと言われている。

ある晩、梁士詒氏の家で食事をした際、主催者とアンダーソン氏の間で活発な議論が交わされた。アンダーソン氏が語ったのは、蘇州の地方の風習で、皆が徹底的に嫌っている人を共同体や群衆が噛み殺してもよいというものであった。この方法では、多くの人が協力しなければ結果が得られないため、この処刑方法自体、万人が非難することは間違いない。梁氏は、この場合の「噛み殺す」という表現はあくまでも比喩的なものであると反論し、中国の民間習慣について長い議論が続いた。

北京憲兵隊司令官の江将軍との夕食会では、中国人の性格について別の側面を見ることができた。私たちが席に着いたとき、異様に背の高い中国人が中国服を着て入ってきた。尹昌衡《いんしょうこう》（一八八四～一九五三）都督と紹介された将軍は四川から帰ってきたばかりで、革命の際に清帝国の総督であった趙爾豊《ちょうじほう》（一八四五～一九一一）を殺して都督になったところだという。尹将軍は印象的な外見で、顔立ちもしっかりしており、身振りも活発だった。さて、中国の晩餐会では、特に軍人が出席する場合には、健康飲料を大量に飲む習慣がある。中国人は普段から非常に節制しているが、シェリー酒に似た酒や、リキュールのような米酒を飲むが、後者は強力である。乾杯の提案者は小さなカップを持ち上げて一気に飲み干し、相手の客も同じように飲むことが期待され、両者とも「ガンベイ」（カップを空にすることへの挑戦）と言う。尹将軍はとても元気そうで、他の客、特に私や他のアメリカ人、駐在武官、中国語書記官、衛兵の司令官、その他の将校に向かって「ガンベイ」していた。尹将軍はこの夜の間に少なくとも四十回はこの礼儀作法を行ったに違いないが、テーブルの他のメンバーが私たちに注目していたこともあり、自分の能力にかなりの挑戦をしたことになった。しかし私は、隣人の満洲人である廕昌将軍と一緒に、目の前の大きな植物に友情の液体を注ぐことで、この試練を大きく逃れたことを告白しなければならない。

翌朝、廕昌将軍に会った。前夜の尹都督の様子を知っているかと聞かれた。私は、彼がとても生き生きとしていて、酒を上手に飲んでいたと答えた。すると廕将軍は、私が帰った後、尹都督が自分の前に座って真剣に話をし、袁世凱に処刑されないかと心配していることを話してくれた。彼は、殺された総督の兄である趙爾巽《ちょうじそん》（一八四四〜一九二七）が北京にいて、他の者と共にあらゆる手段を使って彼を潰そうとしていると言った。将軍は、「彼の威勢の良さは、彼の心配事を隠すためのものだったのだ」と言った。

翌日、尹都督は私を訪ねてきた。晩餐会の夜、酒を飲み過ぎたことを深く反省していた。彼はこう言った。「私の習慣ではありませんが、私は自分の身の回りのことが不安で興奮し、心配していました」。そして儒教が現代の思想にどのような影響を与えているかについて、文学的な議論を展開した。彼が古典を学んでいたことを知らなかった私は、彼がこのような一面を見せたことに驚いた。実は彼は、ルネサンス期に活躍した、厳しさや残酷さと文学への深い愛情を兼ね備えた人物によく似ていたのである。最後に会ったのは、それから五年以上経ってからだったが、彼は私に著作物をプレゼントした。そこには二十人ほどの儒教協会のメンバーが集まっており、話は再び儒教の永続的な資質をめぐるものとなった。「不可知」の概念が言及されたとき、尹将軍はハーバート・スペンサーの見解を長々と引用した。彼はこう言った。「孔子の偉大さは、我々が知っていて制御できるものに注意を向け、この常識的な基礎の上に人間の行動の最高の発展を目指したという事実にある」。

晩餐会のゲストには、幅広い情報と頭の良さで知られる中国女性、金韻梅博士がいた。私たちは、最近のロシアのモンゴル進出について話した。彼女は「誰がロシアに対抗できるのか！」と叫んだ。彼女は他の中国人と同様に、自国が四方八方から直面している困難を深く憂慮していた。また、同席していた王正廷博士は、公務員が頻繁に交代するために、専門知識の開発に継続性がないことを指摘した。

金韻梅博士は、中国人にとって共同体の活動や受動的な抵抗がいかに自然であるかを示す、面白い出来事を語った。天津の孤児院では、新しい規則が施行されたが、孤児たちはそれに注意を払わなかった。従うよう命じても効果がなかったので、校長が会議を招集した。なぜ規則に従わないのかという問いに、彼らの代表は「私たちは古い規則に完全に満足しており、それを変える気はありません」と答えた。「しかし新しい規則は先生たちが作ったものだから、従わなければならない」と教育長は言い直した。「私たちは改善だとは思いません。私たちは古い規則に従います」「だが、それでは厳しい罰を受けることになるだろう」「私たちを罰しようとするならば、私たちは皆いなくなってしまうでしょう。そうしたら、孤児院はどうなってしまうのでしょうか？」

彼らは、自分たちが施設の重要な部分であることを理解していた。孤児がストライキを起こすことを思いついたということは、中国ではそのような社会的行動様式がいかに普通で自明であるかを示している。

後に一九一八年の借款問題で中国国内で悪名を馳せた、新任の駐日全権公使・陸宗輿《りくそうよ》（一八七六〜一九四一）氏が私を訪ねてきた。彼には、アメリカからの帰国留学生の代表格である清華大学学長の周詒春《しゅういしゅん》（一八八三～一九五八）博士が同行していた。陸氏は小柄で礼儀正しく、頭脳明晰で、人を操るのが好きな人物である。今回は、アメリカ、中国、日本の三か国は多くの利益を共有しているので、三か国間の協力は可能であり、望ましいという考えを展開した。彼は、日本が満洲に大規模な入植地を作ることはできないと考えていた。彼は徐世昌が東三省総督だった数年間、同地に駐在していたが、日本人は役人、軍人、鉄道員、あるいは鉱山業に関連してやってきたが、農民として定住しようという気概はなく、小商人としては中国人に太刀打ちできなかったと語った。陸氏は日本で教育を受け、早稲田大学に入学した中国人第一期生の一人である。このとき外交部次長だった曹汝霖《そうじょりん》（一八七七～一九六六）も早稲田の同期で、共に後に日中関係で重要な役割を果たした。それから日本の司法制度を中国に導入する上で大きな影響力を持ち、一九一六年に東京の全権公使となった当時の司法総長の章宗祥《しょうそうしょう》（一八七九～一九六二）がいた。この三人は「スリー・ダイヤモンド」と呼ばれていた。

外交団の重要な会議では、革命で被った損害に対する中国政府への賠償請求の手続きについて話し合われた。日本、フランス、ドイツの代表は、革命によって直接または間接的に引き起こされたと言えるすべての損失について、中国政府が責任を負うべきだと主張する傾向にあった。私は米国の伝統的な公平性と節度ある政策に沿って、暴力行為に直接かつ物理的に起因する損失のみが支払われるべきであり、予想される利益のような不確実で偶発的な事柄は排除すべきであると強く主張した。英国公使はこの意見を支持した。英国公使も間接的な請求を奨励していなかったからである。議論の末、この提案は提案された形で受け入れられた。これにより、いくつかの公使館ではすでに集計されていた約四百万ドルの間接請求が除外された。

外交会議が行われる英国公使館は、かつて満洲族の親王が住んでいた古い宮殿で、公使館が北京に設立された当初に英国政府が購入したものである。幸いなことに、古い建築物の優れた形態は十分に維持されていたため、この建物群は均整のとれた美しい装飾が施されており、異国情緒を感じさせない。公使官邸へは、瓦屋根と色とりどりの軒先を持つ、高く開放的な二つのホールを通って行く。外側は中国風、内側は半ヨーロッパ風の建物で、内側の空間には中国風の装飾が残されている。外交会議は常にダイニングルームで行われ、そこにはヴィクトリア女王の中期の巨大な肖像画が、象徴的な意味を持たないわけではないが、冷静に一行を見下ろしていた。

当時、北京には約十六の公使館があったため、会議は親密な会話をするには大きすぎるということはなかった。会議はたいてい英語で行われたが、これは最古参者への配慮と、英語が極東の国際語としてごく容易であるという理由もある。

北京の外交団は頻繁に会合を開き、他の首都の外交団よりも包括的で複雑な業務を行っている。外交上の日常的な事柄は補助的な位置を占めるに過ぎない。外国人居住者は中国の法律から免除され、それぞれの国の法律にのみ従うという治外法権制度のため、中国の外国代表は常に中国の内政に関心を持っている。外国人居住者に対する中国政府のあらゆる立法措置の影響は、外交団によって検討されなければならない。最も几帳面な公使が、問題となっている措置が、主張されている地方法からの絶対的な免除を少しでも侵害していると判断すれば、異議が唱えられ、そのような問題を承認するために必要な全会一致の同意を得ることは困難、または不可能である。

課税問題は常に外交団の前に立ちはだかっている。中国の地方役人は当然のことながら、外国人が一般的な保護を要求する政府の課税の少なくとも一部を外国人に負担させる方法を見つけようとするからである。請求権の証明や賠償金の徴収方法については、革命活動が勃発するたびに多くの議論がなされている。国際的な借款のためにある種の収入が保証されているので、外交団は、これらの収入を債務負担支払いに必要でないとして解除される前に使用する中国政府に反対するだろう。最も実りある苛立ちの原因の一つは、どこかの公使が、自分が出した特定の要求を満たすまで、中国に帰属する資金を「保留」しようとする試みが頻繁に行われることである。それが、公使の国籍を持つ者を中国政府の職に就かせるというような、全く関係のない問題であっても、自分の目的を達成するための巧妙な方法を見つけたと思っている人は、動揺することはないようだ。上海の国際租界や、京奉鉄道（北京―奉天）沿線の外国軍の体制も、外交団に委ねられる問題が非常に多い。政府自体の承認に関わる問題から、上海での囚人の竹打ちの可否など、この機関に提出するには大きすぎる問題も小さすぎる問題もないようだ。

議論は一般的な問題を避け、各政府の立場の表明と説明にとどまることが多い。時折、一人または二人の代表者が、他の代表者が不当に厳しく厳格な立場だと考えることに頑固で不合理に固執したために、より公正で自由な政策を優勢にするための共同作業が行われることがある。議論が必要以上に長くなることも少なくなく、一方があることを話しているのに、他方が全く別のことを考えているために要点が見失われ、議論がもつれてしまう。実際には違いがないのか、それとも形の違いだけなのかが分かるまで、貴重な時間が費やされることになる。時には大学の教授会のような会議もある。

一週間の間に、ビジネスに関する無数の会議が行われた。中国では、一人の役人にしか決定権がないということはまずない。一つの提案が受け入れられるためには、多くの人に相談し、説得しなければならない。せっかちな代表者は、国の強力な力を背景に、この手続きを短縮しようとし、同意が必要な役人の前に身を乗り出して、約束が得られるまで「机を叩いた」ことがよくある。彼らは時には中国の役人の神経を逆なでし、心の平安を守るには屈服する以外に方法がないと考えさせて成功した。ある時、私は財政総長に非常な驚きを表明した。ある短期融資の更新のために合理的な取り決めをするよう主張する代わりに、彼は問題となっている代表者（軍需会社の代理人）に、時間の延長を確保するためだけに、必要のない追加資材を大量に発注していたからである。彼は自衛のためにこう言った。「その男の態度があまりにもひどかったので、私はもう我慢できませんでした」。

しかし強靱な腕と拳を使う方法は、中国で結果を出したものの、それ自体が敗北の要素を持ち合わせている。中国人は、このような状況下では譲歩するかもしれないが、その後は、問題となっているビジネスを円滑に進めることに何の関心も持たず、それどころか、あらゆる点で遅延や妨害を受ける可能性が高いため、絶え間ない圧力と力の誇示によってのみ実行することができるのだ。中国の人々には、強い公平感が広く浸透している。合理的な取り決めを提案し、すべての人にとって公平な解決策を見つけようという精神で、官僚や他の関係者と話し合う手間を惜しまない人は、健全な基盤の上に立つことができる。外国の利害関係者がこの原則に基づいて行動した場合、その結果は、理屈やギブアンドテイクなしに、要求や脅しによって物事が高々と進められた場合よりも、はるかに良い結果をもたらしてきた。しかし何かの提案のすべての段階について、さまざまな人と会議をすることは、非常に時間の浪費だ。行動を起こすための最終的な心の交流につながる道や小道を辿るのに、昼夜を問わず忙しくなる。

一九一八年の秋にアメリカから戻った私は、張家口の督軍・田中玉《でんちゅうぎょく》（一八六九～一九三五）氏の訪問を受けた。私は、督軍がアメリカ公使館で非常に嫌われていることを知った。彼は、アメリカ人が内モンゴルの張家口とウルガ（注／現ウランバートル）の間に開設しようとした自動車サービスを妨害するなど、アメリカの合法的な事業に明らかな敵意を示していた。手紙を書いても満足のいく結果が得られなかったので、私は将軍の態度の裏に何があるのか、状況を探り始めた。

彼は潘復《はんふく》（一八八三〜一九三六）氏の「義兄弟」であり、潘復氏は私の友人の一人でもある。そこで私は潘復氏にこの状況について相談した。将軍はアメリカに敵意を持っているわけではないが、張家口にいる気難しいアメリカ人が彼を怒らせた可能性があるので、何か誤解があるのではないかと言った。彼は将軍に長い手紙を書くことを約束した。

しばらくして彼は私に電話をかけてきて、田将軍がもうすぐ北京に来るので私に会いたいと書いてきたと報告した。督軍はすぐに周自齋氏と共に私を訪ね、我々は非常に友好的な会話を交わした。張家口での過去の困難についてはほとんど語られなかったが、将来の親善と相互扶助の見通しについては大いに語られた。実際、私たちの友情はしっかりと確立されていて、これ以上の誤解の余地はなかったのである。

田中玉は、中国人には珍しいもみあげを蓄えていたが、その態度には狂暴なところはなく、率直で親しみやすい人物だった。私たちの会話は長く、友好的だった。一時間以上経った頃、周氏は申し訳なさそうに私を見て、英語でこう言った。「彼に話させた方がいい、彼のためになる」と英語で言った。私としては、彼の意見が聞けてよかったと思った。

妻と私は、ＹＭＣＡのロバート・ゲイリー氏がアメリカに出発する前夜、彼のために夕食を提供した。約三十人の招待客がいたが、全員が北京にあるアメリカの宣教団体のメンバーだった。私が客人を迎える準備をして応接室に入ったところ、溥倫親王が現れたので驚いた。招待状に何か間違いがあったことは明らかだったが、公使館では他の晩餐会は行われていないようだったので、私は間違いを正す努力をせず、彼を心から歓迎しようとした。私はテーブルの配置を変え、中国語を上手に話す二人の女性の間に親王を座らせるようにした。殿下はこのメンバーとワインがないことに驚いたようだったが、周りの人たちにはよくしてもらっていた。晩餐会が半分ほど過ぎた頃、ボーイの高が私の椅子の後ろに来て、私にこう囁いた。「李夫人のボーイが外にいて、親王に夫人のディナーに参加するように言ってくれと言っています」。夕食後、私は親王に、李夫人が、彼が今晩中に彼女の家に来てくれたらとても嬉しいと言っていることを伝える義務があると思った。

親王はとても可愛がっている子供たちのことを短く話した後、公使の晩餐会で禁酒した分を海軍軍医の家で取り戻すために出発した。

✺第二部　袁世凱の退場

第11章　戦争　山東省の日本

第一次大戦――日本の参戦

一九一四年八月八日、日本の軍艦が青島《チンタオ》付近に現れた。日本は八月三日、英国政府に対し、同盟条件に基づいて日本の協力を要請することを提案した。英国政府は、起こりうる結果を考慮して呼びかけを躊躇したが、中国にいる英国人は、日本が中国で独自の行動をとることを防ぐことが重要だと考えていた。日本政府は、八月十五日、独自にドイツに山東省最後通牒を送ったのである。その後、イギリス政府にもこの行動が伝えられた。北京のドイツ代表は、膠州湾《こうしゅう》を直ちに中国に直接返還する可能性について外交部と非公式に話し合ったが、中国政府はすぐに、日本からそのような行動は許されないという鋭い警告を受けた。

中国政府は、ドイツへの宣戦布告という方針も真剣に検討した。中国がドイツから膠州湾を奪うことは、他の誰にとっても容易なことであったが、日本は既に予期していたのである。実際、日本の公使は八月二十日に中国外交部に対して、膠州湾の問題はもはや中国政府には関係ない、中国政府はこの問題に関しては絶対に受け身であると信頼していると述べている。八月二十三日限りのドイツへの最後通牒は、「最終的に中国に返還することを視野に入れて」、膠州湾の借用地を九月十五日までに日本政府に引き渡すことを要求していた。

この最後通牒の文言に基づいて、アメリカ政府は八月十九日に日本の外務省に連絡を取り、日本が膠州湾を中国に返還する目的で明け渡しを要求していること、中国での領土拡大を求めていないことに満足していることを伝えた。

九月三十日に私が北京に戻ると、中国人は当然のこと日本の行動に興奮していた。その頃、日本軍は青島を占領しており、イギリス軍も軍隊を派遣していたが、日本軍によって非常に弱い立場に置かれていた。日本の計画は九月二十九日に中国政府に伝えられ、「軍事的必要性」から日本政府は山東省の全鉄道に兵力を配置する必要があるとされたことで、より明確になった。この鉄道にはドイツ軍の警護がついたことはなく、また青島付近はすでに日本軍が駐留していたので、さらなる占領の軍事的必要性は決して明白ではなかった。

十月一日、交通総長の梁敦彦氏が私を訪ねてきて、日本軍の山東省での行動に深い懸念を示した。彼は、日本が青島周辺での必要な軍事行動から逸脱したのは、中国の領土をより広範囲に占領するために、中国の内陸部で問題を起こす計画であると確信していると述べた。日本の情報筋から彼は、日本の軍国主義者は青島の支配に満足しておらず、この機会を利用して中国の内陸部に政治的・軍事的に確固たる基盤を築くことを望んでいるという内容の情報を得た。さらに彼は、日本軍が大量の盗賊やその他の無責任な人々を解き放ち、革命分子と協力し、軍事的干渉の口実を得るために広範な反乱を起こそうとしていることも知らされた。私が、日本の対独最後通牒の中に膠州湾に関する記述があることを指摘すると、総長は首を振って言った。「残念ながら、日本の政策はそのような公言によって判断されるものではなく、過去二十年間の行為によってのみ判断されるものであり、それは一連の誓約破りと中国の権利への攻撃である」。

袁世凱大総統が私に会いたがっていたので、十月二日に非公式に会いに行った。彼は梁長官よりも強い言葉で懸念を表明した。「私が入手した情報によると、日本はヨーロッパの危機を利用して、中国支配の基礎を固めようとする明確かつ広範囲な計画を持っていると私は確信する。そのためには、港と鉄道を手に入れて山東省を支配することが礎石となるだろう。その方針は、ドイツ軍がこれまでに山東省で試みたことをはるかに超えた、山東鉄道全体の占領という脅しによって明確に示された。日本軍は中国の中心部に進出することになる」と述べた。

そこで袁世凱が私に要請したのは、日本が中国政府に与えた当初の保証に従い、山東省での行動を青島攻略に伴う軍事的必要性に限定するため、ウィルソン大統領に英国政府と協議して欲しいということだった。私はこれを国務省を通じて大統領に伝えた。

しかし日本軍は非常に迅速に、彼らが採用した計画を実行した。彼らは中国側に、自国の軍事的必要性を判断して、「不可抗力」により直ちに鉄道を占領するが、その管理は中国側に任せる、ただし日本人の車掌を列車に乗せることを条件とすると伝えた。中国側はこの取り決めに抵抗する手段を見つけられなかった。

日本の陰謀

夏には、山座公使の後継者である日置益《ひおきえき》（一八六一～一九二六）氏が到着していた。（注／山座円次郎は一九一四年五月二十八日に北京で急逝した。水野幸吉はそれ以前に亡くなっている）。日置氏は長年チリの公使を務めており、私は一九一〇年に彼と出会っている。日置氏が前任者と異なるのは、自由闊達に話をすることである。最初の会話で日米関係が話題になったとき、彼は、アメリカが日本人のアメリカへの移住を妨げているのだから、日本がアジア大陸で活動や影響力を伸ばそうという条件において、我々は、公平な立場で言うなら反対することはできない、というお決まりの議論を展開した。私は正直なところ、アメリカの善意は日本の企業と繁栄の正当な発展のために十分に発揮されていると彼に断言できたが、私たちには百三十年以上にわたって中国貿易に従事してきた自国民に対する義務もあり、また中国自身に対する義務もあった。これらの人々の権利を尊重しないいかなる行動をも承認することはできなかった。

中国の人々は、山東省の日本に対する警戒感を強めていた。友好国の代表である私のもとに中国各地から送られてきた多くの嘆願書や檄文を見て、この不安がいかに広がっているかを実感した。嘆願書の中には血で書かれたものもある。

極東の平和を守るためには、日本の軍事力を大幅に増強する必要があるという大隈伯爵（注／大隈重信、一八三八〜一九二二、当時首相）の宣言は、日本がこの機会に東亜の支配を実際に行うことを意味すると解釈された。中国人は日本と理解を深めれば、必然的に中国が隣国の政治的支配に完全に服従することになると考えていた。中国人は、日本のあらゆる友好宣言に不信感を抱いている。私が中国と日本の間の率直な理解が望ましいと主張しようとするたびに、中国は日本を信用できない、日本はその公言によってではなく、過去の行動によって判断されるべきだ、それらすべてが安心させる宣言によって覆い隠された決定方針、政治的進撃を示していると言われた。

このように、中国人はあらゆる場面で日本の陰謀を恐れていた。彼らは、過去のように革命活動が日本から奨励されていると信じていた。日本人は、中国の社会や政治に存在するあらゆる弱点を利用し、それを悪化させる準備ができていた。痛んだ部分にはヒルのようにしがみつく。反乱や山賊の起り易さ、紙幣偽造、役人の汚職、重要な民間企業や公共企業の信用低下、阿片が禁止されているのに、より危険な薬物の提供など、このような悪事に関連して、個々の日本人が活躍し、中国人に大きな損害を与えてきた。しかし、このような行為を日本国民全体に責任転嫁するのはもちろん不当であるが、軍国主義政府の共謀は事実であった。

イギリス人は、日本の新たな冒険を明らかに冷ややかに見ていた。戦争で敵に損害を与えたことは歓迎していたが、山東省からもたらされるかもしれない結果を明らかに恐れていたのである。

ロシアもまた、日本と同盟しているにもかかわらず、中国の状況に潜む危険性を十分に認識していた。近年の日本の内モンゴル進出に伴い、中国北部の状況はロシアにとって危険になっていたのである。ロシア公使は中国の動揺について、私に「状況そのものは深刻には感じないが、唯一深刻なのは、日本人が深刻だと言っていることだ」と意味ありげに述べた。

要するに、日本の行動の全般的な傾向と方向性は、日本の同盟国には気に入られていなかった。日本は、主にヨーロッパで起きている紛争を利用して、自分はその厳しさに関与せず、極東と太平洋にあるドイツの資産を、その防衛力が弱い時期に蓄積することを目的としていた。

日本のこの政策は、他の主要国と同様に、中国におけるアメリカの展望と事業に大きな影響を与えた。これまでアメリカの中国に対する好意的な態度は、中国の人々にとっては、困ったときには一定の支援をする用意があるという意味で理解されていたため、アメリカが何をするかについて大きな期待が寄せられた。豊かで強力な米国は、中国の誠実さ、独立性、主権の維持を支援すると中国人は考えていたのである。他の国々は、中国の我々に対する過去の好意に少なからず嫉妬しており、アメリカの友情は、中国の中立性の侵害といった具体的な困難の前に消えてしまう泡沫であると我先に指摘した。しかし中国は結局、アメリカが政治的・軍事的に直接支援することは、その行動範囲にないと考えていたのだ。確かに、中国はアメリカの中国での活動を奨励していた。彼らは、アメリカ人の活動を自分たちの国民生活を守るものと考えていた。それが公正な精神に基づき、政治的な余計なことをせずに行われていたので、アメリカ人が銃を持って立ち、政治的な陰謀やその他の手段によって、中国の発展や活動における彼らの役割から排除されないようにすることを、中国人は最低限期待していたのである。

第12章　有名な二十一か条の要求　一九一五年

秘密交渉

「日本はこの戦争を利用して中国を支配しようとしている」。袁世凱大総統は、九月にヨーロッパから戻った私が初めて彼を訪問した際、この言葉で状況を要約した。多くの中国の友人が私に会いに来て、その不安を語ってくれた。蔡廷幹提督は、「ここに、もう一つの満洲の始まりがある。山東省の攻撃的な日本は、ヨーロッパのどの借家人とも違う」。

事態は急速に進んだ。青島は占領され、ドイツの支配は借地と鉄道から完全に排除された。中国政府は日本に対し、軍事作戦のために山東省の一部を使用する許可は、その機会がなくなったので撤回されると通知した。日本側はこれを計算された悪意ある侮辱と捉え、要求を提示する口実としたのである。

この一撃は一月十八日に加えられた。日本公使は袁世凱との個人的な面談を求めた。会談は夜に行われた。公使は非常に神秘的で重要な雰囲気を漂わせながら、議論を始めた。彼は袁世凱に要求書を渡す前に、重大な結果を招くということで口外することを禁止した。その後、彼は要求を喜んで聞き入れるよう考慮事項を口頭で説明した。

中国側は、より大きな被害を恐れて、秘密を守るために最善を尽くした。しかし利益に重大な影響を及ぼす人々を完全に無視することはできず、重要な会話のメモを残しておかなければならなかった。私は事情を知るや否や、議論されている内容が中国におけるアメリカ人の権利に密接に影響するので、中国の独立に関する条約や理解に基づいて、我が国の政府が自国の利益を守るために必要な措置を講じることができるように、私に十分な情報を提供すべきであると中国側に伝えた。もちろん、中国側は私の要請に応じる用意があった。中国の閣僚や外交部のメンバーとの交流は、公式な面談や夕食会に限られたものではなかった。私たちは何度も訪問し、夜遅くまで会話を交わしたが、形式的なことや公的なカムフラージュに時間を費やすことはなかった。

日本の公使は、二十一か条の要求を提示した会話の中で、いくつかの重要なヒントを与えた。彼は中国の革命家について、「政府以外の多くの日本人と非常に親密な関係にあり、手段と影響力を持っている」とし、さらに、「中国政府が何らかの積極的な友好の証を出さない限り、日本政府がそのような人々が中国でトラブルを起こすのを抑えることはできないかもしれない」と述べた。日本国民の大半は袁世凱大総統に反対しているという。「袁世凱大総統は強い反日勢力であり、欧米と仲良くして隣国と敵対していると信じている。今、大総統がこの要求を受け入れてくれれば、日本国民はその気持ちが友好的であることを確信し、日本政府は袁世凱大総統を援助することが可能になるでしょう」。袁世凱は、この不吉な会話の間、ずっと黙っていた。彼は衝撃を受けた。ただ「今夜は何も言えません」と言うしかなかった。

二十一か条の要求の内容もさることながら、この発言に込められた脅しや約束は、日本が中国の内政や政治問題に大々的に干渉し、それを梃子にして自らの目的を達成しようとする政策を考えていることを中国の指導者に確信させた。中国人は、要求を書いた紙にドレッドノート（戦艦）と機関銃の透かしが入っていることを不吉な事実と考えた。この紙が使われたのは単なる偶然ではないと信じた。不快なことを直接言うよりも、ほのめかしたり、提案したりすることに慣れている人にとっては、このような細かいことは非常に意味がある。

一月十九日、ある日本の記者が公使館を訪れ、書記官の一人に悩みを打ち明けた。日本の公使は、自分と大総統の間で起こったことについては絶対に口外しないというので、助けになる情報を持っているかもしれないアメリカ公使館を尋ねたのである。この男は、自分の思い込みの強さから、中国側とアメリカ側の公使の間で「リーク」があったかどうかのヒントを得ようとしたのかもしれない。しかし私が日本の提案の驚くべき内容を知ったのは、一月二十二日になってからだった。中国の大臣の一人を急用で訪ねたところ、彼は動揺していた。彼はついに涙を流しながら、日本が断固たる要求をしてきたことを打ち明けた。そして、その内容を大まかに説明してくれた。「天然資源、財政、軍隊の管理！　中国には何が残るのか？　我が国民は、その平和主義と正義感のために罰せられている」と。一撃は強烈なもので、大総統の諮問機関では、最初の驚きを克服することも、この危機にどう対処すべきかを考えることもできなかったようだ。

翌日の夜には、アメリカ軍のスケートリンクでアイスフェスティバルが開催されていた。B・レノックス・シンプソン氏が私を探し出し、きわめてドラマチックに声をかけてきた。「我々がここで遊んでいる間にも、国の主権は雲のように東へと去っていく。それは朝鮮の再来だ」。彼は、要求の全体像について正確な情報を得ていた。二日後、外出していたロンドン・タイムズの代表が何気なく私に尋ねた。「何かあったんですか？」。私は、「何かあったことがわかるかもしれないよ、見回せば」と答えておいた。その日の夕方、彼は集めた情報を持って私のところに戻ってきた。

これらの特派員とAP通信の担当者は、この驚くべきニュースをそれぞれの新聞に電報で伝えたが、アメリカでもイギリスでも二週間は何も発表されなかった。ＡＰ通信社は、ワシントンの日本大使がその事実を明確に否定したため、報道を控えた。北京駐在員は「噂ではなく事実を送れ」と指示されていた。一月二十七日には、東京でもワシントンでも「最高の権威」によって、交渉の基礎を示すとされる情報は「全く根拠のないもの」であることが伝えられた。英米の報道機関では、徐々に真実が明らかになっていった。イギリスの検閲官は二週間も報道を保留していたが、二月五日、シンプソン氏は「編集者たちは私と連絡を取り合っており、我々は検閲官を打ち負かした」と私に急ぎの手紙を書いた。一月二十五日以降、この要求は、外交団のメンバーの間では内密に、北京の報道機関では公に議論されるようになった。この問題を地元で秘密にしておくことは不可能だということが、この頃から誰もが認めるようになったので、中国の高官たちは、ほぼ毎日私にその困難について相談してきた。もちろんこの要求を受け入れれば、これまで中国で享受してきたアメリカ人の平等な機会が事実上失われることになるので、私はこの交渉を注意深く見守る義務があった。

要求の内容

日本は、中国の公式上の「完全性、主権、独立」への干渉を避けていたが、日本が満洲で享受していたのと同様の特別な利益を、中国の他の地域、特に山東省や福建省でも展開していたのである。彼らは、中国の軍事施設や行政の最も重要な部分を支配することで、中国国家全体を臣従させることができた。日本の影響力を行使する拠点は、満洲、山東省、福建省の三つになるだろう。満洲は、より完全に日本の資本と植民地化のための保留地とされたが、行政管理は顧問を通じて行われ、借款に関しては優先権が与えられることになっていた。山東省では、かつてドイツに属していた権益が引き継がれ、拡大されることになった。福建省では、投資と開発の両方で権利の優先権が要求され、これにより他国を事実上締め出し、同省を満洲と同質化させようとしていた。日本の北方勢力圏は、内モンゴルを含めて拡大されることになっていた。山東圏からは、湖南や山西への鉄道延伸によって、内陸部への影響力を高めることができた。同様に、福建圏からは、鉄道利権によって、日本の影響力が広西、湖北、広東の各省に及ぶことになる。漢冶萍の鉄鉱石・石炭事業には、すでに日本の権益があり、それは一定のレートで銑鉄を購入する権利付きの抵当権であったが、これを日本の支配する会社に統合することになった。さらに、外部の人間が漢冶萍公司の同意なしに、漢冶萍公司の所有する鉱山の近隣で採掘する権利を認めないこと、また同意を得ずに、漢冶萍公司の利益に直接または間接的に影響を与える可能性のある事業を行うことを認めないこと、という重大な要求が加えられた。この驚くべき提案は、日本の企業を揚子江中流域の産業界の決定者にしようとするものであった。

第五項は、中国政府から事実上、自国の問題をコントロールする手段を奪うことになる、大規模な要求で構成されていた。政治、財政、軍事の分野で日本の有能な顧問を雇うこと、重要な場所での警察を日中共同で組織すること、一定量（五十％以上）の軍需品を日本から購入すること、日中共同で工廠を設立することなどが、この要求に含まれていた。後者は、中国の軍備と軍事組織を効果的にコントロールしようとするものであった。

日本の一撃に驚愕した中国政府は、最初のチャンスを逃してしまった。中国政府は友好的な条約国に対して、中国における平等な権利と中国政府の行政上の独立性に影響を与える要求を直ちに通知することができたはずである。

外交部のある一員は、要求に対処する最善の方法について私に相談してきた。私は、個々の要求について詳細な交渉を行い、最も異議のないものだけを認めるようにすれば、公平性の考慮が最も有効になるだろうという意見を述べたが、これは助言ではなかった。時間は稼げるし、利害関係のある他国は何が問題になっているかを理解するだろう。もし、ある種の自由な供与と譲歩がなされるなら、中国は、主権と相容れない権利と特権の創設をより強力に拒否することができる。そうすれば、諸外国は状況をより完全かつ明確に理解することができるだろう。

交渉が進むにつれ、日本の公使は外交総長に、日本国民は袁世凱がしばしば見せる敵意のために、中国の現政権を疑っているが、この感情を和らげることができるかもしれないとほのめかした。日本政府が袁世凱大総統に反乱軍に対する支援を申し出ることも可能かもしれない。このヒントの不吉さがよくわかった。ここで、日本公使は、極東ですぐに有名になった例え話を使った。彼はこのような絵空事を言った。「現在の世界の危機は、事実上、我が政府に広範囲な行動を取らせるものである。宝石商の店が火事になったら、近隣の人たちは自らを助けないわけにはいかない」。

中国への威嚇や日本国内の報道機関の口封じによって沈黙を強いる日本側の強力な努力にもかかわらず、正確な情報が海外に伝わったため、日本政府は列強に対して、より問題のある条項を省いた要求書を提示した。その後、第五項の要求が「討議」されていたことが認められ、これらのいわゆる要求は単なる申し出や提案であり、いかなる条約にも違反せず、中国の領土や主権を侵害するものではないという声明が「最高権威」によって再び発表されたのである。北京の日本公使館は、現地の特派員たちに同様の声明を出すように求めたが、要求の本質はすでに知られているので、彼らはこれを拒否した。

他のどの外国よりも広範な利害関係を持っていたイギリスは、動揺を見せていた。英国人居留民や政府関係者は、政府がヨーロッパでの出来事に気を取られ、極東に十分な注意を払えないことに深い懸念を示していた。日本の行動は日英同盟の楯の下に行われたため、日本側が中国の膨大な資源と軍事力を掌握しようとしていることに対して、英国が行使しうる影響力を無効にするために、日英同盟が利用されていると英国人には思われたのである。一月十八日以前に、要求に関連する何らかの連絡が英国外務省にはなされていたと考えられていた。不穏当な部分を削った要約が発表されたとき、二月十二日のロンドン・タイムズ紙は、日本の提案は合理的で受け入れるに値するとの社説を掲載したが、北京ではこの好意的意見は要約に対するもので、実際の要求に対するものではないと理解された。しかし中国の政府関係者は、それほど不快ではない要求に世論がすぐに同意することで、日本が全要求をより強く要求するようになるのではないかと懸念していた。二月十九日の時点で、国務省は私に、第五項の要求は強く求められていないのではないかと伝えてきた。当初の要求の全文が各在外公館に伝えられたが、二つの記述の間に矛盾があるため、日本は第五項を実際には要求していないと考える傾向があった。

日本公使は当初、二十一の提案すべてを原則的に受け入れることを要求していた。陸徴祥外交総長はこれを拒否した。日本側が陸氏に各提案について一般的な意見を述べるよう求めたところ、陸氏は中国政府がどの提案を交渉の対象になりうると考えているかを即座に示した。そこで日本公使は、陸氏の意見表明では満足できないので、根本的に修正しない限り交渉は続けられないと答えたのである。陸氏は逃げ腰で、日置氏は二月十八日、高飛車になった。彼は交渉の対象は最初の四項目だけではなく、二十一の要求すべてについて交渉しなければならないと陸氏に伝えた。

アメリカは動く

そこで私は、中国におけるアメリカ人の権利や合理的な見通しに影響を与える提案について、ウィルソン大統領に個人的な注意を促す電報を打った。大統領はすでに、二月八日付の手紙で次のように書いていた。「私は、中国に対する直接的な助言や、現在の交渉において中国のために直接介入することは、中国にとって良いことよりも悪いことの方が多いのではないかと感じていました。なぜならば、日本の嫉妬心を刺激し、敵意を呼び起こし、それがまず中国自身に対して現れる可能性が高いからです……。現在のところ、私は状況を注意深く見守っており、賢明ならばいつでも介入できるようにしています」。

山東省がまず交渉の対象となった。交渉にあたったのは、中国の外交総長・陸徴祥、次長・曹汝霖、日本公使・日置益、一等書記官・小幡酉吉（一八七三〜一九四七）であった。曹次長は日本で教育を受け、一般的には日本に友好的であると考えられていた。日本の公使は、温厚な物腰で仕事に熱心であり、粘り強さと気難しさで知られる一等書記官が補佐していた。山東省と満洲に関する要求は、一点一点吟味された。第二項の前文（原本）で、日本は南満洲と内モンゴル東部で「特別な地位」を主張した。中国側は断固として反対した。日本公使は三月六日、進捗の遅さを訴え、それ以降、武力行使の可能性をたびたび示唆した。ついに三月十一日、中国側は日本の艦隊が封印された命令の下、中国の港に向けて出航したことを知らされた。

中国側は、満洲と山東省での重要な特権に同意した後、さらなる要求には抵抗することを決意した。ちょうどその頃、アメリカ政府はワシントンの日本大使に、要求の一部の条項が既存の条約に反するという意見を伝えていた。というのも、日本大使は第五項の提案を実質的に「友好的検討の要請」とする補足メモを提出していたからである。中国人にとっては「単なる提案」だったのである！　外国の反対を武装解除するこの方法は一つ不利な点を課すことになった。第五項の「友好的提案」を受け容れるように強制するために、実際に軍事力を使うことは今後できなくなるだろう。特権を得るための唯一のチャンスは、他国の政府には、真剣に受け止めないよう、実際の要求は不明確にしておき、その間に圧力をかけて北京にこの提案を受け入れさせることであった。中国人は、世界の世論に見捨てられたと感じるだろう。

日本軍は、三月後半に満洲と山東省で軍備を増強し、これにより一時的に山東鉄道の通常運行が停止した。

新しい軍隊は「中国領内に駐留している者と交替するために過ぎない」とされた。軍事的強制は明らかに予示されていた。このようにして、中国側は三月末までに、山東省と満洲での日本の要求をほぼ全面的に受け入れた。三月二十三日、私は袁世凱大総統と長い面談を行った。彼は非常に心配しているようだったが、それでもユーモアにあふれていた。彼はこう言った。「ブヨがぶんぶん飛んで私の眠りを妨げるが、まだ私の米は奪われていない。だから私は生きていける」。そして、真剣な表情でこう言った。「私はあらゆる譲歩をする用意がある。しかし、それによって中国の独立性が損なわれてはならない。日本の行為は私に別の政策を強いるかもしれない」。

私は、彼が本当に武力による抵抗を考えているのか疑問に思った。「日本のいかなる行動に対しても、アメリカは抗議しないだろうと日本の役人は言っている。しかし、日本人はしばしばこのような発言で中国人を落胆させようとしてきた」と彼は付け加えた。「アメリカは中国人に興味がない、とか、助けたくても助けられないと彼らは言うのだ」。

袁氏は、アメリカが「中国における外国人の権利に関する問題は、条約、政策、伝統によって我々が関心を持っているので、我々の参加なしには議論できない」と、穏やかに、しかし毅然とした態度で言いさえすれば、この危険性はほぼ解消されると考えていた。

現在、国務省はある解決策を提案している。それは、日本に望ましい利益を与えると同時に、中国と中国における他国の利益を守ることを目的としたものであった。個人的には、私は第五項の要求は完全に排除すべきだと考えていた。どのような説明であっても、既に複雑になっている中国における外国勢力関係がもつれ、さらに分離不可能になり、アメリカの建設的な行動を阻害してしまうからである。

満洲に関する日本側の要求は、四月上旬に大幅に満たされたため、中国側は交渉のこの部分は終了したと考えていた。しかし、日本側はそうではなく、満洲問題を細かい点まで詰めようと画策していた。一方で日本は執拗に第五項を交渉に投入した。

二か月以上前から、毎週のように二、三回の長時間にわたる会議が行われていたのだ。四月六日の話し合いでは、日本側は軍需物資の提供や福建省、そしてアメリカを意味する「ある国」への鋭い言及が占めていた。日本公使の態度は非常に強引だった。この「ある国」の威光があるために、彼は港湾と造船所に関する要求を主張しなければならない。日中両国のために、福建省におけるあるいかなる海軍基地の直接的、間接的支配も阻止しなければならない。アメリカの現政権はその「主張」を撤回するかもしれないが、将来的に再開された場合はどうだろう。唯一の安全策は、この勢力がそのような足掛かりを得る可能性を排除することである。一方、日本の地方紙は、珍田大使がブライアン長官に大きな影響力を持っていると言われていることを伝えていた。彼らは、アメリカが何らかの形で中国を支持するよう主張することを望むのは無駄なことだと主張した。

この時、私は中国の外交総長に、外国の代表者がアメリカの態度や政策に言及し、アメリカ政府が認めたり、要求したり、主張したりしないことについて発言した場合、中国政府はそのような問題をアメリカの代表者と直接話し合うことが何よりも正当であり、その代表者を通じてのみ政府の行動についての権威ある声明を出すことができると伝えた。

アメリカ政府は、福建省において特定の国に特別な優先権を与えることに強い反対意見を日本側に提出した。また、自国の国民が中国の中央政府および地方政府と、干渉を受けず、第三国から非友好的とみなされることなく契約を結ぶ権利を強調していた。前述のように、港湾や海軍基地に関する限り、アメリカ政府は、中国があらゆる外国勢力に対してそのような特権を保留する取り決めに反対することはなかった。しかし日本は、福建省に関して特別な要求をする理由を主張する必要があったので、「ある国」の策略を主張したのである。

不安になるような理由は存在しなかった。「疑わしい主張」の話は、五年前に結ばれたベツレヘム鉄鋼会社の契約に関するもので、しかし福建省には触れていなかった。ただ直前に北京で流布された偽装版がそのような印象を与えた。このように関係者が流した根拠のない情報が、中国政府に対する要求の根拠となったのである。

一方、日本が海外向けに発信したニュースは、北京で実際に行われたことと比較されていた。これは日本の新聞をいらだたせたが、それは日本政府が同盟国を欺こうとする行為に引っ掛かったからでなく、海外の時宜を得た宣伝と強い世論が中国に要求を課そうという試みを打ち負かしたからである。中国人は世論を頼りにしていた。彼らが私によく言っていたように、米国民とその政府が物質的な援助を提供しなくても、中国の自由に対する攻撃について少なくとも事実を知ってもらいたいというのが彼らの大きな願いであった。というのも、彼らは世界、特にアメリカの世論で、最終的に打ち勝つ力を見たからである。権力者である袁世凱にも、このような希望があった。外交総長の陸氏は私にこう言った。「中国が望んでいるのは、アメリカと世界が知って判断することだ」。

ついに東京の半官半民の新聞である『ジャパンメール』が四月一日に日本側の要求全文を英語で掲載した。このようにして、「最高権威」によって明確に否定されていたことが、当然のように承認されたのである。秘密交渉が行われている間、多くの公式・非公式の日本人が、欧米諸国との対立の雰囲気を作り出そうとしていたのは明らかである。私は毎日のように、個人的な面談や夕食会、半公共的な場での会話の報告を受けたが、その中で日本人は、中国人に西洋に対するあらゆる可能な不満を思い出させ、日中同盟が持つ強さと重要性を中国人に想像させていた。何度もこう言われた。「現在、我々が排除されているすべての場所を考えてみてください。我々が一緒に立ち上がれば、誰が我々の顔の前でドアを閉めることができるでしょうか」。また、こうも言われた。「北京の外国公使たちの威圧的な態度に飽きていないか？彼らは東京ではテーブルを叩かない。そんなことをしたら帰国させられてしまう」。中国が日本による物的・軍事的資源の再編を認めさえすれば、すべてがうまくいくということが、しきりに繰り返された。何百万人もの人々が武器を持ち、見事に訓練され、装備された、日本人が指揮する無敵の中国軍というビジョンが想起された。しかし、中国側はそのような誘惑の言葉に耳を貸さなかった。

四月の終わりには完全に行き詰まった。中国側は、満洲に関する供与の決着を望んだ。日本は、第五項を含めずには明確に同意を拒んだ。最後通牒の前段階として、四月二十六日、日本公使は、前文の文言を「経済関係」から「特別な地位」に変更した以外は変更のない「要求」を、山東省とモンゴルに関して提示した。漢冶萍に関しては、中国側が同社を国有企業に変えたり、日本以外の外国資本を借りさせたりしてはならないという内容に緩和されていた。また一部の鉄道利権は認められ、第五項の最も重要な要求は、外交総長の議定書に盛り込まれることになった。

陸氏は、求められた鉄道権はすでにイギリスの所有権として与えられている特権と矛盾すると指摘し、日置氏は、中国が日本に同じ特権を与え、日本がイギリスと「争う」ようにすることを提案した。福建省に関しては、中国は交換公文の中で、いかなる外国も福建省に造船所や海軍基地を建設してはならないし、そのために外国資本を借りてはならないことを表明した。このため、日本は福建省での特恵権獲得を断念したのである。

外交総長は、五月一日に日本公使に回答を渡した。第五項の要求は、主権国家としては到底受け入れられないと日置氏は告げられた。その他の要求については、日本が修正した要求の受け入れに極めて近い具体的な回答がなされた。しかし鉄道に関する特権はなく、満洲の要求に関しては技術的な修正が含まれていた。山東省に関する要求はすべて認められたが、中国が日本とドイツの交渉に参加するという対案が出された。

これは融和的なものであったが、日本軍は軍隊を移動させていた。すべてが極端な措置を示していた。

奉天の予備役には出動命令が出され、北京の日本人居住者には準備をするように警告が出された。済南では新しい塹壕が作られていた。最後通牒が行われることがわかると、中国の政府関係者は戸惑い、判断に迷った。最後通牒を待つべきか、それともさらなる譲歩で日本をなだめるべきか。中国人は、武力に裏付けられた要求にはなかなか従わず、説得や理性、習慣に基づいた取り決めに慣れている。外国からの積極的な指示に従うことは、政府にとって考えうる最大の権利消失（deminutio capitis）である。中国の政府関係者は頻繁に私を訪ねてきた。彼らは自分たちの困難や不安について話すことで、安心するようだった。もちろん私は彼らに助言を与えることはできないが、第五項を最後通牒に盛り込むことは実現不可能であるとの個人的な確信を表明した。これは日本が列強に友好的な提案として説明していたものである。

この交渉でのアメリカ公使の立場は決して楽なものではなかった。アメリカは唯一、手が空いている国だった。中国側は、中国の独立と中国におけるアメリカ人の平等な権利に抵触するいかなる取り決めに対しても、アメリカの憤りと強い反対を期待していた。私ができたのは、我々が繰り返し表明している政策を繰り返し、我が国の国益がどこまで関与しているかについて、中国の人々に自分で結論を出してもらうことだった。しかし私が最も頻繁に会う大臣から、「でも、あなたがこれまで何度も主張してきたこの権利を維持するために、あなたは何をしてくれるのですか？」と聞かれた時には、私は、自国政府の行動に対する中国人の期待感を煽らないように、私自身の判断を述べないように、特に注意しなければならなかった。指示はなかなか来なかった。

私の個人的な意見としては、アメリカはこの交渉のあらゆる局面で相談を受けることを主張するほどの重大な利益を持っていると思っていた。中国側は、アメリカがイギリスとフランスを率いて、一致団結して友好的に、しかし関係国の共通の合意によってのみ要求が解決されるよう積極的に主張することを期待していた。しかし状況は複雑だった。ヨーロッパの状況は危機的だった。中国人に対して私が最大限できること、最低限の義務は、彼らが私に相談したいことに同情的に耳を傾け、慎重に吟味した私の意見を伝えることだった。私たち自身の国益も密接に関わっていた。状況の推移を注視することは、私の積極的な義務だった。中国人にアドバイスをする責任はないが、週ごとに展開される戦況が私にどのような影響を与えているかについて、彼らにアイデアを与えることはできた。この間、他にも多くの大臣と会っていたが、顧維鈞博士は、外交総長と私の間の連絡係を務めていた。交渉の連続した段階を議論しながら、顧博士と私は多くの興味深い話をした。私は彼の鋭い洞察力に感心しながら、外交上の戦術や分析について何度も興味深い時間を過ごした。彼が私のオフィスや家に頻繁に訪れることについて、日本の公使館からは反対意見もあったようだが、出入りは適切に行われていた。

最後通牒へ

五月一日以降、毎日大総統官邸で会議が開かれた。非公式には、聯合国《れんごう》の公使たちは、中国が日本に対して武力抵抗を試みるべきではないと助言していた。私は、一部の軍部の指導者たちが話していたものの、政府が真剣に考えたことはなかったと思う。実際、評議会では暴力的な場面が見られた。屈服は国家の崩壊を意味し、政府からすべての権威と国民の支持を奪うことになるが、抵抗は国民を結集させる。日本の進撃は、世界大戦が終わるまでは防げるかもしれない。その後はヨーロッパからの援助が来るだろう。彼らは大総統に対し、日本は確かに中国のより広い地域を占領するかもしれないが、それは権利を生み出すものではなく、日本を世界的な非難にさらすものだと主張した。しかし世界大戦という状況下では、日本に逆らうことは中国の分断を意味すると政府は恐れていた。

そうして袁世凱大総統と外交部がミスを犯した。最後通牒と聞いてパニックに陥ったのだ。戦術的優位性を捨てようとしたのである。第五項の要求に対抗する中国の優位性を見失い、第五項に含まれる点、特に顧問の雇用に関する点で譲歩を申し出た。

しかし外交部の使者がこれらの追加提案を持って日本公使館を訪れ、日本公使は中国がどこまで追いつめられるかを見極めると、政府の最後の指示により他に選択肢はなく、最後通牒を提示しなければならないと冷静に述べた。これは五月七日午後三時に行われた。

中国人は、第五項の要求が最後通牒に含まれないことを予測していたかもしれない。とはいえ、彼らはその省略に驚き、前日に不必要な約束をしてしまったことに腹を立てていた。一見すると、最後通牒の内容は、これらの不吉な要求を排除するように見えた。中国人は長い緊張から解放された最初の感覚で、最後通牒の「第五項の要求は現在の交渉から切り離して、将来個別に議論する」という規定を、これらの厄介な問題を放棄する巧妙な方法だと理解した。しかし彼らの希望が日本側の考えと一致しないことは、すぐにわかった。

中国側は最後通牒に含まれる実際の要求をすべて受け入れる準備が事実上できていたのに、要求に多少及ばないとしても、なぜ日本側は利権を受け入れなかったのだろう。そのようにして、友好的な政府を武力で脅したという悪評を避けたのだろう。さらにこの問題は、その性質上、取得されるべき権利の法的および公正な力を弱める傾向があろう。日本人は二つの根本的な間違いを犯した。一つ目は、要求の真の性格を軽率に否定し、虚偽の説明をしたこと、二つ目は、武力で脅すという最後通牒を実際に使用したことだ。このような重大な過ちがあったことは、今では日本でも広く認識されている。しかしなぜこのような過ちを犯してしまったのか、それを説明するのはもっと難しい。

袁世凱は大規模な譲歩をせざるを得ないことを悟り、個人的な野望に対する日本の支援という形で、ある種の見返りを求めていたのかもしれない。これは交渉開始時に日本の公使が示唆したことと一致する。このような説明が正しいとすれば、袁世凱自身も心の中では最後通牒によって要求を受け入れざるを得ない状況を望んでいたと理解できるかもしれない。しかし、交渉の最初から最後までを見てきた私には、「二十一か条の要求を最初に考えたのは袁世凱であり、その後の政策や野心に対する日本の支援を得るためだった」という袁世凱の敵の主張は、全くの空想にすぎないと考えざるを得ない。

日本政府がこのような厳しい措置をとった理由は認められる。日本政府は、今回の交渉の性格と範囲に賛成しない世界の世論が、中国側の細かい問題での抵抗を元気づけ、次第に新たな困難を引き起こすことを恐れたのかもしれない。また日本の権力者たちは軍事的威信を信じており、軍事力の上に、中国における新しい権利を直接基づかせることで良い結果を期待していたのかもしれない。

この最後通牒は、中国政府に四十八時間強のわずかな時間を与えた。つまり五月九日の午後六時までである。五月八日、内閣と国務院はほぼ一日中会議を行い、最終的に日本の軍事的脅威を考慮して最後通牒を受け入れるべきだと決定した。

この最後通牒に対する返答の中で、戦術上の重大なミスがあった。私は、最後通牒は簡単で簡潔な言葉で受け入れられるだろうと聞いていた。中国政府は、日本人にある種の供与をしたと言い、それは列挙され、第五項については言及されないだろうと。九日の夕方、外交部員が非常に興奮して私のところにやってきて、日本政府は第五項の要求は将来の議論のために特別に留保されると主張したと述べた。私は「中国側の回答はどのような形をとっているのか」と尋ねた。「これです」と彼は答えた。「『中国政府は…第五項の五条項を除き、第一項のすべての条項を受諾する等』しかし、この草案を日本公使館に提出したところ、日本公使館は『第五項』の後に『後の交渉に委ねる』という文言を加えるように要求してきたのです」と彼は付け加えた。これは、政府の面目を保つために、何かを拒否したと回答する必要があると考えられたからであると訪問者は説明した。しかし、もし第五項が全く言及されていなかったら、日本側は第五項をオープンにしておくよう主張することは困難であったことは明らかだ。それは最後通牒によって隠された問題の一部として、他の国々の前に公言できなかったからである。このようにして、第五項の要求は、将来取り上げるべき未完成の問題という性格を与えられた。そうして中国の頭上には、前兆的にこれらの要求が残り続けたのである。

最後通牒で要求された特権は、一部は交換公文で、一部は条約で認められた。これらはいずれも、憲法で定められている国会での批准を受けていない。その起源と、この適切な批准の欠如のために、中国の人々は一九一五年の協定を無効と見なしている。

国務省は五月六日、両政府に忍耐と相互の我慢を促す電報を打った。日本はこの助言を必要としていたが、指示が来るのが遅すぎた。最後通告が提示されていたのだ。私はこの通告が、ドアが閉められた後に鍵穴から優しく諭すようなものであることに気づくべきだった。

五月十一日、国務省は両政府に同じ内容の手紙を電報で送り、私は十三日に外交総長に届けた。このメモは二十四日の北京新聞に掲載され、同時に東京からの電報では、このようなメモの存在を伝えることは、政治的摩擦を引き起こすための策略の一つに過ぎないと「最高の権威」をもって断言している。

このメモを受け取った陸総長は、「私は他国の条約上の権利を守るために終始努力してきた、中国の権利と結びついているからだ」と述べた。彼からの質問に対して私は、アメリカ政府は現在、特別な提案に抗議しているのではなく、メモで言及されている権利が条約の最終条項で完全に保護されることを主張しているのだと答えた。会話の中では、日本人が満洲で新たに獲得した特権についても触れられた。私は、最恵国条項の運用によって日本人に与えられる居住権は、中国と条約を結んでいる他のすべての国にも同様に発生することを指摘し、したがって、そのような権利に影響を与える協定のすべての条項について、日本人は知らされるべきであると述べた。五月十五日、国務省はこの見解を確認し、電報による指示を出した。私はそれを受けて外交総長に正式な文書を提出した。

中国政府は、米国が極東における米国の政策の基本原則を明確な言葉で再表明したことで、安心したようである。

このようにして、有名な二十一か条の要求の交渉は終わった。日本は代表権のない北京の当局から、ある種の広範な特権を得た。しかし中国では、古代から組織化された社会としての人民は、いかなる政治的政府よりもはるかに重要である。中国の人々は同意していなかった。

第13章　団　結

ロックフェラー財団

一五一五年秋、中国での大規模な科学・教育事業の具体的な計画を策定するため、ロックフェラー財団が派遣した委員会のメンバーが北京に到着した。メンバーは、ニューヨークのロックフェラー医学研究所のサイモン・フレクスナー（一八六三〜一九四六）博士、ジョンズ・ホプキンス大学のジョージ・A・ウェルチ博士、そして財団の秘書であるバトリック博士である。一九一七年九月初旬には、北京のロックフェラー病院と医科大学の定礎式が行われた。

中国医学委員会は、満洲族の親王の宮殿を手に入れた。彼らが計画を練っていた頃は、ちょうど所有者が亡くなったばかりで、この立派な建物は七万五千メキシコドルで買えたのである。当時、私はニューヨークに電報を打ち、早急な対応を促したが、購入するための組織が十分に完成していなかった。四か月後、彼らが購入の準備をした時には、価格は二十五万ドルに上がっていた。富裕層が購入を希望していたこともあって、価格が高騰したのは確かだが、当時は北京中の不動産が急速に値上がりしており、特に中心地では、要求された価格は実際のところ過大なものではなく、同じような敷地をもっと安く確保することはできなかったはずである。実際、中国の多くの地域では、アメリカの新興都市のように地価が上昇しているのだ。

宮殿の重厚なホールは、病院の用途に合わないという理由で解体され、取り壊されていた。しかし、回収された資料はそれ自体が大きな価値を持っていた。理事会は、建築家の判断に基づき、中国の建築様式を採用し、現代的な目的に合わせ、十分なだけ変更することを決定した。

北京の空気が春の爽やかさを持つ九月初旬の晴れた日に、私たちは建設される最初の建物の定礎式のために集まった。私たちを訪ねて来ていたナイト提督が同行してくれた。英国担当のアルストン氏、ロシアから戻ったばかりのフランク・ビリングス博士（ロシアでのアメリカ赤十字社会長）をはじめとする米英社会の代表者が出席し、多くの中国人もいた。中国政府を代表して教育総長の范源濂《ぼんげんれん》（一八七四〜一九二七）氏が出席し、英国国教会のノリス主教が祈りを捧げた。私は簡単な挨拶をして、アメリカとイギリスの医療宣教師の功績に敬意を表し、ここに設立される偉大な施設の科学と人類の福祉にとっての価値と意義についての高潔な考えを述べた。

ところで、ウェルチ博士とフレクスナー博士の訪問の際に、私は中国の医薬品には多くの価値があるのではないかと考え、そのように表明した。私自身の経験では、一見絶望的なケースでも、救いの手が差し伸べられた例が非常に多かったので、特別に研究する価値があると思った。例えば、私が雇った新しい運転手が、ある日、古い運転手に付き添って車に乗っていたが、彼が飛び出したときに、腕がドアと電信柱の間に挟まれて潰れてしまったことがあった。すぐに病院に連れて行ったが、医師の判断では、すぐに手術をしなければ腕は助からないし、手術が成功するかどうかもわからないということだった。その日の夜、公使館の中国人たちの懇願にもかかわらず、彼の母親が彼を連れ去ったと聞いた。私たちは彼を見失ってしまった。しかし六週間後、彼は「腕がまだ少し弱いです」とだけ報告してきた。中国人医師が湿布で治してくれたのである。

似たようなケースがよく目についた。周自齋氏は、リウマチでよく苦しんでいた。彼はあらゆる科学的な治療法を試したが、効果がなかった。ある日、私は彼が元気ではつらつとしているのを見て嬉しくなった。彼は「私は治った」と言い、中国の医者が金の針を体のあちこちに刺したことを話してくれた。一日で痛みが消えたという。中国の医師が何千年もかけて蓄積してきた経験的な知識には価値があるのかもしれない。

ロックフェラー理事会のメンバーは、任務である科学的な仕事の合間を縫って、中国の生活の明るい面と深刻な面の両方を見ていた。ある晩、私たちは一緒に中華料理店に行き、そこで現地の友人たちと出会い、北京料理の最高のディナーを楽しんだ。アメリカ人のゲストは、北京のレストランの中庭での騒ぎを喜んでいた。食後には、有名なマジシャンに歓待された。この人はよく北京で公演しており、外国人の間ではエガ・ラン・タンという名前で知られている。この言葉は何の意味もなく、彼が呪文を唱えるときに使う任意の数式に過ぎない。宙返りの後、突然何もないところから、直径二フィートのウォッシュタブほどの大きさのガラスのボウルを作り出し、その中に魚の群れを入れて泳がせるのである。

別の意味で、アメリカの教育的な取り組みは北京で歓迎された。官僚や文人の中には、経済や政治に関する科学的研究に関心を持つ者が多くいた。私は、彼らやアメリカやヨーロッパの友人たちと、このような研究を目的とした協会を設立することが望ましいとよく話し合った。ごく最近まで中国の知的生活を組織し、結束力を与えていた古い文学的な学問は、人々を満足させる力をほとんど失っていたが、西洋の科学的な学問は、知的な交わりの主な絆として機能するにはまだ十分ではなかった。

中国社会政治学会の設立

すべての政治的・社会的行動や、産業・商業におけるすべての体系的な努力は、知的な力に依存しているため、古いものと新しいものとを調和的・有機的に関係させ、知的な努力を集中させることのできるセンターが形成されなければ、無秩序と混乱がすぐに中国の生活を脅かすことになるのは明らかである。そのようなセンターは大きな影響力を持つだろう。

私たちは一九一五年十一月、外交総長の陸徴祥氏と、同様にこのような思想と議論の中心の必要性に感銘を受けた他の多くの友人たちと共に、中国社会政治学会の設立に向けて一歩を踏み出すことを決めた。

最初の会合は、一九一五年十二月五日に外交総長公邸で開かれ、計画について話し合われた。この時の挨拶で、私はこの学会の意義について次のように考えを述べた。

「この学会の設立は、中国が近代的な科学活動に全面的に協力するようになったことを示すものである。この最初の一歩は、中国の経験と知識を科学的に広く世界に提供するための継続的な努力を予感させるものである。中国の声を聞き、中国の経験を考慮し、中国の制度を世界に理解してもらい、中国を代表して科学評議会に参加してもらうのである。国内では、このような協会の活動が成功すれば、国民の性格や運命についてより明確な認識を得ることができるはずである。その活動によって得られた知識は、建設的な行政改革に大きな価値を持つだろう。しかし、その最大の貢献は、より深く、より明確な国民の自己意識に貢献する方法にあるだろう……」

中国の教育関係者はもちろん、多くの教師や広報担当者がこの新しい学会に関心を寄せた。アメリカ人のグッドナウ博士、W・W・ウィロビー、W・F・ウィロビー博士、ヘンリー・C・アダムス博士に加えて、イギリス人のジョージ・モリソン博士、ロバート・ブレドン卿、ベバン教授、B・レノックス・シンプソン氏、フランス人のマゾット氏、パドゥー氏、ロシア人のコノヴァロフ氏、シュテル・ホルシュタイン男爵、日本人の有賀長雄（一八六〇～一九二一）教授など、あらゆる国の人たちがこのアイデアを支持したのである。その後、学会は定期的に開催され、貴重な講演や討論が行われ、季刊のレビューが発行され、官僚や学生、一般市民が利用できる北京で最初の図書館が設立された。

国務卿の徐世昌の援助により、帝都の中央に位置する「守護神の庭」（Court of the Guardian Gods）と呼ばれる場所が図書館のために確保された。ここは、帝室の儀式に必要なランタン、旗、紋章、儀装馬車、棺台などを保管する場所として使われていた。私が最初に訪れた時には、これらの品々が大量に残っていた。それらは実質的なものではなく、その場その場で特別に作られたものであり、興味深いものではあったが、本質的な価値はなかった。このような貴重な場所を、役人と帝室が一体となって近代科学の目的のために確保したことは、中国が活動していることを示すものだった。

フランス公使館に所属していたのは、優れた漢学者のポール・ペリオ（一八七八～一九四五）で、彼のトルキスタンでの探検により、フランスの博物館や国立図書館に貴重な宝物がもたらされた。ペリオは公式には軍務参謀であったが、実際にはフランスと中国の文化の連絡役という、より幅広い役割を担っていた。

ドイツの場合、戦前には教育担当のアタッシェがいた。何千人ものアメリカ人帰国留学生を通じた中国とアメリカの教育との密接な関係を考慮して、私は教育問題に専念できるアタッシェの任命を強く求めた。私は他の仕事に追われていたので、中国全土の教育団体からの何百もの招待を受けても受け入れられなかった。もしこのような機会に中国の人々と会うことができるアシスタントがいれば、彼らのために大いに役立つことができただろう。しかし、ワシントンからは、そのような機能を持つアタッシェの規定はないと聞いていた。

英米のコミュニティの親密な協力関係は、多くの会合で表現され、そこには中国人も参加していた。一九一七年十二月八日には、英語を話す帰国留学生の歓迎会が開かれた。外交総長、その参事官たち、英国公使ジョン・ジョーダン卿とそのスタッフ、アメリカ公使館、宣教師、アメリカや大英帝国で教育を受けた人々が一堂に会した。ＹＭＣＡのホールに集まったのは大人数で、その中には多くの中国人女性も含まれていた。

開会前はがやがやした会話があった。その時、部屋の中央に置かれた椅子の上に身を乗り出した一人の若い男性が、大きな声で話し始めた。彼は、社交性と会話を組織的に促進するための指示を出し始めた。中国人ゲストは手をつなぎ、内側を向いて部屋の周りに円を作り、その円の中でイギリス人とアメリカ人のゲストは手をつなぎ、外側を向いて円を作る。与えられた言葉で、外側の円は右に、内側の円は左に回転することになった。「止まれ」の合図で、全員が自分の目の前の人と会話をすることになった。膠着状態に陥る危険性を排除するために、会話のテーマは回転ラインが止まるごとに一つずつ与えられ、最後にこう言う。"My Greatest Secret"

このようなアメリカ的な打ち解け方を提案した青年は、ウィスコンシン州から出てきたばかりで、雑多な集まりの中で適切な混ざり方を確保するのが彼の仕事だった。英国人は最初、この回転しながら歩くような会話に多少の戸惑いを感じていたようだが、すぐにこのアイデアに賛同し、最初に停止の言葉が発せられたときには、ジョン卿が向かいの中国の可愛い娘ときちんと会話をしているのが私の目に入った。

その少し後、十二月だが、「アングロ・アメリカンクラブ」が設立され、「ホテル・オブ・フォー・ネイションズ」で夕食会を開いてデビューを祝った。これが極東におけるアメリカ人とイギリス人の最も親密な関係の始まりであった。私は短いスピーチの中で、この協力関係が実現したことへの純粋な満足感を表明した。

北京の教育機関や活動との関係は非常に良好であった。北京大学で卒業式が行われた際、私は名誉法学博士号を授与された。この栄誉は、私の賢明で経験豊かな友人であるローリー博士によって、非常に優雅な方法で行われた。私は、中国の首都にあるこのアメリカの大学の将来性に非常に興味を持ったので、理事会のメンバーとして行動することを承諾し、公務が許す限り、この大学の発展に関心を持った。私が非常に満足していたのは、この大学が、中国で活動している四つのキリスト教宣教団体を代表する超宗派の大学になっていたことだ。大学には自由な精神が浸透しており、狭い宗派の制限を受けずに、学問の光を広めることで中国に貢献したいという願望がメンバーを鼓舞し、教義に過度にこだわることなく、キリスト教の精神と人格に信頼を置いて影響力を発揮していた。偶然にもその日、私の母校であるウィスコンシン大学からも名誉法学博士号が授与されたとの電報が届いた。

心の問題に関心のあるアメリカ人とイギリス人、そしてその他の北京在住者が一堂に会する機会が、北京語学校が企画した講義コースで得られた。私は、英国公使の邸宅で行われた、中国の芸術的過去の保存に関する講演で講座を開始した。ジョン・ジョーダン卿は挨拶の中で、中国に住む外国人が、それまでよりもはるかに深く、より親密に中国文明に関心を持つ時代が来ていると述べた。私は、中国美術の専門性と創造的な衝動が失われる危険性と、過去には常に中国美術は新しい形式、方法、美を発展させようとしていたことを話した。その後の講義は、私の自宅と英国公使館の劇場で交互に行われ、全体として中国文明に対する共通の関心が強調された。

『益世報』を取得する

一九一九年の学生運動の盛り上がり（注／五・四運動）の中で、北京の警察は北京のリベラル紙である『益世報』（注／一九一五年、天津で創刊）の事務所を閉鎖した。この新聞は、日本との交渉のニュースを掲載したり、軍国主義派を批判したりして、自ら嫌われるようなことをしていた。アメリカ人の中には、この新聞の自由主義的傾向と社会福祉活動への熱心さに関心を持ち、買収を申し込んだ者もいたが、まだ実行されていなかった。この新聞の中国人編集者が、投獄されている仲間を解放するために私に協力を求めてきた。しかし、当時この新聞にはアメリカの法的利益が存在しなかったので、私の善意を利用することはできなかった。しかし私は常に中国の政府関係者に、報道における言論の自由の抑圧は非常に望ましくないやり方であることを伝えていた。『益世報』の弾圧は、北京の反動派が民族運動に有利な表現をすべて封じ込めようとした結果であり、彼らは日本の厳しい報道規制を真似るように仕向けられていたのである。

その後、アメリカ人は『益世報』の取得を完了した。中国語で印刷され、アメリカ人が所有する新聞に対して、アメリカの保護がどこまで及ぶかという問題が出てきた。アメリカ人は、中国語で新聞を発行するという善意の事業に興味を持っていたので、この場合、他人の正当な利益のために与えられる保護を、どのように拒否できるかは明らかでなかった。そこで、私は国務省に、このような企業を区別しないよう勧告し、その後、いくつかの地方紙がアメリカ領事館に登録された。

私は外交総長代理に、アメリカの登録が『益世報』に与えられたことを伝えたとき、アメリカの報道法の特徴を伝えた。新聞は平時には検閲から完全に解放されているが、個人に損害を与えるような事実の誤認については法律上の責任を負う。反動的な役人の多くは、アメリカで登録された現地語の新聞を中国で発行することに執拗に反対した。しかし、明らかに、彼らはこうした取り決めに対して正当な抗議をすることができなかった。それどころか、中国でアメリカ人によって現地語の新聞が発行されるということほど、中国の人々や大多数の役人にとって歓迎すべきことはなかった。

海外からのニュースを北京で発表することは、無線によって大いに促進された。一九一九年初頭、私は昼食時に数人のアメリカ人新聞記者を接待し、彼らと極東の報道・ニュース事情について会議を行った。『ジャパン・アドヴァタイザー』のフライシャー（一八七〇～一九四六）氏、『サクラメント・ビー』のマクラッチー（一八五七～一九三八）氏、ＡＰ通信のシャーキー氏、アメリカ公共情報委員会の代表カール・クロウ（一八八四～一九四五）氏である。この問題の専門家であるウォルター・ロジャース氏は、直前に北京に来ていた。

中国とアメリカの間でニュースサービスを展開しようとすると、ケーブルによる電信費用がかかり、十分なニュースサービスを送ることができないという大きな問題に直面した。したがって、無線を使うことが不可欠であり、アメリカ政府の無線システムがニュースメッセージを合理的な料金で伝えることができるよう、あらゆる努力をすべきであるという点で、全員が合意した。

直接的なニュースサービスの重要性は、戦時中に公共情報委員会の取り決めにより、毎日極東にニュースが無線で送られたことで証明された。これにより、米国内で起こっていることをほぼ完全に伝えることができるようになったのである。講和会議のニュースは、中国の人々にも非常に喜ばれた。中国がヨーロッパとこれほどまでに接近したことはなかったのである。

中国でニュースを提供しているのはロイターだけである。ニュースの割当量はロンドンで決まる。ロイターのニュースは、スペイン、モロッコ、アフリカ西海岸のケープ、エジプト東海岸、ペルシャ、インド、セイロンと進む。途中の根拠地では、地域的にのみ興味あるものが取り出される。セイロンで残った極東の興味あるものは、シンガポール、香港、そして別ルートでオーストラリアに送られる。このような情報源と経路を持つこのサービスが、アメリカに関する情報をほとんど伝えないのは、ごく自然なことである。一九一六年六月の一か月間、このサービスを利用したことがあるが、アメリカの情報として伝えられたのは、ブライアン氏が全米民主党大会で涙を流したという記事だけだった！

第14章　北京、戦争の日々

私の最初のアメリカ帰国時に、ペック氏が青島の領事に任命され、チャールズ・D・テニー博士が彼の後継者となった。私の前任者であるW・J・カルホーン氏は、テニー博士に関する手紙の中で、彼が中国人と中国事情に精通していることを証言している。中国に戻れることをテニー博士が喜んでいると書きながら、カルホーン氏は次のように述べている。「長く住んでいる外国人には奇妙なことがある。彼らは他のどこにも満足できないようだ。彼らは明らかにウイルスを注入されたある種の虫に咬まれている、それはその土地の生活を唯一耐えられるものにするのだ」。

戦争状態の存在は、北京の社会生活に大きな影響を与えていた。敵同士は、もちろんお互いに会うことはできない。そのため、彼らの社会的な動きはかなり制限されていた。しかし中立派の人々は両陣営と関係を持っていたため、むしろ社会的には他の時よりも忙しかった。晩餐会は、一つは聯合《れんごう》国のため、もう一つは中央同盟国のためにセットで行わなければならなかった。オーストリアの公使は、自国が戦争中で国民が苦しんでいるので、家族だけの小さなパーティを除いては、ディナーの招待を一切受けないことにした。他の交戦国の代表者たちは、規模を縮小して社交を続けていた。ダンスは徐々に制限され、ついにはほとんど行われなくなってしまった。

ロックヒル氏は一九一四年十二月にホノルルで亡くなった。彼は袁世凱大総統に個人的な顧問として雇われており、短期間の訪米を終えて中国に戻るところだった。私は、そんな稀な能力と経験を持っていた人を喪失したことを悼んだ。彼には、中国が世界で最も興味深い国であった。その後のあらゆる困難の中で、彼の助言は中国の大総統と政府にとって大きな価値があっただろう。

淮河保全事業を調査した技術者委員会の報告書を見ると、この事業は私が予想していた以上に魅力的なものだった。修復された土地の価値だけで、整備費用を賄うには十分すぎるほどである。私は、この仕事がアメリカの名前に大きな信用を与えると感じた。中国の最も肥沃な土地を何百万エーカーも修復することで、多くの人々の生活を保証するだけでなく、科学的な方法で生活の基盤を改善する方法を、中国人に生きた例として示すことができるだろう。一九一四から一五年の冬、恐ろしい飢饉が再びこの地域を襲い、何十万人もの農民が絶滅の危機に瀕していた。総額二千万ドルが保証されるような価値を、ここで生み出したことはなかった。しかしワシントンの省庁、全米赤十字社、ロックフェラー財団に緊急に訴えても、オプションの年に必要な資金を確保することは不可能だとわかった。私にできることは、延長をお願いすることだったが、中国人自身が再開を待ち望んでいたこともあり、延長が認められた。

戦争が始まって最初の冬、シベリアで捕虜になったドイツ人やオーストリア人が受けた苦しみについての報告を受けた。彼らは夏から初秋にかけて捕虜となり、夏服のままシベリアに運ばれた。シベリアの冬の厳しい寒さにさらされた彼らは、通常の生活必需品が与えられていないバラックに集められ、寒さを防ぐために密閉されていたため、すぐにあらゆる種類の病気が蔓延した。シベリアに最も近い北京の公使館は、アメリカ赤十字社の救援活動を監督していた。またドイツの救援組織 HilJsaktion もあり、オーストリア系の有能で進取の気性に富む女性、マダム・フォン・ハンネケンが中心となって活動していた。公使館の仕事は増え、数え切れないほどの訴えが公使館に直接寄せられた。ドイツの協会に公使館を貸す際には、異議を唱えられるような使い方をしないように気をつけなければならなかった。フォン・ハンネケン女史はロシア公使館と友好的な関係にあったので、公使館は彼女の協会に必要な施設を提供していた。協会の直接の代表者はヨーロッパの中立派、デンマーク人とスウェーデン人だった。シベリアの戦争捕虜に対するアメリカ赤十字社の活動は、彼らの重荷を軽減するために産業や芸術活動を導入しようとするＹＭ

ＣＡの努力と同様に、無私の努力を物語っている。

私は、中国人に良い道路を作るように勧めた。北京周辺の帝国道（Imperial roads）は、巨大な敷き詰められていたが、雨や気候の影響で直進性を失い、コーデュロイの丸太のように傾いていた。車は通れず、中国の馬車は土手の脇にある低い土の道をやっと歩いていた。中国のことわざでは「十年の天国と千年の地獄」と表現されている。田舎の幹線道路は深く摩耗している。通常、川は上を流れ、交通路は地表の下にあるというのは中国のパラドックスである。黄土地帯では、道路は三十〜四十フィートの深さに切り込まれていることが多い。

私は最初、天津から北京までの道路建設を提案したが、鉄道会社がこの事業を奨励せず、数年遅れてしまった。一九一五年に私と一緒に東京に行った日本のアメリカ人商人、Ｅ・Ｗ・フラザール（?〜一九五一）氏は、日本で自動車サービスを成功させていた。道路建設のためにアメリカの資本を得て、中国政府と契約を結ぶつもりであった。この契約は成立しなかったが、中国人の間ではこのアイデアに弾みがつき、北京周辺の幹線道路を皮切りに、徐々に道路建設が行われるようになっていった。不動産価格への影響を実感した有力者たちが興味を持ったのである。

フィリピンのハリソン（一八七三〜一九五七）総督は一週間北京に滞在し、観光し、骨董品や北京の製品をたくさん購入した。彼は中国の絨毯に魅了され、マラカニアン宮殿のために巨大な絨毯を何枚も注文した。私たちは共に、太平洋からアメリカの国旗が完全に消えてしまうのを防ぐために、何か手を打たなければならないと強く感じていた。もし既存の企業が危うい人員削減や撤退を実行すれば、このような事態になることはわかっていた。もし誰か間もなく発生する膨大な海運需要を予見できていたら、彼は今の大富豪よりも勝っていたかもしれない。中国政府は、あるアメリカ人に三百万ドルの政府保証付きの中米汽船会社設立の契約を与えたが、残念ながらこの契約は、アメリカ人の中国での事業にありがちな運命を辿り、実行されなかった。

中国の陰暦の正月が共和国（民国）の正月に変更された。一月一日、北京は祭りの様相を呈した。旧帝都の一部である中央公園が一般に開放され、無数の旗の下、群衆が小道に沿って流れていき、土産物や玩具を買うためにブースに立ち寄ったり、大小のバンドによって外国と中国の音楽が演奏されている、いつも人気のある飲食店に入ったりした。様々な公共の場所で縁日が開かれ、竹竿とマットで作られたブースの広大な集落が一夜にしてできあがった。そこでは、珍品、絵、真鍮の道具、木彫り、金魚、明の卵（ming eggs）、鳥かご、その他の便利で装飾的なものが売られていた。旅役者や曲芸師の一団は、一般人が小額の料金で入場できる囲いの中でパフォーマンスを行っていた。これらの囲いの一つの前で、私は次のような大きな看板を見た。「周と張、アメリカ帰りの奇術師の王者」と書かれた大きな看板があった。ここでもアメリカの教育が重視されていたのだ。帝都の美術コレクションは通常の半分の入場料で公開され、先農壇や天壇の境内は休日の観光客で賑わい、どの劇場でも特別公演が行われていた。三〜四日の間、街は休日の様相を呈していた。

しかし、旧正月は放棄されなかった。旧正月の前日には、年に一度の盛大な宴会を控えた買い物客で街は活気づいた。肥えたアヒルや豚、鶏、魚、焼き物やお菓子などが、荷車や人力車などあらゆる乗り物や手で運ばれ、皆、楽しそうにおしゃべりしたり、笑顔を見せていた。中国の旧正月は、すべての未払い金を清算する伝統的な時期である。白紙に戻し、提携関係を解消し、すべての収支を精算する。大晦日になると、自分の義務を果たすために努力してきた人たちは、つまらない心配を捨てる。家族や一族が集まって、西欧では見られないような大規模な祝宴を行う。

大総統官邸での共和国新年の公式行事は変更を余儀なくされた。戦争中のため、外交団を一団として迎えることができなかった。そのため、大総統は外国の代表を聯合国、中立国、中央同盟国の三つのグループに分けて迎えることにした。中国の高官や人目に立つモンゴルの高官は初日に、外交団は二日目に迎えた。大総統は各公使と非公式に会話を交わしていた。袁夫人は隣のアパートで挨拶を受け、家族数やドレスの素材の選択など、女性らしい事柄について、パーティの女性たちとごく自然に話していた。

少し前に、ヒックスという若いアメリカ人教師が、ボートで揚子江を上っている最中に殺害され、同行していた二人も重傷を負った。襲撃されたのは真夜中で、生存者の記憶にあるのは燃え盛る松明と不潔な顔だけだが、加害者は何らかの制服を着ていたと思われる。中国政府は責任を否定し、普通の強盗だと考え、加害者が制服を着ていたとしても、その場所の近くに正規軍がいなかったので、反乱軍に違いないと主張した。この犯罪は、外国人旅行者の安心感を損なうものであり、私は絶対に賠償金の支払いを主張した。お金を払うことで被害者は救済され、中央政府が外国人を保護しようとしていることを証明することができるが、犯罪の結果を本当の罪人に帰すことはできない。そのため、私は常にこのような問題における個人の責任を追及し、具体的に決定しようとしたが、この場合は不可能だった。中国政府は最終的に、ヒックス青年の死に対して二万五千ドルという非常に高額な賠償金に同意した。これは、中国で行われた人命損失に対する最大の金銭的な補償である。皮肉なことに、この件が解決した直後に、北京の街中で自動車を猛スピードで運転していたアメリカ人が、中国人の老婆をはねて死亡させてしまった。私が外交総長に、この男に親族への三百ドルの支払いをお願いすると言ったところ、彼は目を輝かせて、「前のアメリカ人が殺された時にいくら払ったかね」と答えた。

しかし彼は、そのような大きな違いの理由に異議を唱えるつもりはなかったのである。中国にいる外国人は、経営者や教師として働いているため、純粋に金銭的な面から見ても、平均をはるかに上回る価値があると考えざるを得ない。また中国の貧しい人々の死に対して多額の賠償金が支払われるとなると、彼らは家族を養うために自分が怪我をし、あるいは殺されることに常に誘惑されるだろう。

戦争の一年目に私を訪ねてきた中国人の中には、浙江省の軍人と文民の省長がいた。伝統に反して、二人ともその省の出身者であり、優れた統治者でもあった。民政長官の屈映光《くつえいこう》（一八八三〜一九七三）氏は四十歳未満で、公共心と知恵に富み、政府や産業における建設的なアイデアや効果的な方法について熱心に議論していた。屈長官は私に感謝の手紙を書いてくれたが、これは中国の書簡スタイルの一例と言えるだろう。その内容はこうだ。


私は短い滞在期間中に急ぎ貴殿を訪問し、幸運にも貴殿の素晴らしい知識を参考にし、貴殿の指導を受けることができました。感謝の気持ちは言葉では表せません。また私のために手の込んだ宴席を用意してくださり、非常に親切にしていただきました。あなたの優しさと礼儀は高く積み上げられ、あなたの宝物は贅沢に飾られました。私の心には感謝の気持ちが刻まれており、あなたの功績の輝きが日に日に増していき、あなたの繁栄が雲のように高くなることを願い、祈っています。

あなたの弟である私は、先月の二十九日に北京を出発して南方に向かい、二月二日に杭州に到着しました。旅の間は平穏で、あなたの刺繍された（embroidered）思いをかき立てる必要はありませんでした。私はあなたの洗練された会話を懐かしく思い、一瞬たりとも忘れることができません。感謝の気持ちを込めて、この一寸の小箱を謹んでお供えしますので、一瞥して頂ければ幸いです。

謹んで日々のご多幸をお祈り申し上げます。

あなたの弟です。


新任のドイツ公使、フォン・ヒンツェ提督が年明けすぐに到着した。最初の訪問の後、私は頻繁に彼に会った。というのも、彼には戦争の状況下で会うことのできる同僚がほとんどいなかったからだ。彼は敵として捕まるのを避けるために、ノルウェー船の船荷監督人として身分を隠し、米国からやってきた。彼はメキシコ公使、それ以前は宮廷で皇帝の代理人を務めた経験があり、ヨーロッパの事情や外交上の陰謀に精通した人物である。しかしそのような頭脳の持ち主にしては、噂を過大評価する傾向があった。彼が到着して間もない頃、首都のあちこちに住むドイツ人に、通知があればすぐに公使館街に出てくる準備をするようにとの命令を出し、北京を楽しませた。彼は一九〇〇年の事件や前任者ケトラー男爵の暗殺（注／義和団事件のこと、ケトラーは外交官で、事件の最中に中国人に殺されている）に関する本を読んでいたので、長らく住んだ者にはすべて普通に見えるところに、切迫した脅威があると考えていた。特に、自分が敵の密使や郎党に囲まれていると想像していた。彼は何度か私に言ったものだ。「私の最初の〝少年〟は素晴らしい。これ以上のものはない。日本人は彼に高い給料を払っているから、彼は自分の仕事を維持するために最善を尽くさなければならない」。

ヒンツェ提督は、自分自身が賢い人間であり、ドイツ国外の意見にも精通していたので、ドイツ人が世界の評価を失った不必要な暴力行為、特にルシタニア号の沈没とエディス・キャベルの処刑（注／ベルギーで働いていた英国人看護師。聯合軍兵士のベルギー脱出に尽力したため、ドイツにより処刑された）には徹底的に反対した。「なんという過ちを犯したのだろうか。一人の女性のために、なぜ戦争が終わるまでドイツのどこかの牢屋に入れておかないのか？」このような行為の愚かさに、彼は心底腹を立てた。彼がもっと早く外務大臣になっていれば、このような失敗は避けられたかもしれない。潜水艦戦が再開されたという最初の報告を受けたとき、彼は私にこう言った。「ドイツが無制限の潜水艦戦を再開するという報道を信じてはならない。彼らはそのようなことをするほど愚かではないと断言できます」。

ヒンツェ提督が到着してすぐに気づいたのだが、彼とオーストリアの同僚との関係はあまり友好的ではなく、二人の協力関係は難しいようだった。二人は全く異なる気質の持ち主だった。このドイツ人は世界を相手にする人で、ドイツの軍事力を理想とし、国際政治を鋭く賢い知的ゲームとして見ていた。ヒンデンブルグ（注／第一次大戦のドイツの英雄・元帥）について、彼は私に「自分の存在を言い訳にしない男がいる」と言った。オーストリア公使は、学者肌でありながら、人類への広い共感を持ち、政治の浅はかなゲームを嘆き、政治国家よりも人間的で合理的な政府システムを望んでいた。

外交総長の孫宝琦氏は一月二十八日に辞任し、審計院長（会計検査）となった。後任には陸徴祥氏が就任した。陸氏はヨーロッパでの経験が豊富で、フランス語に精通しており、ベルギー人女性と結婚して彼女を深く愛していた。前任者と同様、彼も内政には関与しなかった。日本との二十一か条の要求に関する非常に困難な交渉が始まった時に呼び出され、非常に苦しく、とても嫌な仕事をやり遂げることが彼の義務となった。陸氏は政治全般に興味を持ち、特に国際法に関心を持っていた。

私は、交通総長の梁敦彦氏の家によくお邪魔した。彼は気さくな人で、部内よりもむしろそこでビジネスの話をするのだった。湖広鉄道についても、しばしばそこで彼に会った。英国セクションのエンジニアは、アメリカのメーカーが適合させるのが困難な英国の技術と製造の基準を確保しようと地道な努力を続けていた。またアメリカ人が好まない材料を注文すると、契約相手の特殊なやり方を具現化したものであるため、公使館は抗議に悩まされた。このように技術的な問題は、公使館と交通部との間で議論しなければならなかった。梁氏自身、鉄道に詳しいわけではない。例えば彼は大運河の開削について、「そうすれば、北京からも屋形船で行けるようになる」と熱弁をふるったことがある。私たちは、中国の政治状況の一般的な特徴にしばしば言及したが、梁氏はあらゆる改革案に対して穏やかな懐疑心を示した。梁氏は鉄道利権について、工事に費やした金額でエンジニアリング会社の収益を測るのは危険だとして、歩合制の工事契約に反対していた。私はその会社の職業上の地位に関わることだから、自分のコミッションを増やすために工事の費用を増やすわけにはいかないと主張した。しかし彼の懐疑的な態度には勝てなかった。

第15章　皇帝・袁世凱

安徽派と交通系の抗争

「袁世凱が皇帝になろうとしている、と北京から聞いている」と国務省で会ったE・T・ウィリアムズ氏は言った。一九一五年七月のことだ。それによると、北京では袁世凱のための帝国主義的な運動が始まっているという。この年、このような帝国設立の試みが頻繁に報告されていたので、私は最初、この噂をあまり信用する気にはなれなかった。

九月、中国行きの汽船に乗るためにサンフランシスコに戻ると、特命を受けて来たばかりの顧維鈞博士に会った。私は、彼が夏偕復《かかいふく》（一八七四～？）氏の後任として駐米公使に指名されるのではないかという内密な情報を得ていた。国務省は、中国の最近の情勢について顧博士と話し合うために、私の出発を遅らせるよう指示した。この日は、私が不在の間に起こったことをすべて話し合った。袁世凱を皇帝にしようとする動きが始まっているという報告を受けたが、国際的にも中国の反対勢力からも、あらゆる困難に遭遇しなければならないことを考えると、当時の私はあり得ないことだと思っていた。顧博士もこの考えを支持し、袁世凱自身も非常に疑念を抱いていると言った。ただその考えられる要因としてグッドナウ・メモランダム（注／一九一五年八月二十日付英字紙『北京デイリーニュース』に掲載された）を挙げた。後になって、顧博士の任務の主目的が、袁世凱の帝位継承について欧米の世論を喚起し、そのための準備をすることだったと知って、私はかなり驚いた。私が中国に戻る間に、この問題は急速に進展し、十月一日に北京に到着した時には、全く新しい状況に直面していた。

この動きを理解するためには、一九一五年夏の北京の政治の重要な事実を簡単に振り返る必要がある。

梁士詒派に対抗するための協調努力が重ねられていた。反対派の中心となっていたのは、いわゆる安徽派で、軍国主義的な要素が強かったが、国務卿の徐世昌、内閣書記官長のYang Shih-chi、財政総長、交通総長などの文民派リーダーもいた。

張弧《ちょうこ》（一八七五～一九三七）財政次長、葉恭綽交通次長、津浦鉄道局長などが汚職容疑で告発された。これらを含めて、七月中に弾劾された高官は二十二人で、他に省長が数人いた。その交通系の影響を徹底的に排除しようとした。その交通系はいくつかの重要な省庁のトップは安徽派だが、その次長や参与を通してその力を維持しようとした。（注／交通系とは、鉄道事業や交通銀行の設立に中心的な役割を果たした梁士詒を中心とする政治集団で、鉄道事業から上がる豊富な政治資金で勢力を誇示した。これに対抗したのが安徽派で、この後、段祺瑞がその中心となっていく。梁士詒はこの後、袁世凱の即位運動の中心人物となったために、失脚。その後の交通系の中心となったのは曺汝霖である）。

安徽派の指導者の中には、袁世凱を皇帝とする君主制を確立しようとする動きがあったようである。恒久憲法の草案を作成するために十人委員会を選ぶ際には配慮が必要だったが、多くの人は、この憲法に帝政復古の条項を盛り込むための影響力が働いていると考えていた。また、七月七日には、南京の軍事総督である馮国璋将軍が、大総統の即位を促し、袁世凱から厳しい言葉で叱責されたとの報告があった。アメリカ人憲法顧問であるグッドナウ博士は、七月中旬に北京に短期滞在し、大総統に代わって、共和制と君主制の政府形態が中国の状況にどのように適応するかについての覚書を作成するように要請された。グッドナウ博士はそれに応じた。彼は一般論として、君主制の方が中国人の伝統や実際の政治的発展に適していると考えていた。彼は君主制の下では、権力の継承が規制されているため、何度も争いの種になることがないという点に特別なメリットがあると考えた。当時、共和制から君主制への復帰の必要性については、グッドナウ博士は明確に判断を避けた。このメモは、単に大総統の個人的な情報のために準備されたものである。顧問というのは一般的には学者のお飾りのように扱われていたので、まさか自分のメモが積極的な行動の起点になるとは、グッドナウ博士も思っていなかったのである。

一方、梁士詒氏らは自分たちの力が脅かされていることを知り、主導権を回復するために極端なことをすることにした。彼らは君主制の動きは避けられないと判断し、自分たちの優れた経験と知識によってのみ、この動きを適切に処理し、早期に成功させることができると袁世凱を説得したようである。グッドナウ博士のメモを手配したのも彼らである。アメリカ人顧問が表明した意見に基づいて、非常に立派で公平な外観を持つ、公然とした君主制のプロパガンダが始まる八月中旬までは、彼らは水面下で活動していた。

彼らは「平和計画協会」を結成した。その目的は、共和制のメリットとデメリットを調査することであった。このグッドナウ博士の意見は、彼が既に否定しているにもかかわらず、中国では君主制が有利であると断言していると、広く喧伝された。アメリカ人の専門家がこのような判断を下したことは、世界で最も優れた共和国の国民が下したものであるため、君主制を支持する特に強い証拠とされた。

九月初旬には、この運動が有能なオルガナイザーの手に委ねられていることがわかった。袁世凱は何度も否定したものの、積極的に弾圧することはなかったので、袁世凱は少なくとも受容的な雰囲気を持っていると思われた。北京の高官たちも、一部を除いてこの運動に好意的だった。最初は反対していた副総統の黎元洪将軍も、最後には黙従したように見え、完全な自由行動者ではなかった。安徽派のメンバーは主導権を奪われたことで、この変化にあまり乗り気ではなかった。何人かの政治的リーダーは、この問題から手を引き始めた。陸軍総長の段祺瑞将軍と教育総長の梁啓超氏が辞職したのは、この運動を黙認していたからに違いないが、他にも理由があると言われている。国務卿と交通総長の梁敦彦氏は、原則的には反対ではなかったが、袁世凱は帝室に以前は忠誠を誓っていたことを考慮すると、帝位の座に就くことは妥当ではないと考えていた。運動の内部では、大総統の即位願望の念は疑いないものと思われていた。彼は九月初めには一時、強行することも考えていたが、新体制の承認に困難な条件をつける外国勢力の動きを懸念し始めたのである。

そこで立法院は大総統に皇帝の称号を与え、憲法を改正して大総統を世襲制にすればよいのではないかと考えた。そうすれば、法的な継続性が十分に保たれ、新たな承認を求める必要はなくなると考えたのだ。政治家の中には、世襲制の大総統を持つ共和国こそが、この難問を解決する鍵であると考える者もいた。この提案は、運動を進めている人々の心を、代表的な団体に参加させることの重要性と、クーデターによってそれを実行しないことへと向かわせることになった。

帝制運動の推進

私が中国に戻ると、周自齋氏をはじめとする指導者たちが私を訪ねてきて、現在の不確実性が平和と繁栄の妨げになっているので、すべての地方から袁世凱にこの運動を承認するように強く訴えていると言った。周氏はこうまで言った。「この一歩を踏み出さないと大変なことになる。軍部の反乱が起こるでしょう」とまで言った。私が信じられないという顔をすると、周氏はこう続けた。「はい、実際、国民は一人の首領職を理解することしかできませんし、それを望んでいます、そうすれば国は落ち着きます」。私は話半分に聞いていたが、この変化の必然性を全員が認めているようなので驚いた。共和制政府を支持するという誓いを立てた大総統が、このような措置をどのように調整するのかを尋ねたところ、「これがまさに大きな障碍であり、全国民が主張して袁世凱が新しい体制で国を統治し続けることを義務としない限り、おそらく克服できないでしょう」と言われた。

帝政復帰の試みは、私には一歩後退したように思えた。私は常々、中国人は選挙による代議制を経験したことがないが、地域的には大部分が自治権を持っているので、経験と伝統により、何らかの形で地方や国の代議制を進化させることができると考えていた。しかし私が強く確信したのは、どのような状況においても、一国または一国の政府関係者が、他国にとっての最良の政府形態を決定できると考えることは賢明ではないということだ。自治の基本原則は、すべての国民が自分自身でその問題を解決することであり、通常は多くの問題を経験し、より完璧でない方法に何度も立ち返るものである。

私が不在の間、公使館は、新しい政府形態を承認するという最終的な決定の可能性について指示を求めていた。その中で、国民に受け入れられるかどうか、ひいては秩序を維持できるかどうかが、我々の態度を決定する要素の一つであると提案していた。この見解は国務省でも承認されていた。私は大総統や閣僚との多くの会話の中で、代議制を実際に運用し、地方自治を奨励することによって、政府は自らを強化し、国内外で尊敬を集めるだろうという意見を述べるにとどめた。

十月六日、国家評議会はこの問題について国民投票を行う法律を可決した。各地区は代表者を一名選出することになった。各省の代表者は、それぞれの省都に集まり、この問題について投票することになった。選挙は十一月五日に行われ、主要な問題についての投票日は十一月十五日であった。建設的で進歩的な行動を望む人々は、君主制運動と提携していた。彼らは、袁世凱の個人的な野望を実現した後に、憲法の運用や行政の効率を強化することを望んでいた。袁世凱が皇帝の地位につけば、政府は国務卿と内閣の手に委ねられ、彼らが立法府と調和しながら憲法に則って運営していくことになると、周自齋氏は私に説明した。周氏の言葉を借りれば、「袁世凱を寺の仏陀にする」ということである。

この運動の元々の推進者たちは、憲法の実践と国民の同意の原則をこれに植え付ける努力に完全には満足していなかった。一九一一年の革命勃発記念日である十月十日にクーデターを起こす可能性のある軍人がいたため、その日に予定されていた閲兵は中止された。

梁士詒氏と周自齋氏は、その後私に君主制へのこだわりを語った。梁氏は、「中国の伝統や習慣は、公的なものも商業的なものも、個人的な関係を重視する。制度や一般的な法的原則といった抽象的な考え方は、我々の民族には理解できない。皇帝の下では権限がより確実になり、地租のような抜本的な財政改革を行うことができる。役人の腐敗を防ぐためには、個人の忠誠心と責任感が必要である。中国人は個人の義務を純粋な抽象的なものとして考えることができない」。

十月四日、私は袁世凱大総統と長い面談を行った。袁世凱は、間もなく行われる国民投票には全く無関心であるとした。「もし投票が現行制度に賛成であれば、問題は現状のままで済むでしょう。逆にもし君主制に賛成ならば、様々な機構上の問題が提起されるでしょう。私は代議制議会を支持します。議論の自由は十分にありますが、財政に関する権限は限られています」。教育と政府の仕事における専門家の指導も、彼が計画していたことの一つである。「各省庁の周りをうろついている数多くの顧問の一部には、有益な仕事が一般的に不足している」と、彼は少し笑いながら付け加えた。「このような状況は、行政の再編成によって一変するだろう。これらの専門家は、行政活動を発展させるために働くことになるだろう」。そして、彼の好きな乳児の例え話に戻った。「彼らの薬が子供に合わないと思っても、手を引いて歩けるようにしてあげよう」。

袁世凱は非常に冷静に見えたが、政府をより効率的にし、代表的な性格を持たせるという理由で、この改革案を正当化しようとしていたことが明らかだった。

袁世凱は元々、日本人がこの運動を妨害することはないと考えていたのだろうが、彼は朝鮮に赴任して以来、日本人から好意的に見られていなかった（注／一八八五～一八九五年、李氏朝鮮の内政改革をめぐって日本と激しく対立、日清戦争に発展した）。袁世凱の支持者たちは、日本人が最初に袁世凱に与えた保証は、彼が終始日本人の支持を期待するのに十分なほど強力なものだったと主張した。しかし十月下旬になると、日本政府は袁世凱を帝位に就かせる計画をできれば中止すべきだとの結論に達した。

日本からアメリカ、イギリス、フランス、ロシアに宛てた通信では、中国での君主制の動きが乱れを生じさせ、外国の利益を損なう可能性があることを懸念している。日本は他の列強に、中国の大総統にこの政策を継続しないよう助言することを呼びかけた。アメリカ政府は、他国の内政に干渉することを望まなかったので、この誘いを断った。しかし、他の列強は日本の提案に賛同し、十月二十九日に日本の担当官とイギリス、フランス、ロシアの公使が外交部を訪ね、それぞれが君主制の動きを止めることが望ましいという趣旨の「友好的な助言」を行った。

イギリス公使が、外交総長は騒動が必ず防げると思っているのかと質問したので、総長は友好的な暗示だと思って喜んだ。騒動が起きなければ、万事うまくいくでしょう。選挙はもう始まっています。中国の指導者たちは、それを止めるようなことをすれば、信用を失い、威信を失うことになると信じていますと。

十二月九日に北京で開催された地区代表大会の最終投票は、十一月五日の選挙における袁世凱を皇帝の地位に任ずるという満場一致の願望を正式に表明した。周自齋氏は私にこう言った。「対面上、否定票を投じてもらおうとしたが、彼らはそうしなかった」。溥倫公は袁世凱を皇帝に指名する演説をしたが、これは満洲族の恨みを買うことになった。この選挙結果を受けて、臨時国会は袁世凱に皇帝の称号を与え、それに伴う職務に就くことを求める決議を行った。袁世凱はこの提案を二度にわたって拒否したが、三度目に送られてきたときには、礼儀正しい伝統の拒否作法を尽くして承諾した。

実際に袁世凱が皇帝に選ばれると、列強諸国は困惑した。外交総長は、帝国の公布にはまだ多くの準備が必要なので多少遅れるだろうと伝えてきた。しかし一般的には、この動きは結実したと考えられていた。ロシアとフランスの公使は、すでに内々に承認に賛成する意向を示していた。ドイツとオーストリアの公使は急いで袁世凱に祝意を表したが、これは中国を少なからず困らせた。北京の外国人代表の大半は、公布される予定の一月一日に新秩序を承認することに賛成していた。次期皇帝（既に洪憲帝と呼ばれていた）には、外国人からの熱愛的なメッセージや、時には度を越した称賛のメッセージが寄せられた。日本人を含む外国人顧問（アメリカ人は除く）は、その献身的姿勢を熱烈な言葉で表現した。日本人顧問である有賀博士は、皇室の伝統的な儀式の言葉で気持ちを表した。また外国のキリスト教会で、新皇帝のために祈りを捧げたとの発表もあった。しかし私はそのような事例を確認することができなかった。

帝制反対運動

クリスマスの日に突然、雲南省で反対運動が始まったという報道がなされた。

一時期、北京で行政職に就いていた若き将軍・蔡鍔《さいがく》（一八八二～一九一六）が、夏の間に北京を離れ、教育総長を辞めた梁啓超に協力していたのである。梁啓超は、天津の外国人租界で執筆して、新聞で君主運動を攻撃した。蔡鍔将軍は故郷の雲南に戻り、その山の要塞から次期皇帝に対抗する軍事遠征を開始した。

このようにして、死んだような全会一致の状態は突然崩れた。反対の声が各方面から聞こえてきた。中国人は宿命論者である。袁世凱を皇帝にしようとする動きは彼らにとって不可抗力のように見えたので、多くの人は疑問や不安を押し殺していた。しかし公然と反対運動が始まると、彼らは新しい基準に群がり、いたるところに反対者が現れた。

十二月初旬には、山東省で小さな反乱が起きた。日本の新聞では「時期尚早」と書かれていた。上海の近く、租界の境界線上で夜襲が行われ、数人の日本人が参加した。簡単に鎮圧されたので、重要視されなかった。

袁世凱は長い間、皇帝になるための訓練をしていたので、伝説的な君主の思想や表現方法を好んで使っていた。政権を握っていた頃の彼は、国の伝統を重んじ、自己卑下的な言葉や部下への配慮を常に心がけていた。十二月十三日、内閣の閣僚たちは大総統の家を訪れ、お祝いの言葉を述べた。それに対して次期皇帝はこう言った。「お祝いより、お悔やみを言われた方がいい。なぜなら、私は公務のために個人の自由と子孫の自由を手放すことになるからだ。私はこのように国家の問題に取り組んでいるよりも、河南の地でのんびりと農耕や釣りをしている方が、はるかに大きな満足感を得られるだろう」。

閣僚の一人が、新しい出発を盛大に祝うべきだと提案したとき、袁世凱はこう答えた。「今は祝賀や栄華を考えない方が良いだろう。私の政府を改善し、健全な状態にしなければならない。そうすれば、栄光は必ず訪れるが、そうでなければ、人為的に行われたものであれば、短命に終わるだろう」。

これらの言葉は、忠実な大臣たちによって、自己犠牲的で慈悲深い君主の性格をよく表していると報告された。

創設される帝国は、まさに《礼儀にかなったもの(comme il faut)》であり、新しく作られた貴族で完全に装飾されることになっていた。副総統には皇太子の称号が与えられ、無数の侯爵、伯爵、男爵が存在することになっていた。軍事総督や内閣のメンバーは公爵や侯爵になり、一方で男爵は海の砂のように多くなる。副総統の黎元洪の態度は、全く率直ではなかった。皇太子の地位の他に、息子の一人と袁世凱の娘との結婚を勧められていた。黎元洪の妻の一人は、これらの名誉に魅了され、夫を説得したとも言われている。大総統は黎将軍にとても親切で、彼の動きを監視するボディガードをつけていた——袁世凱の情報のためである。

朱啓鈐氏の指示により、皇帝、高官、侍従のための新しいスタイルのローブがデザインされた。これは日本の皇室の礼服を参考にしたものである。帝都の戴冠式会場は徹底的に洗浄され、再塗装された。新しい絨毯が注文され、見事な布張りの玉座の製作は、北京の雑貨屋であるタラティ社に委託されたが、このことはアーレフェルト伯爵夫人を大いに喜ばせた。

一方、先見の明があったのは蔡鍔将軍と梁啓超で、袁世凱に対抗するための作戦を練っていた。遠く離れた雲南省に初の独立政府を樹立することで、袁世凱が早期に中国全土にその権威を誇示することができないようにしたのだ。雲南省を起点にして、貴州、広西、四川の各省が反君主制の運動に参加するよう誘導することが期待されていた。広東には袁世凱の大規模な駐屯地があったが、そこにも進出することが期待されていた。

第16章　袁世凱の没落とその死

延期される帝制

一九一六年の元旦に帝政復帰が宣言されると誰もが思っていた。これまでは辺境の省に限られていた不満が広がる可能性があり、遅れることは危険であると考えられていた。揚子江流域をはじめとするビジネスは低迷していた。商人たちは中央政府を非難し、ざわめきが聞こえてきた。最初は袁世凱を激励していた馮国璋将軍も、今では行動の自主性を保っている。

反乱は一月中、雲南に留まっていた。反対派の台頭により袁世凱は新王朝の立憲主義的性格を強調するようになった。財政総長の周自齋は、君主制を宣言する際には、憲法制定大会を開催すると私に言っていた。これにより代議員議会と責任内閣が誕生する。建設的な改革が発表されることになっている。これ以上の貴族の特許は与えられず、すでに与えられている称号は純粋に名誉なものとして扱われることになるわけだ。

もし袁世凱がこの時期に大胆な行動をとって君主制を公布していたら、おそらく多くの国から承認されていただろうし、特に政府の人事が継続されていることで承認が容易になった。しかし、躊躇と遅延は反対勢力を強化した。雲南軍は一月末には隣の四川省と広西省に侵入していた。これらの省で何が起こっているのかを知るために、私は駐在武官を派遣した。ニューウェル少佐を揚子江を遡って四川省に、ハッチンス海軍少佐を広東に派遣した。袁世凱に忠誠を誓う将軍たちが四川省から雲南人を追放しようとしたが、失敗に終わった。

中国の政治関係は独特の複雑さを持っており、雲南は四川省で影響力を行使し始めた。これは何年も続いた。雲南人は山という自然の障壁に守られており、大総統の軍隊がより大きなエネルギーを発揮したとしても、彼らに対抗して前進することは困難であった。十一月の選挙で宣言された全会一致がいかに空虚なものであったかが、今になって明らかになった。露骨な反対運動に刺激されて、他の地域、特に湖南省や最南端の広西省、広東省でも袁世凱に対する悪意が現れ始めた。また、これまで袁世凱の強権によって抑えられていた対立関係が表面化した。中国の中央部では、二人の男が最大の軍事力を持っていた。馮国璋と張勲の二人の将軍は、大総統を恨むようになった。というのも会談の際にメモを交わしているうちに、袁世凱がそれぞれに相手を監視するように仕向けていることが分かったのだ。

この頃になると、日本を恐れる穏健派からも君主制の動きが活発になってきた。彼らは国民の団結力が損なわれることを望んでいなかった。彼らは袁世凱に、「憲法を制定し、代表的な立法府を設置せよ」と助言し、「建設的な国家活動のプログラムを実行に移し、財政と監査を改革し、税を簡素化し、公共事業を拡大し、道路を建設し、土地を埋め立て、農業と工業を発展させれば、すべてがうまくいくかもしれない」と語った。梁士詒氏と周自齋氏は、後継者問題が確実に解決したら、袁世凱の独裁的な権力を「委託」することを望んだ。この時、周氏はこう言った。「袁世凱は栄誉ある席に着くが、食事は他の者が注文する」。

一月の終わり頃、帝国の正式な公布はさらに延期された。周自齋が日本への特別使節として赴き、日本政府が新帝政に好意的になるように仕向け、日本側に手厚い譲歩をすることになっていた。しかし日本政府は、天皇の個人的な理由により、その頃に使節団を受け入れることはできないと宣言した。おそらく他のさまざまな利権国の政府が、日本に特別な提案を期待していないと伝えたのだろう。とはいえ、日本側の強い働きかけがあったに違いない。袁世凱のような決断力のある男が、この重大な瞬間に躊躇してすべてを危険にさらすようなことをしたのだから。

私は二月十六日に袁世凱を訪ね、何人かのアメリカ人を紹介した。ユリシーズ・S・グラント（一八五二～一九二九）夫妻が北京を訪れていて、袁世凱は、自らも中国を訪れ、袁世凱の偉大な師匠である李鴻章と友好関係を築いた有名なアメリカ大統領の息子を、私が紹介することを喜んでくれた。重要なのは大総統がグラント氏に言ったことである。「あなたの父親は大きな権力を持っていたが、時が来れば安心して人に任せることができた。あなたたちは西欧で素晴らしい政治的経験を積んでいる」。一行には、新しく任命された商務参事官のジュリアン・H・アーノルド（一八七五～一九四六）氏、衛兵司令官のウェンデル・C・ネビル（一八七〇～一九三〇）大佐、そして極東の研究と文学活動に専念している二人の若い作家、エマーソン嬢とワイル嬢も含まれていた。次期皇帝は、緊張と心配の痕跡を残しながらも、いつものように温和な態度で接していた。商務官や司令官の話になると、商売と戦争は両立するものだと、ちょっとしたお世辞を言った。短い面談の後、訪問者たちは儀典長に連れられて庭園を見学し、私は袁世凱と長い会話をした。この会話は、テニー博士と外交部のホークリング・L・イェン博士が通訳してくれたが、個人的で非公式な会話であることは全員が理解していた。

袁氏は「私は新たな名誉や重荷を求めてはいませんが、正式に行動方針が決定された以上、それを実行するのが私の義務です」と語った。「これに国民が協力してくれたのだから、いつでも協力してほしい」。

私は、彼がどのくらいの期間で憲法の方針を明確に発表するのか尋ねた。彼がどこまで憲法を適用するつもりなのか疑問だったが、私ははぐらかされた。「帝政復帰の前に憲法を制定するのは困難です。また皇帝が政府を率いる場合、その下にある部門の権限は、共和制の場合よりも制限される必要がある」と答えた。彼の助言者は、袁世凱が立憲政治を堅持し、権力は議会と各省に委譲されると期待していたが、それは過度に楽観的であったようだ。私は彼の考えに反論するために、歴史的に様々な形としてあるイギリスの君主制を思い出させた。

「そうです」と彼は答えた。「新憲法は人民大会を待たねばならない。人民大会は間もなく召集されるが、その動きを一切予想してはならない」。

そして満洲政府に憲法制定を迫ったと述べて、彼の記録の拠り所としたのである。彼はまた、自分の統治のために選ばれた称号、「洪憲」（「偉大な憲法の時代」を意味する）についても言及した。（注　満洲政府とは旧清朝のこと。最後の皇帝である宣統帝は退位の条件として、満洲に戻らず、北京の紫禁城に住み続ける権利を得ていた。また孫文らの革命派と合意した憲法的な「中華民国臨時約法」（一九一二年三月十一日交付）があったが、翌年の選挙で国民党が第一党になると、袁世凱は強権でこれを抑え込もうとした。そして孫文らの「第二革命」が起り、袁世凱はこれも鎮圧して、翌一九一四年に、「中華民国約法」を自ら制定するが、むろん孫文らはこれを認めなかった）

二月二十二日付の委任状では、正式な即位の延期が発表された。袁世凱のある国家計画についての情報をもたらしてくれた伍朝枢《ごちょうすう》（一八八七～一九三四）氏は、この指令によって、正式な戴冠式を早めるために送られてきた無数の嘆願書に終止符が打たれるだろうと述べた。また政府は国内的にはすでに君主制であり、国際的にはまだ君主制になっていないという。

帝制の中止

三月十八日、突然、広西省は帝政の解除を要求し、事態はさらに急速に進んだ。

ここで私は、リー・ヒギンソンの融資を何の注意、警告なしに完了することを許可するのか、それとも責任を持って事実上中止させるのかを決めなければならなかった。袁世凱政権への公然たる反対運動が、もはや一つの省とその周辺の勢力範囲に留まらないことが明らかになると同時に、アメリカのいかなる機関も中国政府に資金を提供することはもはや適切ではないと思われた。反対派からは、国が分裂しているのだから政府に融資をしてはならないという要求に基づいて、多くの訴えがなされていた。通常の状況では、党派による抗議は重要ではないが、政府の基本方針に対していくつかの省が反対を表明した場合は、経緯は異なる。アメリカの金融機関が中国の金融に参加することで、信用と資源がすべての人の利益のために組織化され、発展することを切に望んでいた私にとって、融資契約の締結が遅れることは、非常に残念なことだった。残念なことに、二十一か条の要求が処理された後の小康状態の中で、中国は直ちにこの疑わしい政治的企てに着手し、貴重なエネルギーと資金を消費した。疑わしい軍事指導者の好意的な調整、人民投票による全会一致の疑惑の作成と言った中に、軍事遠征があって、これに費やされた総額は投げ捨てられた。中国国民の負担を増やすだけであった。

さらに多くの地方が不満を募らせる中、政府は三月二十二日、君主制を廃止し、袁世凱が共和国大総統の座にとどまることを発表する政令を公布した。

この突然の一方的な譲歩は、反乱軍が中央政府に服従するなどの見返りが保証されていないため、驚きをもって迎えられた。これは疑いなく、広東省の軍事総督が革命軍に参加するとして、大総統に妥協を迫ることを袁世凱が恐れてのことだ。しかも、引退していた前国務卿の徐世昌がそれを進言したのである。八月以降、広東人指導者たちの手に君主制運動はあったのだが、北京の安徽派は彼らを追い出し、支配権を取り戻す機会を得た。大総統は徐世昌や段祺瑞といった人物が戻ってくれれば、革命家たちの目には自分が強く映るだろうと考えた。徐世昌は儒教的な道徳を重んじ、袁世凱が皇帝の地位に就こうとしたときに、それを認めなかった。これにより彼は中国国内で尊敬を集めた。しかし彼を駆り立てた動機は旧帝室に対する個人的な忠誠心であり、政府への愛着ではなかった。

もちろん、帝政の廃止は革命家たちを満足させるものではなかった。彼らは、これを弱さと敗北の告白と解釈した。また地方の大総統支持者、特に軍人にとっては、何の見返りもなく降伏したと感じられ、歓迎されなかった。このようにして大総統は友人を失い、敵をなだめることもできなかった。南方の指導者たちが満足していれば、懲りた袁氏も立憲政府の正式なトップとして満足していたかもしれない。しかし彼らはそうではなかった。袁世凱の権威と威信はあまりにも大きく損なわれた。中国各地で革命家が現れ、青島は日本当局の共謀のもとに山東省の革命活動の拠点として利用された。北京政府は大混乱に陥った。

役人の世界では大総統が何をするか危惧し、外国人コミュニティでは軍部の暴動を恐れた。

いわゆる安徽派の指導者たちは、広東人の指導者である梁士詒、農商総長だった周自齋、内務総長の朱啓鈐を告発し、追放または処刑することは簡単だと考えていたようだ。しかしこれらの人物たちは予想に反して、その肝心な時に姿をくらますことはなかった。おかしなことに相手側の指導者たちは恐れをなして、家族を北京から移動させ、自分たちの安全な場所を確保しようとした。朱啓鈐内務総長は、北京の状況は至って正常であり、官吏が不当に神経質になることは民衆を不必要に混乱させることになるので、官吏が家族を北京から連れ出すことはもう許されないと、いささか不気味なユーモアを交えて宣言した。

袁世凱が大総統として残れるかどうかさえ問題となった。私は日本公使である日置氏と話をしたが、彼は袁世凱の欠点、特に財政を含めた国家機能のすべてを個人的な野心のために利用する傾向があることを長々と語った。日置氏は、袁世凱が権威を回復できるとは思っていなかった。四月は、北京では非常に憂鬱な時期であった。建設的な仕事はもちろんのこと、そのための計画もすべて中断されていた。四月二十四日には、陸軍総長である段祺瑞将軍の下に新省庁が発足した。これまで段将軍は大総統の帝国主義的野心を支持していなかったので、この事実は権力の移動を示している。広東人指導者たちは政府から退いたが、その後は梁士詒の慣れ親しんだ方法で影響力を維持した。交通系に所属していたが、日本との緊密な関係を築くことに特化していた曹汝霖氏が交通総長に就任した。大総統は政府の全権を内閣に委ね、閣僚は直ちに召集される国会に対して責任を負うことに同意した。袁世凱は、政府のすべての重要な部門に対する個人的な支配をやめた。軍隊の管理は大総統から軍事委員会に移された。袁世凱は、約二万人の河南人警護隊以外のすべての軍事力を失った。

しかし袁世凱の名は権威の象徴として残され、すべての軍人は袁世凱に忠誠を誓っていた。梁士詒は交通銀行の頭取として引き続き財政を管理し、彼の友人である周自齋は中国銀行の責任者となった。

政府は資金繰りに追われ、五月には政府系銀行の紙幣の支払いを停止するモラトリアムを閣議決定した。ちょうどヨーロッパで流行していた「モラトリアム」という言葉が、中国の金融機関にとっては自分たちを救うパスワードとして歓迎されたのである。このようにして、袁世凱に残っていた信頼は失われていった。中国の事情は複雑なので、独特の結果が生まれた。郵便局やある鉄道では、紙幣を受け取らず、銀での支払いを義務付けることを独自に発表したのである。

中国各地の信頼できる情報源から送られてくる現地でのトラブルの報告には、すべて革命活動に日本人が参加していることが書かれていた。山東省からの具体的な報告によると、そこにいた革命家は日本人に気に入られていたようだ。青島では、満洲からやってきた匪賊が、五月の初めに日本軍の目の前で公然と掘削を行っていた。五月四日、これらの反乱分子のうち約千人が、機関銃を携えて山東鉄道で青島を出発し、省内の中心部に向かい、騒動に参加した。一方、日本の支配下にあった同鉄道は、中立を保つために中国政府軍の輸送を拒否していた。輸送された反乱軍について質問された鉄道関係者は、反乱軍は私服で乗り、武器は荷物として運んだに違いないと答えたという。

日本が組織的に南方での独立政府の樹立を目指していたのか、それとも中央政府への反発を密かに煽り、分裂や不安を煽っていただけなのかは定かではない。しかし日本が中国で支配的な地位を得ようとする計画は、袁世凱の権威が最終的に崩壊したことで有利になったのは確かである。

この時期、日本の特派員たちは、揚子江流域の中国商人たちが、アメリカ人が中国政府に融資したこと（リー・ヒギンソン融資）に腹を立てて、アメリカ製品のボイコットを計画しているという報道を始めた。因みに、日本の新聞『順天時報』は、その想像力を働かせて、既に合意した五百万ドルの融資に加えて、アメリカ企業は七月末までに千五百万ドルを北京当局に引き渡すことを約束したという内容の与太記事を掲載した。実際には、最初に支払った百万ドルを超えて、何も支払われていなかったのだ。中国人はボイコットをしりぞけたが、もし融資が進んでいたら、そのような結果になっていたかもしれない。一方、北京では、日本側は中国側の関係者に、リー・ヒギンソンの融資が完了しなかったことで、アメリカ人がいざという時に頼りにならないことが改めて証明されたと印象付けようとした。

この困難な時期を通じて欧州の聯合国は自由に行動できず、いかなる共同行動を取っても、日本が覇権を握るような形になりかねないと感じていた。日本側は常に、自分たちが現場にいるのだから、聯合国の利益の代表を自分たちに託すのは当然だと主張していた。中国にいる多くのヨーロッパ人の代表者たちは、アメリカ政府が中国の問題に強い関心を示し、既存の条約上の権利と中国の主権の維持を主張しないわけにはいかないだろうという希望を、我々にはっきりと伝えてきた。

華麗なる葬列

袁世凱が悩みと失意の中で苦しんでいることは、毎日彼を見ている中国人から聞いていた。三月初めの時点で梁敦彦氏は、心配と絶望で心が折れそうになっている袁世凱を訪ねて励ましてほしいと私に頼んできた。袁は仕事が忙しく、責任も大きいため、座りっぱなしの生活を送っていた。彼はブライト病（腎臓炎）を患っていたが、強靭な肉体でそれを克服していた。しかし、いざ大変なことになると力が出ない。周自齋氏は私にこう言った。「大総統の即断力は失われ、困難な選択を迫られても無力だ。以前は、私の提案に対して、一瞬でイエスかノーかを決めていた。今は反駁し、迷い、何度も決断を変えています」。袁は辞職を考え、アメリカに行こうと思ったようだ。私は、彼に安全な旅と庇護を与えることに関して聞いていた。反対派は彼が出国することに何の反対もしないだろうと思われた。五月後半、彼は部屋に閉じこもっていたが、電報や重要な手紙には個人的に注意を払い続けていた。六月の初めには、彼の健康状態は改善されたようだ。私は家族と一緒に北戴河に行き、夏の別荘に数日間休養した。私はマクマリー氏に特別な暗号を残していたが、その暗号の中で pan という言葉は袁世凱を意味していた。六月六日の午後、私は短い電報を受け取ってショックを受けた。「pan は死んだ」。

私は夜行列車で首都に戻った。袁世凱が亡くなった時には、彼の息子たちや元国務卿の徐世昌、大総統に近い役人たちが一緒にいた。袁世凱は夜のうちに徐世昌に厳粛に宣言した。皇帝になることは自分の希望ではなかったが、国民の要求と国のために必要な措置であると欺かれていたのだと。この言葉の後、彼は疲れ切った様子で、最期が来るまで弱っていった。外国人医師から処方された薬と、女性たちから勧められた様々な漢方薬を無造作に飲んで自分の体を弱らせ、さらに病状を悪化させていたのである。

聯合国の公使たちはすぐに段祺瑞将軍を呼び、政府が混乱を防ぐための準備をしているかどうかを尋ねた。少し前に日本公使から、騒乱の危険がある場合に外交団がこのような質問をすることが適切であるかどうかを尋ねられたことがある。私は一般人に不安を与える可能性があるため、そのようなことは不要であり、望ましくないと思った。

この会議にはドイツとオーストリアの司令官も参加し、保護措置に合意した。これはおそらく、戦争中に両陣営の交戦国が共通の行動を検討するために集まった唯一の例であろう。その後、ベルギー公使はアメリカ公使館に、ベルギー公使館のすぐ後ろにある城壁のパトロールを引き継ぐよう要請した。一九一六年の時点で、ドイツ軍がベルギー公使館の正式な保護に関わっていたことは、中国におけるあらゆる物事の複雑さを物語っている。

袁世凱は死の直前に、彼が障碍を負った場合には大総統職を黎元洪将軍に譲る旨の宣言書を書いている。副総統の昇格は直ちに発表された。六月七日、内閣のメンバーと国務院議長の溥倫親王は、黎大総統を迎え、三度の敬礼を含む簡単な儀式を行い、新大総統への忠誠を表明した。黎大総統はすべての地方から平和的かつ満場一致で受け入れられた。

段祺瑞将軍と梁士詒氏は、新大総統への権限移譲を協力して手配した。このように静かに整然と行われたことで、外国人は中国の共和主義をより高く評価するようになった。

袁世凱の遺体が北京から河南の自宅に移されたのは、先祖代々の土地に大霊廟の準備が整った六月二十八日のことであった。袁世凱は帝室運動の一環として、以前からこの大きな墓の建設に着手していたのである。追悼式典は二十六日に北京で行われた。新年のレセプションなどでお世話になった総統府の大広間が使われた。そこには外国の代表とそのスタッフ、そして中華民国の高官が集まっていた。新旧が入り混じった不思議な光景だった。大総統の遺体は高い棺台の上に置かれており、かつて私たちを迎えてくれた場所にある。奥の部屋への入口の前には、通常の葬儀用のお供え物や、武器や衣服などの遺品を並べたテーブルが並んでいた。有名なイエロージャケットを含む旧清朝の豪華なマンダリンコート、民国新政権の将軍の制服、そしてそのような名誉を与えるすべての国から送られてきた無数の装飾品、背の高い乗馬ブーツ、柔らかい中国のスリッパ、自国の長いパイプと外国の喫煙セット、剣、ピストルなどがあった。

　礼拝は、北京やモンゴルの寺院から来たラマ僧が行う典礼だった。僧侶の中には、龍騎兵のヘルメットのような巨大な頭飾りをつけている者や、枢機卿のような大きな丸い帽子をかぶっている者もいた。儀式を唱えるとき、彼らの深い声はまるで地下の洞窟から聞こえてくるようだった。伴奏は笛や弦楽器による中国風の音楽であったが、最初は大総統のバンドが西洋の葬送行進曲を演奏していた。葬儀の第二部では、故人を偲んで焼香が行われた。まず、会葬者の白い服を着た袁世凱の息子たちが奥の部屋から出てきて、棺台の前に陣取った。彼らはひれ伏して額を床に激しく打ち付け、大声で泣き叫んだ。喪主の袁克定《えんこくてい》（一八七八～一九五八）は生贄を捧げた。一方、総統府の女性たちは、大広間に面した居室の窓から様子をうかがっていた。

　袁世凱の息子たちが立ち去ると、祭司たちが再び詠唱したが、今度は調子が変わり、銀のように澄んだ、しかもあるものは海のように深い多くの鈴の音を伴っていた。仏教徒の祈りの言葉は、墓場のような深みのある声で唱えられた。続いて新大総統が前任者の棺台に供え物をした。

　何という性格や目的の対比、何という新旧の力の融合、何という不調和な考えや慣習の奔流が、この式典とそれに付随するすべてのものに典型的に表れていることか！　そしてこれらは、死んだ指導者とその後継者の人格の中にも具現化されていたのである！

　次に外国の代表者たちが袁世凱の名声に敬意を表した。私たちは立ち上がり、それぞれが順番に大きな花輪を棺台の前に捧げ、恒例の三敬礼をして戻ってきた。外交官に続いて、国務卿や政府の高官、外国人顧問などが来た。

　六月二十八日に行われた鉄道駅への行列は、中国人の壮麗な式典の才能を物語っていた。彼らは帝国の行列の色と輝きを保っていたが、驚くべきことに、現代的な制服を着た軍隊、ブラスバンド、イブニングドレスを着た役人、様々な制服を着た外交官などの現代的な要素がパレードをアレンジしており、私自身も普通の市民服を着ていたが、行列に違和感を与えていなかった。実際、官邸での式典とその後の行進の間、様々な要素が含まれているにもかかわらず、不協和音がないのは喜ばしいことだった。

袁世凱の遺体を乗せた巨大な棺台は、百人の男たちが複雑なポールを使って支えていた。真紅の絹に金の刺繍を施したもので覆われており、その豪華さはこの場の悲劇を際立たせていた。貨幣に似せた紙を空中に撒くなど、中国の古い葬儀の習慣が守られていた。行列の先頭には二十人の先導者が乗馬し、次に大規模な歩兵の三分隊が、武器を逆さに持って続いている。二つの分隊の間にはバンドが入っている。歩兵の後に、笛で奇妙に物悲しい旋律を奏でる演奏者たちがやって来た。それから中国の古い衣装を身にまとった騎兵の大部隊が来る。巨大な旗や長い三角形のペナント、色とりどりの格子細工の飾りリボンを持っており、それらが優雅に空中に浮かんで、魅力的な絵を描いていた。中国人は、旗をまばゆいばかりに効果的に使う天才である。続いて、空の馬車を護衛する槍兵、太鼓やシンバルを打ち鳴らす僧侶、大総統のバンド、生贄の器を持った担ぎ手の長蛇の列が、袁世凱の位牌が置かれた座椅子の前に続き、さらに二日前の葬儀での供物、袁世凱の個人的な思い出の品々、花輪を持った男たちの列が続いた。続いて高官たちが、軍服や文民の正装をして徒歩でやってきたが、ここではフロックコートやトップハットはやや似合わない。白い服を着た弔問客の群れが棺台の前に並び、袁世凱の息子たちは白い天蓋の下を歩いた。その中で袁克定の姿は哀れを誘った。

隊列の後ろに並ぶ大勢の人々は、敬虔な沈黙の中で見守っていた。そこには悲壮感はなく、むしろ無関心であった。袁世凱は民衆の心をつかむことができなかった。民衆は袁世凱を、人里離れたところに住み、税や処刑を通じて民衆と接触する支配者とみなしていた。中国の民衆は、西洋の偉大な政治指導者が受けるような熱狂的な英雄崇拝をすることはできないと私は考えている。民衆はまだそのような人物を自分たちの指導者と見なすようにはなっていない。北京の人々は、皇帝の栄華、そして支配者の遠さと半神性の伝統をいまだに受け継いでおり、まだ歴史の大仕掛けなショーの傍観者にすぎない。

野心の結果として死んでしまった偉大な人物の悲劇は、この場にいた外国人にとって、たとえ最もシニカルな人にとっても印象的なものであった。それは、陰謀、達成、敗北の最も印象的なドラマの一つの最終幕であった。外国人の代表は、帝都の最南端の門から出てくる行列の前で、喪主と棺台が通過する間に立ち止まった。霊を鎮めるために投げ込まれた紙幣の一部が私の上に落ちてきたが、私はそれを特徴的な記念品として保持した。私はロシアの公使クダチェフ親王と一緒に公使館に戻ったが、クダチェフも私と同じように深い感銘を受けていたし、式典やページェントでは中国人が最も優れているという点で意見が一致した。

このようにして、鮮やかな旗のはためきと葦の笛の音とともに、新中国の歴史の中で、また一つの波瀾万丈の章が終わりを告げたのである。

第17章　共和国の人々は鞍の上に

段祺瑞内閣の登場

袁世凱の逝去により、中国に真の共和国を育てる土壌ができた。主導権を握るのは、真の共和主義者なのか、それとも只の政治家なのか。政治、この用語が意味するすべてのものは外来のものであり、中国に取り入れると悲惨な結果を招く可能性があった。産業に専念し、人民による地方自治を行い、そこから健全で民主的な国民意識を醸成することが必要である。黎元洪は、このような基盤の上に政権を築こうとしたのだろう。

袁世凱の葬儀が終わった直後、黎元洪は初めて外国公使を接待した。袁世凱の死の前に帝都の島から出てきた黎は、自由への一歩を踏み出したのだが、表向きは彼を守るため、実際は彼を監視し、行動を制限するための衛兵に囲まれ続けていた。彼の友人たちは依然として彼の安全を心配しており、私は何度も、もしもの時にはアメリカ公使館で彼を迎え入れるべきか、あるいは警備隊を派遣して彼を連れてくるべきかと尋ねられた。後者はできなかったが、具体的な保護の事前保証をするのは適切ではないが、政治亡命者には亡命を認めるのが通例であることは言えた。副総統の立場が危うくなった時には、アメリカ人の中には救出を試みようとする人がいることを知った。袁世凱の死によって、黎元洪の不安と危機の状況は、少なくともしばらくは解消された。

黎将軍は私邸で外交官を迎え、その後数か月間は官邸には移らなかった。式典は簡素なものだった。外国の代表者は三つのグループに分けて紹介された。聯合国、中立国、中央同盟国の三つのグループに分かれて紹介された。大総統は立ったまま我々を迎え、全員制服の大臣と十二人の将軍が参列していた。段祺瑞将軍は、頭を下げ、肩章を胸に下げて立っており、陰鬱な様子だった。彼の精神が外見ほど悲しいものであったかどうかはわからないが、おそらく前途多難であると見ているのだろう。大総統は親しみを込めていくつかの発言をしたが、いつもよりずっと真剣な表情で、その顔には微笑みがなかった。

袁世凱の葬儀の日の午後、私は新総統を非公式に訪問した。兵士が見張っている中庭をいくつか通り、微笑ましい花園を抜けて、大総統が執務する簡素な内装の書斎に入った。机やサイドテーブルの上には書類や本が山積みになっていて、色々なところから情報を集めていることがうかがえる。私たちは一時間ほど、政治情勢について話し合った。拘束されていないことに安堵しているようだったが、その素朴な態度は変わっていなかった。彼は、いつものように楽観的な気分で言った。「私は各党派の協力を得る方法を見つけた。私は一九一二年の臨時約法の効力を宣言し、旧議会を召集するが、その議員数は半分に減らすべきだ。議会はこの目的のためだけに召集され、憲法を完成させることになる」。

私は大総統に、一度召集された議会の機能をこのように制限することは不可能だと考えないのかと尋ねた。議会が政府の支配権を握ろうとするのは間違いないし、成熟した指導者がいなければ混乱を招くのではないかと。

大総統は、「いいえ、議会は私が示した特定の機能に限定されます」と主張した。

上海のアメリカ人コミュニティから何度も誘われていたので、私はずっと遅れていた目的を実行し、上海で七月四日を祝うために南下した。セント・ジョンズ大学の卒業式での演説、アメリカン・ユニバーシティ・クラブの昼食会、旗艦ブルックリン号での私を称えるレセプションなどに続き、私の主な仕事は、七月一日にパレスホテルで行われたアメリカ商工会議所の夕食会での演説だった。私は、極東におけるアメリカの商業利益が迎える新しい時代の要件について話した。ヨーロッパ諸国や日本では、政府と大企業や銀行は密接な関係にあり、共に国家事業を海外に展開している。しかし、アメリカではそうではない。アメリカでは、政府と集中資本が一体となって対外的に行動することはない。私たちは主導権を民間企業に委ね、政府の行動を海外での商取引の機会を守ることに限定した方がよいと考えている。アメリカの商人や代表者は、組織の仕事の中で、自国の資本で実行されるべき商業政策やプロジェクトを発見し、テストし、承認する機能を持っている。ニューヨークとシカゴは、彼らの中国での知恵と経験に頼らなければならない。

七月四日に上海で行われた総領事のレセプションで、共和国の第一次内閣で国務総理と財政総長を務めた国民党指導者の唐紹儀《とうしょうぎ》（一八六〇〜一九三八）氏に会ったときのことだ。袁世凱に反対していたことが目立っていたので、協力する気になったのかもしれないが、政治的に責任ある役割を担う準備ができていないと私は感じた。黎大総統が北京に来るようにと言ったので、唐氏は国会が再開されたら行くと言った。しかし私は、北京の敵がまだ強大であるため、唐氏は北京に行きたがらないのではないかと思ったし、他の人からもそのように聞いた。

アメリカのシンシナティ号で向かった北戴河の家族の夏の邸宅で短い休暇を過ごした後、七月二十七日に北京に戻ったが、そこでは多くの仕事が私を待っていた。

政府の交代が行われた。一九一六年六月三十日に発表された新内閣の人事は、袁世凱の時代とは全く異なるものだった。唐氏は上海を離れなかった。そこで段祺瑞将軍の下に臨時内閣が組まれ、陳錦濤博士が財政総長、許世英《きょせいえい》（一八七三〜一九六四）氏が交通総長を務めた。陳博士はアメリカで教育を受け、中国政府の財務総監として長年海外で生活していたので、私は以前から知っていた。彼は、中国の官界では数少ない西洋の金融・財務に精通した人物であり、学者肌で、話し方や態度はゆっくりとしていて、やや重苦しく、勉強熱心で、近代的な効率化の手法と慎重な監査を行政の全部門に導入しようと考えていた。誰もが彼を信頼していた。

南方の指導者たちが北京に来なかったのは、政府に参加する前に自分たちの完全な優位性が認められることを望んだからではない。一九一二年の憲法を復活させ、議会を復活させるという彼らの要求は満たされていた。さらに彼らは、君主制運動の指導者たちの処罰を主張した。そこで、七月十三日に梁士詒、朱啓鈐、周自齋ら八人の公人を逮捕し、裁判にかけることを定めた指令が出された。偶々彼らはいずれも中国政府の管轄外であったため、この指令は亡命命令のような効果しかなかった。国務総理の段祺瑞将軍は閣議で、「もし君主主義者が本当に罰せられるのであれば、公職に就いている人で自由になれる人はほとんどいないだろう」と微笑んだ。（注／袁世凱の死後、国務卿は国務総理と改称される）。

全く新しい人事で、過去から現在までのすべての交渉の糸口を掴まなければならない。国務総理や陳博士とはすでに面識があったが、他の閣僚とは何気なく会っていたか、全く知らなかった。陳博士とその友人で中国銀行総裁に就任した徐恩源《じょおんげん》（一八八四～？）氏、国務総理の首席補佐官となった徐樹錚《じょじゅそう》（一八八〇～一九二五）将軍とは、中国の財政状況についてよく話し合った。彼らは君主制の運動が敗れ、共和国がより強固に確立された今、アメリカが中国を財政的に支援することは非常に適切であると提案した。彼らは、リー・ヒギンソン＆カンパニーが結んだ融資契約を実行し、中国の信用を強化・組織化するためのさらなる措置を講じるよう求めた。

私は国務総理に、鉄道と運河の交渉について話した。彼はアメリカが中国の開発に参加することを望んでいたが、アメリカの新しい提案にはコミットしなかった。融資については、財政総長と徐樹錚将軍の立場を支持した。段祺瑞将軍は、袁世凱の君主的野心を否定することで中国国民の信頼を得ており、今では強固な立場を築いていた。彼は述べている。「議会が復活しても、政党間の争いや行政への干渉が絶えないだろうから、あまり良いことは期待できない。しかし、話し合いで統治するというこの奇妙な近代的手法については、根本的には美徳を見いだせないが、私はそれを公平に試してみたいと思っている」。

交通総長を訪ねる際には、仕事の話ではなく、文学や北京の環境について話すように気をつけた。彼は書が好きで、短い文学作品を書いたことがあり、その中には頤和園を詩的に描写したものもあった。お茶を飲みながらの楽しいひと時の後、総長は私を中庭のすべての門を通り抜けさせただけでなく、私の馬車のドアまで案内してくれた。私の同僚の一人は、初めて総長を訪問したとき、あまり幸運ではない経験をした。その面談は、長い間延期されていたある行動に関するもので、その外交官はすぐに何かをするようにと強く主張したため、少々急いたものとなったのだ。一方、総長は私を特別に歓迎してくれ、私がすぐに要求してこなかったことを喜んでくれた。その後、仕事の話になり、難しい討議となっても同じように友好的であった。

八月一日から始まった新たなる最初の一か月間、国会は批判者の悪い期待を裏切るようなことは何もしなかった。軽率でも無責任でもなく、議員たちは個人的な意見や党派的な意見を、国家の統一と協力という緊急の必要性に従わせたのである。軍部は、議会がその能力を発揮する機会を与える準備ができていると考え、待機政策をとった。一方、政府の財政状況は、地方からの十分な支援が得られなかったため、困難な状況に陥っていた。

民主派に新しく入ってきた指導者の中で、私がその能力と人格を評価していたのは、内務総長の孫洪伊《そんこうい》（一八七二～一九三六）氏だった。私は彼を訪ねて、狭くて曲がりくねった道を通り、市の辺鄙な場所にある彼の家に向かった。家の周りは、衛兵や馬車、自動車などで囲まれている。中庭には人があふれ、軍人がたむろし、無数の長衣を着た人たちが部屋やポーチを慌ただしく行き来し、座って会話している。一室で出迎えてくれた孫氏は、背が高く、顔が広く、ひげは薄く、髪は反抗的に逆立っている。茶色のロングコートを着て、身なりにはほとんど気を使っていない。彼は、「国会は憲法制定だけではなく、行政も管理しなければならない」と言った。国務総理と議会の間で権力争いが起こるのは必至と思われた。

孫氏は典型的な政治家である。無数の家来を従えてゲームに熱中し、政治的に有利になるように巧みに戦力を展開していたのである。彼には政治家としての考えはなく、党内での優位性を求めるだけであったが、後に広い視野を持つようになる兆しを見せた。

また農商総長の谷鐘秀《こくしょうしゅう》（一八七四～一九四九）氏にも会ったが、彼は非常に一人よがりでお世辞たらたらな人物で、後に人当たりのいい政治操作者として世界に知られるようになる。

このような人物が、黎元洪大総統の下で新政府の基礎を築くことになったのである。

＊第三部　戦争と中国

第18章　北京のアメリカ人起業家

淮河の保全事業の調査

淮河の保全事業のオプションの二年目が終了しようとしていたため、この事業を実際に開始するために何か積極的な行動を起こさなければならなかった。一九一五年十二月、様々な事業を展開してきたW・F・キャリー氏が家族と大勢のスタッフを連れて北京に到着した。彼はニューヨークの資本家と彼の会社の取り決めにより、交渉だけでなく仕事を始める準備ができていたので、組織全体を持ち込んだ。既にカナダやアメリカで大規模な鉄道建設工事を完成させており、組織としては中国への準備が整っていた。彼は自分の仕事に全力で取り組み、それをやり遂げることに慣れている人だった。彼は中国でやるべき仕事がたくさんあることを知っており、すぐにでもそれに取りかかろうとしていた。

シベール大佐の下で行われた技術委員会では、この保全事業がテストされ、高く評価されていたが、シームス・キャリー社の出資者たちはまだ躊躇していた。そこで事業の一部を行い、事業全体のオプションを保有することが提案された。財政総長の周自齋氏との交渉の結果、全体から切り離すことができるのは、大運河の修復だけであることがわかった。しかし少なくとも揚子江から潮州までの全区間が航行可能にならなければ、この事業を行うことは利益にならない。そうなれば、通行料によって融資の担保を得ることができるだけの交通量が期待できるし、排水される土地もあるだろう。この事業の実現可能性とコストを調査するために四か月間の期間が与えられ、その間、もっと広範囲にわたる淮河保全のオプションは延長された。

キャリー氏と一緒に来たアメリカ企業の代表者たちは、北京でアメリカ企業の襲来という印象を与えた。インターナショナル・バンキング・コーポレーションとアメリカン・インターナショナル・コーポレーションは、新たに代表者を派遣した。デンマーク系のアンダーソン・マイヤー社はアメリカ資本に買収され、代表者が北京に派遣されていた。アメリカ人居留地の社会生活は、この流入によって目に見えて活気づいた。セントポール、カンザスシティ、シカゴ、その他の東部の町からやってきた大勢の人々が、全くの異国の環境に突然植え付けられ、信じられないほど短い時間で快適に過ごし、新しい隣人と親密な関係を築いていく様子は、とても興味深いものだった。アメリカの代表者たちは、公使館街の外に大きな家を構え、そこで多くの人を楽しませた。

しかし、この交渉のために集められた法曹関係の人材には、中国側はむしろ驚かされた。法規制にはあまり関心がなく、想像しうるあらゆる事態に備えて契約書に詳細な規定を設けることにも関心がないため、アメリカ人法律家の緻密な配慮は中国人に疑惑を抱かせた。

彼らのビジネスのやり方はもっとシンプルで一般的なもので、お互いの公平な感覚に依存している。さらに外国人との契約はすべて、これまであまり専門的でない方法で行われていた。アメリカの弁護士はこれでは満足しない。彼は思う。母国の三十五階のオフィスに座っている企業弁護士は、中国の普通の契約書の書き方は犯罪的にいい加減だと見るだろうと。想定されたすべての責任を完全に定義することによって、共通の利益がどのように促進されるかについて多くの話が伴うので、中国人の隠された憤りを克服するには時間がかかったのだ。彼らがまさに感心したのは、他の外国は書かれた契約書を簡単に解釈して、中国人に全く不利になることが多いということだった。

キャリー氏もまた、個人的には法律的に洗練されたものをあまり信じておらず、専門家の成熟した判断に従っていた。彼は下積み時代を経てきたので、彼のアイルランド的な独創性は理論的な議論に埋没することはなかった。彼はすぐに率直で人間味のある中国人と打ち解け、常に多くの中国人を自宅に招き入れ、彼らは真のアメリカ人のもてなしを受け、ダンスやポーカーなどの遊びに興じた。中国人は、人間性が大きく影響するこのアメリカのゲームが大好きで、彼らの表情の無表情さはポーカーの戦術に見事にマッチしている。英語を一言も話さない梁士詒が、チップの山の後ろから、たどたどしい口調で発音するのを聞いて面白かった。「フルハウス」「ツーペア」、この著名な金融マンは、どんなポーカーの専門家と勝負するにもふさわしい人物だった。

キャリー氏は、その歪んでいない知性で、中国の問題を非常に新鮮に論じたが、それはアメリカの建設業者やビジネスマンの言葉で語られたものであり、彼はすべてのことを何かを成し遂げるための言葉に還元した。中国人とは全く異なる鍛錬、本能、伝統を持つ彼が、中国人と常に親密な関係を保ち、楽しく相互理解をしている様子を見て、アメリカ人と中国人の間には真の共感の絆があるに違いないと人を確信させた。キャリー氏は、中国人の名前の多くを省略し、発音しやすいようにした。農商総長の金邦平《パンピン》（一八八一〜?）氏は「ピンポン」、国務卿の徐世昌《ショシーリン》氏は「スージー」となった。

大運河の予備契約が締結されると、キャリー氏とその関係者全員は、建設工事の早期開始を切望していた山東省の若き資本家であり役人でもある潘復氏の案内で、山東・江蘇省に向けて出発した。

アメリカ人が世界の他の地域で犯した過ちを、中国でも避けることができなかった。この時期と戦時中に登場したいくつかの新しい組織は、ラッパと銅鑼の音をかなり響かせながら登場し、何百万人もの支援を受けていることを発表し、自分たちが活動を始めたら、どのようにして物事を破壊していくかを態度で示していた。国際ビジネスの大部分が外交である以上、このようなあからさまな宣伝方法は、新しい企業の初期活動を促進するためには最適ではない。相手には「簡単に儲かる」という期待を抱かせ、競合他社には皮肉や頑固な反発を招く。外国貿易の大企業は、通常もっと静かな方法で築き上げられるものだ。この点についての私の観察は、決して中国におけるアメリカの新しい企業すべてに言及しているわけではないが、この種の吹奏楽的な仕掛けが、アメリカが海外市場に参入する際の承認された方法であると人々に思わせるには十分であった。しかし、このような大々的に宣伝されたベンチャー企業のいくつかが、その後低迷したことは、問題の解決にはならなかった。

湖広鉄道建設問題

二月二十九日、私はアメリカで教育を受けたエンジニア、詹天佑《せんてんゆう》（一八六一～一九一九）博士と長時間の面談を行った。彼は北京─張家口鉄道の調査と建設で評判になり、そのチーフエンジニアを務めていた。彼は、中国人の技術力を示す生きた見本として注目されていた。この時、彼は湖広鉄道の常務取締役を務めていた。アメリカやイギリスのメーカーと他の国のメーカーとの間に妥協点を見出すのが難しかったので、私は彼と直接、あるいは漢口の総領事を通じて、彼の路線に適用される技術基準について広範囲なやりとりをした。詹博士は全体的にはアメリカに好意的だったが、ヨーロッパの規格に固執し、アメリカの機器には大きな不利益をもたらした。私たちは、完全な鋳造車輪か踏面車輪か、箱型車両の形状、エンジンの種類など、論争の的になっている点をすべて調べた。詹博士はゆっくりとした性格で、議論には積極的であったが、自分の信じるところを譲る気はなかった。議論の結果、いくつかの問題は解決したが、その他の問題は継続的な往復通信の対象となった。

　私はアメリカのグループが率先して資金を提供し、湖広鉄道の四川線の建設ができるようにしようとしていた。また戦争が終わっても、イギリスとフランスのグループが漢口から広東までの路線を完成させるのに十分な資金を提供し続けてくれることを期待していた。

　中国にとって最も必要なのは、これらの幹線の完成であることは間違いない。この幹線は、中国の南北を結ぶと同時に、四川省への陸路を開くためのものでもあるが、四川省へは揚子江の船でしか行くことができず、不確実で危険な航行を余儀なくされていた。資本家たちが、四千万人の内陸帝国を開く短い鉄道のために資金を提供するよう説得するのに、議論は必要なかったはずだ。

　最初に用意された三千万ドルが使われたが、その巨額の資金に見合う二百マイル以上の実際の工事は行われていなかった。これは、先行する中国企業を高額で買収する必要があったこともあるが、この国際事業の組織が煩雑で高価なことも大きな理由だった。基本的に重要なラインの一つを実際に完成させて稼働させてこそ、これまでに費やした資金が活かされるのである。

　国内では、仕事の完成に向けて前進することに賛成しているようだった。二月には、ウィラード・ストレート氏がロンドンに行き、英仏のパートナーに同意を求めた。しかし連携に関する細かい点を解決しただけで、明確な結果は得られなかった。中国の発展は、この契約不履行によって大きく妨げられることになった。アメリカがヨーロッパで費やした金額と比較すると、この非常に重要な仕事を完全に遂行するための費用は微々たるものであり、我々の戦費の千分の一で中国の姿を永久に変えることができたのである。

　実際、このような事業の完成は、単なるビジネスをはるかに超えるものである。中国人が必要としていたのは、国民生活の組織化だった。それはあらゆる面で交通に依存していた。つまり、南北、東西に張り巡らされた幹線であり、これがあれば中国の発展の障碍を大きく克服することができた。中国人の心は、国内のさまざまな地域を建設し、統一し、組織化することに集中するのではなく、局所的で散漫なままであった。この唯一無二の仕事を達成するために必要なエネルギーの千倍を、我々はヨーロッパで費やした。これが戦争の代償である。

ある朝、自動車製造に関心のあるチャールズ・デンビー氏が来て、車でタルタルの城壁を上ってみないかと誘われた。私はその考えに同意し、何の照会もなく、警備隊長のW・C・ネビル大佐と一緒に参加した。公使館の裏門を出て、壁に続く広いスロープに近づくと、そこにはアメリカの海兵隊員をはじめ、映画関係者など多くの人が集まっていたのには驚いた。このような宣伝効果を期待していたわけではないが、後悔しても仕方がないので、急な坂道を登って城壁の上に乗った。自動車での初登頂ということで、注目度は高かった。英紙は、イギリス公使は英国産業を支えるために飛行機に乗るなど、国産物に注目を集めるために何かすることはしないと皮肉り、笑いを誘っていた。私は何を言われたにしても、乗り物の興奮を楽しんでいただろう。（注／タルタルの城壁は北京市を取り囲む長方形の壁の要塞。長さ二十四キロ。高さ十五メートル。上部の壁の厚さは十二メートルで、十分に車も通行できた。現在は取り壊されているが、一部残されている）。

アメリカのビジネス慣行の問題

キャリー氏の一行は、この時点で調査を終えていた。古代の大運河を改良するための契約を結ぶために、気の遠くなるような交渉が続けられていた。キャリー氏は、鉄道建設の契約も求めていた。これらの案件はロイ・S・アンダーソン氏に託され、彼が詳細な交渉を行った。私はキャリー氏に関係者を紹介し、折に触れて彼の努力を支援してきたが、詳細には関与しなかった。ビジネスは交通総長の曹汝霖氏が担当し、運河問題は農商総長の金邦平氏が担当した。財政総長の周自齋氏と梁士詒氏は、交渉に直接影響を与えていた。私は圧力をかけたり、政府の厳しい財政事情を利用しようとしたりするようなことがないように注意した。この契約は一時的な利益や地域的な利益に基づいて行われたものではなく、長期にわたる建設的な仕事のための基盤を提供するためのものであった。

中国政府は、契約書に記載されている五つの線路から選ばれる千五百マイルの鉄道を建設する権利をアメリカの企業に与えたのである。キャリー氏は五月十八日、契約の批准を得るためにアメリカに出発した。これまでの契約の中で最も有利な条項はすべて具現化されており、アメリカの請負業者は建設費と設備費の十%を手数料として受け取り、操業利益も分配されることになっていた。また、建設される鉄道に沿って産業を奨励するなど、幅広い開発政策が採用された。

中国政府は、価値ある利権を持つ国からの資金援助に慣れており、アメリカがそのような援助をしてくれることを期待していた。利権は借款に依存するものではなかったが、担保融資の交渉が進められており、キャリー氏は借款と提供される証券に関する提案を持っていったのである。キャリー氏の仲間は、中国への融資を確保するためにあらゆる努力をしていたが、彼らが保有する株式をアメリカン・インターナショナル・コーポレーションに引き渡し、同社がイギリス、ロシア、フランス、日本との、アメリカのグループ協定を引き継ぐ交渉をしていたため、この問題は国際情勢と絶望的に絡み合ってしまい、何の行動も起こらなかった。アメリカ側は、日本は共同融資には協力するが、アメリカが単独で行動することには反対するだろうと考えていた。アメリカの金融機関は、このような問題に単独で取り組むには、まだあまりにも田舎くさい。またアメリカの金融機関は、それぞれのビジネスを独立した単位として考えており、ある融資のために力を発揮して、他の取引に有利な状況を作り出すことはできなかった。一方、ヨーロッパや日本の中国における聯合体は、中国のビジネスに対する広範な国益を代表するように組織されていたため、異なる見解を持っていた。アメリカの個々の企業の態度は、私たちのビジネスの個人主義に対応していたが、中国の商業と金融のすべての部分を相互に関連させて見て、個々の努力から他の事業分野での有利な累積効果を集めるような、広く代表的な組織が存在しなかったために、アメリカの国の商業的利益は損なわれることになったのである。

また、アメリカの慣習が中国のビジネスの状況に合わないという点もあった。この会社の代表者は、何か月もかけて苦労して交渉し、最終的にはこれまでにないほど有利な正式契約を結んだ。この交渉結果を本国に報告したところ、本国はまだ完全に手が空いているという立場であった。契約書の条項は細かく再検討され、いくつかの点でさらに有利な取り決めが可能であると判断された。代理人は、本国企業の同意をこれらの追加条件の受け入れに依存させて、交渉を再開するように指示された。

このような方法は、中国では何度も使うことはできない。中国人は、北京の企業代表との間で合意が成立すれば、よほど急激な条件変更がない限り、その合意が守られると思っている。中国人は、ヨーロッパ企業の代理人とこのような関係を築いている。彼らは本国での経験が豊富なため、自分よりも情報に乏しい本国の役人に詳細な報告をすることなく、交渉の詳細を処理することができると考えられている。どうしても必要な場合を除いて、中国での現地代理人の活動を否定することは、交渉全体の信用を落とすことになる。大きな影響力を持つはずの代表者が、急に事務員のような存在になってしまい、中国側はそれ以降、重要なことを取り上げなくなってしまうのだ。

アメリカが融資をしないということは、中国の政府関係者を失望させた。彼らは利権を求める、あるいは獲得した有力者に資金援助を求めることに慣れていたからだ。それに加えて、調印された契約書の内容を大幅に変更するような提案がなされると、中国側の不快感はとどまるところを知らなかった。嵐が吹き荒れたのは、袁世凱の葬儀の直前だった。葬儀を前にして、私は、中国側の関係者が新しい提案をより好意的に受け止めるようにするための援助を求められた。私が面談した交通総長や内務総長の朱啓鈐氏は、融資が突然断られたことに落胆していた。彼らは、中国政府が五大国借款団、いや、今やその唯一の積極的なメンバーである日本に完全に翻弄されないように、アメリカが中国の金融に参加することを期待していた。私はアメリカ人の行動を、健全なビジネス慣行に基づいて説明しようとした。アメリカでは、ヨーロッパの大規模な外資系銀行のように、資本、産業、商業が外国企業のために動員されていないことを指摘した。私は彼らに、アメリカ企業が中国で建設的な仕事をするように奨励しているし、そのような関係から自然に資金援助をする用意が生まれることを保証した。

彼らは私の主張に異議を唱えなかった。しかしクリーブランドの言葉を借りれば、彼らは理論ではなく状況に直面していると感じたのである。

第19章　「門戸開放」を守るために

大運河の契約問題

一九一六年の秋には、五月に調印された大運河の契約に中国政府が導入を希望している変更点について、会社と中国政府の間で交渉が進められていた。中国側の交渉は、農商総長と、進歩的な考えを持つ若い山東省の資本家であり役人でもある潘復氏が担当していた。農商総長は始末をつけようという気がなかったので、会社が契約を最終的に承認する前に確保したいと考えていた追加的なメリットに同意してもらうことは困難であった。しかしクリスマスの少し前になって、合意の基礎ができた。ちょうどその頃、アメリカ企業が日本の資本家に、中国政府に受け入れられることを条件に、この契約への協力を呼びかけているという驚くべきニュースがアメリカから入ってきた。

北京にいたアメリカ企業の代表は、このような方針転換があったことを全く知らなかった。予告なしに、アメリカ政府にも在中国の会社の代表にも相談せずに、このような措置がとられたのである。アメリカ人にはこの種の事業を遂行する能力があり、政治的な余計なことを一切しないという信頼があったからこそ、中国人はこの重要な権利を託したのであるが、後者がどのような立場に置かれたかは想像に難くない。その代表者が中国で築いた信認関係を無視して、アメリカ企業は、まず中国側に説明することなく、また彼らがこれらの権利を得ることができた承認と支援を受けたアメリカ政府にも何の知らせもせずに、一転して他国の国民を契約に参加させる合意をしたのである。他の国の国民であれば、このような行動をとったかどうかは疑問である。

それが将来、日本が山東省で主張する勢力圏の一部として主張する権利を尊重しての行動であったならば、それは確かに最上級の国際的礼儀であった。しかしこの頃のニューヨークの銀行家は、外商投資に関しては、経験上最も臆病な人間として知られていた。それを補うために、彼らはひとたび着手すると、ヨーロッパや南米の無謀な外国企業に驚くほど大量のアメリカの資金を投じた。

このような行為が許されないのは、日本の協力を要請したり受け入れたりしたからではなく、その協力の対象として選ばれたのが、アメリカが全米赤十字社を通じて長年関心を持ち、特別な信頼の証としてアメリカ人に託してきた事業であったからである。日本が満洲やその他の地域で管理している数多くの未完成の事業の一つでも、完全に協力する用意があると我が国民が宣言していれば、日本に対する好意は十分に示されたのではないかと思う人もいるだろう。

アメリカ企業の代表者が、ニューヨークで行われたことを中国側に伝えるのは容易なことではなかった。

中国人に受け入れられることを条件とするという但し書きは、もちろん哀れなほど効果がなかった。ニューヨークでの取り決めの後では、中国側が外部のパートナーの受け入れを拒否することは、彼らに非常に大きな不快感を与えることになるからである。私は中国側に、アメリカ企業との取引においては完全に自由に行動し、自分たちの最善の利益を考えてほしいと伝えた。しかし国務総理は私の説明を聞いて言った。「どうしようもない。企業が我々の手を縛っているのだから」。

中国人が特別に好意を持ってアメリカ人に契約を与えていたのに、アメリカ人は自らの行為によって、第三者を入れるようにこの契約を変更してしまったのだ。個人的には、私は日本人にも他の国にも異論はなかったが、中国では中国人と協力するのが普通だと思っていた。しかし湖広鉄道の経験から、私は産業界での国際協力の実際的なメリットには大いに疑問を感じていた。ビジネスのやり方としては、それは煩雑でコストがかかり、時間も回りくどさも大変なものだ。私は各国が相互に相手の事業を促進し、協力して建設的な計画を立て、それによってすべての人が利益を得られるようにすべきだと考えていたが、個々の企業は、複雑な国際的機構を使わずに、特定のグループや企業が管理すべきだと強く感じていた。

ロシアからの抗議

アメリカン・インターナショナル・コーポレーションが資金を提供することになっていたシームス・キャリー社の鉄道利権も問題になっていた。ロシア公使館は、大同から蘭州に向かう線路について抗議を行った。この抗議は、中国がロシアに対して、北京や張家口から北上または東進する線路は、まずロシアの資本を招くべきだという古い保証をしていたことによる。しかしこの抗議は、提案された路線が張家口から南西方向に向かっており、ロシアの支配下から離れているため、根拠が弱いものだった。またヨーロッパの列強諸国が、彼らに託された必要な鉄道を建設するための資金を今の時点では提供できないという点でも、抗議の力は弱かった。したがって手段を持つアメリカが中国に地方間の輸送を提供するために、他の必要な鉄道を建設する必要性がより強かったのである。

しかしそれは外交のやり方であり、中国政府に抗議する理由を探して、中国政府からいくつかの相殺される利点を得るためのものである。アメリカの機会均等政策は、他の大国の口頭での合意を得ていたが、この政策に基づいてアメリカ人が中国各地でビジネスを行う権利を守るためには、警戒しなければならなかった。至る所で、「勢力範囲」がしっかりと示されるまで、独占的な権利を確保したいという漠然とした願望や欲望を固めようとする試みに出会った。

私は常に、この場合のアメリカの利権は、ロシアに与えられたいかなる約束にも抵触しないという立場を、ロシア公使と共に取っていた。彼は、ロシアがモンゴルを防護壁として利用したいと考えていることを私に話した。モンゴルを鉄道で開発して植民地化すると、大きな人口が相互に接近することで、ロシアと中国の間に摩擦が生じる可能性があると彼は考えたのだ。辺境の行軍のために、これほど広大な土地を不毛で生産性のないままにしておくことは、私には正当化できないことのように思えた。しかし私はこの方針に異議を唱えず、むしろ中国の十八の省の一つと他の省を結ぶ鉄道は、ロシア人の同僚が表明した不安とは無関係であると主張した。私は、調査は続けるが、商業的に採算がとれるかどうか、道路を建設するかどうかは技術者の判断によると伝えた。会話はとてもゆったりとしたものだった。公使はそうは言わなかったが、アメリカ人が調査を進めることを十分期待しており、一方で自分の抗議を中国側から何らかの「補償」を引き出すための手段として利用するだろうと私には思えた。

そのため、ある日、ロシア公使が訝しげな笑みを浮かべながら、ワシントンから届いたばかりの電報を私に手渡したときには、少しも驚かなかった。その電報はロシア大使からのもので、内容は次のようなものだった。

アメリカン・インターナショナル・コーポレーションの代表者が訪ねてきた。彼は、ロシア政府にとって歓迎されず、ロシア政府が反対するような事業を中国で考えているのではないかという印象を与えられたことを非常に残念に思っていると述べた。彼は、中国でロシア政府の反感を買うようなことをするのは会社の意図するところではないと述べた。

このケースのように、他人の利益を守るために努力している人の下から地面が削られたことは今までなかった。「彼らはとても礼儀正しく、あなたの感受性を大切にしたいと思っています。彼らはおそらくウルガ方面への支線を求めず、甘粛省への幹線を作ることだけに専念するでしょう」と言うしかなかった。ロシア公使は、私を不当に利用することはなかった。

フランスの抗議

次の抗議はフランス公使館からだった。彼らは、一九一四年九月二十六日に当時の外交総長から送られてきたメモを掘り起こしていた。このメモは、お人好しの外交総長が全く必要のない贈り物をしたことを秘密にしていたもので、辺境の小さな事件の交渉の際に、フランスの公使が立派な態度をとったことを認めたものだった。また外交総長はフランス公使に対し、悪感情がないことを示すために、将来広西省で鉱山や鉄道事業を行う場合には、まずフランス資本に相談することを約束した。役人がこのように軽い気持ちで、見返りもなく、重要な権利にサインをしてしまうことは、付与先を含めた政府の発表したすべての方針に反していることになり、冷酷な冗談となった。フランスの抗議は、湖南省の株州から広西省の海岸にある欽州までの線の南側に関するものであった。

私は、出てきたメモは関係各国政府の表明した方針に反しており、アメリカ市民の対中関係に何の影響も与えない、しかも秘密にされていたので、国民も他の政府も知らなかった、という立場をとった。中国がその威圧的な態度のためにフランス政府に退去を要請したフランス公使は、この問題やその他の問題について現時点では満足していないので、私は国務省がこの問題をフランス外務大臣に直接相談することを提案した。私は、我々の軍事的・外交的仲間であるフランスが、「商業的機会均等の宣言の文字と精神を守る」ことを特に望むであろうという希望を表明した。

「大陸商業銀行」の借款は一九一六年十一月に発表された。私はこの結果が得られたことを喜んだ。融資額はわずか五百万ドルであったが、この小額でも中国政府にとっては重要な援助であった。西洋の大規模な金融機関が中国との関係を始めたという事実は有望であった。ニューヨークにあった外資系銀行は、ヨーロッパの利益に絡み、ロンドンに追随し、アメリカの海外での利益の発展のために力を発揮する姿勢をあまり見せていなかった。

この借款には、それまでのフランスの借款に割り当てられていたタバコ・酒税の担保が付いていたため、フランス側は抗議した。私は陳錦濤博士に会い、マルテル伯爵からも呼ばれた。私は、フランスの借款は額が小さく、税金の収入のごく一部しか必要としないので、第一抵当権の権利が残っており、フランス人の利益は何ら損なわれないという立場をとった。私が想像するに、彼らが本当に反対していたのは、この収入のために最終的にアメリカ人の監査人や共同検査官が任命されることだったのではないかと思う。しかしこれは彼らの融資の担保を強化することになるので、彼らが不満を持つ理由はないと思う。関心を持っていたフランスの銀行の代表は、私に会い、もし顧問関係が確立されたら、フランス人は酒税を、アメリカ人はタバコ税を取るかもしれないという暫定的な提案をした。しかし私は、融資が行われた時点で中国人の手は完全に自由になっていたと感じていた。中国人がビジネスを行う場所では、どんなに小さなものであっても、どんなテーマに関しても、将来のすべての取引に対する先取特権を暗黙のうちに与えていると考える以外には、何の異議も唱えることはできないだろう。双方が資本を得られる案件について米仏が協力するという一般的な提案に関しては、私は決して反対ではなかった。

中国の鉱物資源

同じ月に、スタンダード・オイル・カンパニーの探査に関する問題が最終的に解決された。彼らが派遣した地質学の専門家たちは、支払いに見合うだけの石油を「発見」できなかったのだ。一九一五年の春には、石油の痕跡を発見した掘削隊がやってきており、中国側はさらなる調査地域の提供を検討していた。しかし中国側が生産・精製に関する契約の変更を希望したため、副社長のE・W・ベミス氏が来て、ひと夏かけて関係者と交渉した。しかし彼は合意に至らずに帰ってしまった。彼は北京公使館やアメリカ政府の支援を受けていただけでなく、中国側も探鉱権の拡大を望んでいたので、交渉を断念したのは、方針を一変させたからに違いない。同社は中国での生産は行わず、販売事業のみを継続することを決定したようだ。競合他社が同じような探査をするのを躊躇するのは当然のことである。この時、元総理で国家石油管理局の局長を務めていた熊希齢氏が私を訪ねてきて、同社との最終交渉の様子を語ってくれた。彼は、より広範な調査によって価値のある石油鉱床が発見されれば、中国とアメリカが共同で企業を設立することを申し出た。

この頃、中国の鉱物事情を調査していたのは、ニューヨーク・オリエント鉱山会社の代表、ジョン・W・フィンチ氏、F・ベイン博士、ジョセフ・E・ジョンソン・ジュニア氏であった。観察者としての訓練を受け、明確な科学的手法を用いている彼らの態度は、その結論に独特の説得力と確定性を与えており、私は興味を持った。彼らは、中国の鉄鉱床は一般に考えられているほど広くはないことを発見した。また鉄製品の市場は、一般産業の成長に伴って徐々に発展していくものだと考えていた。彼らは漢冶萍製鉄所の組織を分析し、上手く行っていないのは誤った計画によるもので、石炭と鉄鉱石の両方を遠くから製造の中心地に運ばなければならないからであることを知った。彼らは、今のところ中国には一流の鉄鋼企業は一社しかないと考えていた。小規模な企業では採算が合わないため、彼らは短距離輸送と経済的な生産の利点を最大限に生かせるような規模の国策工業工場を希望した。国務総理は彼らに中国の鉱床を調査する許可を与え、アメリカの一時的な資金援助を受けて国策産業を設立するための基盤を提案することにした。

中国政府は、鉄鉱床の国有化を全面的に決定しており、すでに袁世凱が出した法令が国会で再議決されることになっていた。中国人は国家的な鉄鋼業の確立を切望していた。必要に応じて外国資本の援助を受けながら、国内の鉄製品の需要を賄う必要があったのだ。彼らは日本だけの協力を得たくなかった。なぜなら、その場合、中国の産業は銑鉄の生産に限定され、日本の鉄鋼業の奴隷になってしまうことを知っていたからである。中国は原料を提供し、日本は完成品を提供する。

日本との密約問題

今度は日本との密約が明るみに出た。一九一六年の後半に日本の銀行との間で三百万円の融資が行われたが、その際に結ばれた密約では、中国の電話・電信事業のための資材を入札する際には、日本の利害関係者は、競合他社の最低価格に合わせる権利があるとされていた。もちろん、これでは他の国の人がこの事業に参加する機会が失われることになる。この契約を結んだのは、完全に日本の影響下にあり、汚職での起訴を逃れて逃亡した悪名高い役人であった。

私は強く抗議した。交通総長にこの規定は独占的であり、条約に抵触すると伝えた。彼の答えは、この規定の存在を否定するものであった。しかし私は当初の協定の中にそれが存在することを知っていた。それでも私が抗議した後に実際に行われた裁定は、提出された入札と専門家の勧告に従ったものとなった。

一九一七年の春に国務総理と話した際、私はアメリカン・インターナショナル・コーポレーションが、シームス・キャリー社が建設する鉄道のために六百万ドルの第一回目の社債を発行するという申し出を早急に取り上げるように助言した。交通部は日本の影響を受けてこれを妨害していた。私は国務総理に、いつでもキャリー氏の融資締結の権限が取り消される可能性があることを伝えると、彼は交通部の次長代理に直ちに取引を完了するよう指示することを約束した。

当時、交通部の担当は一人、全リャンという人物で、彼は以前から日本を代表する人物だと考えられていた。彼は日本人女性と結婚していた。全はまず交渉を始めることを拒否し、次に交渉が始まるとそれを進めることを頑なに拒否した。提示された利率と発行条件は、既存の市場価値からすれば妥当なものであったが、アメリカの会社は譲歩して発行価格を引き上げることに合意したのである。

しかし全は頑として譲らなかった。私は国務総理の段祺瑞将軍にこのことを話し、黎元洪大総統自身も支持を表明して、融資の命令が再強化された。それでも遅れる。段将軍の退任後、国務総理代理の伍廷芳博士が再び命令を出し、今度は伍博士を追い出した江朝宗《こうちょうしゅう》（一八六一～一九四三）将軍が三回目の命令を出した。これらすべての高官は同意した。しかし驚くべきことに、その次長代理は、部内や内閣府の小役人たちと一緒になって、大総統、国務総理、全閣僚の命令の実行を妨害した。

しかし伍廷芳氏はどうしても契約を実行してほしいと思っていた。そこで私は六月六日に「契約の履行を要求する文書」を作成したのである。伍はこの連続した命令を官報に掲載し、その掲載によって外交部から私のメモに対する回答が公式に伝えられることを意図した。しかし、せこい一味のせいで出版が遅れた。一方、次長代理の回答は外交部が私に連絡する前の二十七日に作成され、官報に掲載された。その内容は、アメリカの会社の提案を不当に紹介するもので、言葉もほとんど侮辱的であった。

この間、私の友人である中国の高官たちは、この部下の命令違反がどうして成功するのか、私に説明できずにいた。彼らは、この妨害はアメリカの中国における事業に反対する日本の影響力によるものに違いないと考えていた。次長の回答が発表された直後、我々が知る前に、日本公使館の書記官がアメリカの書記官の一人に、このような発表がなされたことへの驚きを極めて慎重に伝えたことに我々は注目した。

しかし次長のこの行動は限界を超えていた。段祺瑞将軍との政治的関係を避けていた交通部の指導者たちは、全を強く非難した。彼はいつも彼らに頼っていたからだ。彼は驚くべき変化を見せた。彼は私のもとに使者を送り、自分は決してアメリカの利益を敵視していたわけではなく、取引について誤った見方をしていたにもかかわらず、正直に行動したのだと許しを請うた。

七月二日に私を訪ねてきた彼は謝罪を繰り返した。六月三十日、交通部はアメリカの会社からの資金提供を正式に受け入れた。その後、政変や騒動で再び交渉が中断された。（注／張勲の復辟事件のこと）。

この事件は、中国情勢の複雑さと、この時期の中国政府の無秩序さを物語るものである。

中米産業銀行の設立へ

「中米産業銀行」の設立については、中国の政府関係者や金融関係者と多くの議論を交わした。一九一八年中、私はこの事業にかなりの配慮をしていたが、中国銀行総裁を退任した徐恩源氏が、時間を割いてこの事業のために計画を練り、著名な中国人の支持を得ようとしていた。Hsu Sing-loh 氏も単独にこの事業に取り組んでいた。彼は財政総長の秘書であり、英国で教育を受け、非常に豊富な知識を持っていた。

一九一八年十二月、私は彼に同行して、「招商汽船会社」に出資している資本家の楊氏の家に行き、そこで国務総理の銭能訓《せんのうくん》（一八七〇〜一九二四）氏と、近年財政総長をした周学熙《しゅうがくき》（一八六六〜一九四七）氏に会った。ここでは周氏を中心に、銀行や金融に関する話をした。彼は必要な資本を集めるために、政府が好意的な定款を与えてくれると確信していた。中国人の産業銀行に対する考えは漠然としていたが、不思議なことに、産業を発展させるための資本を生み出すことができる、いや、そのために資本を多様化することができると考えていた。綿花、鉄鋼、科学農業の三つの産業は、大規模な開発の準備ができていた。彼は、銀行が資本を長期に亙《わた》って拘束することがいかに悪いことかを知らなかった。私はその場にいた人々に、中国の一般大衆が長期債をどの程度吸収する準備ができているのかを尋ねた。周氏は、強い裏付けがあれば、比較的低い金利でも購入するだろうと考えていた。全員が賛成した。結局、銀行は設立されたが、別のグループによった。

その日の別れ際に、私たちの裕福なホストは、宋や明の時代の絵画を含む中国美術の多くの素晴らしい宝物を金庫から取り出した。中国には美術館が一つしかない。このような個人のコレクションを見て初めて、中国の美術品の豊かさや広さを知ることができる。このような貴重な中国絵画が次から次へと目の前に展開されるのを、私は一時間ほど眺めていた。中国の絵はとても控えめである。呼ばれれば出てくるが、またすぐに物置のような静けさに戻ってしまう。また中国の画家が使う水彩画は、暗闇でも油絵のようにくすむことはない。

ところで、周総長をはじめとする高位役人たちは、貯蓄銀行と宝くじを組み合わせた、いわゆるプレミアム債の販売を発表したものに興味を持っていた。四半期ごとに抽選が行われ、一定数の債券には十万ドルもの賞金が与えられることになっていた。周氏の説明によると、中国の貯蓄銀行が五、六％の利子をつけて資金を提供しても無駄だという。人々の関心を引き、お金を持ってきて預けるようにするためには、多額の賞金を獲得するという誘因が必要である。また元の預金が失われることはなく、最終的には返済されるという保証は第二の魅力である。

総長によれば、銀行の計画は、賞金の額を減らし、その数を増やすことで、人々がこのような機関に資金を預けることに慣れるにつれて、徐々に妥当な利子の支払いに近づいていくとのことである。国民が質素で倹約家であり、蓄積された資本が非常に多いこの国に、これまで貯蓄銀行がなかったという事実は、知らない人にとっては驚くべきことだ。しかし商業用借款の高収益と、中国人の相変わらずのギャンブル本能が、この不在をある程度説明している。

第20章　静かな日々の日記、一九一六年の秋

九月三日：エルバート・H・ゲイリー判事は、夫人と少人数の関係者で、十日間北京に滞在した。私は彼らを連れて、市の東部にある広大な庭付きの私邸に住んでいる黎大総統を訪ねた。中央の東屋に行くと、大総統が私たちを迎えてくれた。彼はアメリカの協力によって中国の偉大な資源が開発されることを望んでいると友好的に話してくれた。その夜、私はゲイリー判事と新任の財政総長、交通総長のために夕食会を開いた。ボストンの建築家、チャールズ・A・クーリッジも出席した。彼は建築の美しさという観点から、冬宮を見学したことが人生で最も興味深い経験だったと語った。ゲイリー判事と一緒の人が、日本滞在中の昼食、午後のレセプション、夕食の予定は、朝食の多くの世話と共にすでに手配されていると私に言った。「日本人は偉大な人物を見ればすぐ理解する、中国人以上だ」とも言っていた。実際のところ、中国人は人工的ではないので、どんな著名なゲストに対しても組織的なおもてなしをしようとは思わない。彼らがすることは極めて自然なことであり、本当に親切であるが、広告芸術の第一要素を理解していない

のである。

九月九日：オーストリア公使と一緒に Dajessu に行ってきた。この寺院は、頤和園から十二マイルほど離れたところにある。私たちは途中で歩いたが、一人の中国人が私たちと一緒になった。彼は好奇心旺盛に、私たちの家族の人数、年齢、収入、服の値段などを聞き出したが、不快ではなかった。彼は服の素材にとても感心していた。オーストリア公使が「部下は四百人ほどだ」と言うと、彼はやや怪訝な顔をして、遂に尋ねた。「そんなにたくさんの部下がいて、なぜ歩いているのか」。歩くのが好きだと説明しても、彼の疑問は解けなかったようだ。彼は家族や仕事の詳細を次々と話してくれた。

私たちはこの美しい寺院で週末を過ごし、そこから周囲の山の斜面を散歩した。渓谷を見下ろす小高い丘の上にある閑散とした寺院は、ライン川沿いのどの城よりも絵になる。私たちは、山脈の尾根の断崖絶壁の上に建つ寺院、徐恩源氏の夏の邸宅に登った。この寺院は、もともと半住居として建てられたものであることは明らかだが、参拝者も行楽客も普通は探さないようなアクセスの悪い場所にある。徐氏夫妻は、居間にあるテラスからの眺めを楽しんでいた。

九月十三日：参議院の副議長である王正廷氏と国会議員の代表者数名に夕食を提供した。私たちは食後に政治についての一般的な議論をした。出席者のほとんどが進歩派であった。彼らは活発に議論した。議論や解説は、西洋の国で聞くようなものだった。例によって、私はそこから制度を発展させるべき中国の生活の根底にある事実、伝統、慣習についての徹底的な議論を逃した。私はこのことに触れたが、王氏は、組織の指針となる原則が必要であり、それは憲法制定国の経験から得なければならないと述べた。最も重要な問題は、中央政府が任命するのでなく、各省の人民が省長を選出することの提案であった。出席者の多くは、任命制の総督が同盟や相互支援によって大きな力を発揮し、議会の目的を打ち破る可能性があるため、この変更が必要であると考えていた。

九月十四日：アメリカからの資金援助が得られず、中国は日本からの借款を検討していた。陳錦濤博士は、状況とお金を必要としている大臣たちの懇願により、八千万円の借款の仮契約に署名した。その際、五百万円の前払い金を直ちに支払うことになっている。

九月十八日：衆議院は今日、秘密会議で日本の借款について議論した。湖南省のある鉱山が前金を確保するために担保に供されているという理由で、この件が強く攻撃されたと私は聞いた。財政総長は出席せず、次長が質問に答えた。彼は議会の同意なしに予備契約に署名したとして激しく非難された。この契約は前払い金に関するものであって、本融資そのものに関するものではないという主張がなされた。しかしその主張は認められなかった。

九月十九日：アメリカの鉄道契約の満足のいく調整のため、交通総長との交渉が成立した。提出された提案のほとんどが受け入れられたため、最初の契約が結ばれてから生じたすべての変更や困難を考慮すると、アメリカの企業は確実に十分満足するはずである。五月十七日の契約書はそのまま認められ、変更点は付属書により導入された。この事業をアメリカ人にとって魅力的なものにするために、中国人が最大限の努力をした後は、これ以上の遅延はなく、少なくとも重要な建設的な仕事がアメリカ人によって行われることが期待される。

九月二十一日：今日、私たちは小さな息子を家族に迎えた。一九一五年二月に娘のポーリンが来るまで、北京のアメリカ公使に子供が生まれたかは知らない。二人の小さな子供は、頻繁に起こる伝染病のために、親が子供の健康を心配するような奇妙な世界に生まれた。しかし、そのようなことを除けば、北京の気候は子供たちに最も適しているようで、子供たちは元気に成長している。長女のクレアは、虫垂炎のひどい発作で海軍のM・A・スチュワート医師に命を救われたことを除けば、まさに健康そのものだ。忠実な中国の召使たちは、子供たちにあらゆるケアを施している。

十月三日：私は男性のための晩餐会を開き、ポルトガル、ロシア、日本の各公使、日本の小幡参事官、フランスのマルテル伯爵一等書記官、アグレン税関長、イギリスのアルストン参事官、元メキシコ責任者のヘレラ・デ・ウエルタ氏、ロシア公使館のミトロファノフ氏、プリンストン大学のウィロビー博士、マッケルロイ博士、その他のゲストが出席した。この晩餐会は、日本の新公使を歓迎するためのものであった。林権助（一八六〇〜一九三九）男爵は、日置氏の後任として最近着任したばかりである。一九一五年の二十一か条要求を押し通すという不愉快な任務を負った公使を交代させた方が良いと考えたのだろう。林男爵はイタリア大使を務めた経験があり、長い外交経験と非常に慎重な手法を持っている。彼は非常に無口で、数人または一人しかいないとき以外はほとんど話さない。大勢の人がいる場所や会議では、冷静で深く考え込んでいるような印象を与える。社交の場では、前任者よりも控えめである。彼は思慮深く、公正な人物であると私に印象づけた。

十月四日：昨夜の晩餐会のゲストである遠い国からの訪問者が、自分が公使たちと同ランク付けされなかったことに不満だったと言われた。私は彼がそのような順位を得る権利があるという情報を持っていなかったし、今も持っていないので、私は心配することはない。座席に対する不満があったのはこれが初めてだ。私の前任者の話では、英国公使館の書記官がこの理由で夕食前に突然退席したことがあったそうだ。私は、特に中国人のいる晩餐会では、会話ができないようなグループを避けるために、席次に忠実ではなかったが、そのような場合にはもちろん、その席次によって少しでも偏見を持った客には、必ずその理由を説明する。不快に思ったことは一度もない。フォーマルなディナーの場合は、もちろん格式に従った方が安全だし、会話も自由にできる。このような晩餐会で人々が得る楽しみは、いずれにしても純粋な利益として計上される。

十月七日：G・ガスリー（一八四八〜一九一七）日本大使夫妻が到着した。数週間の滞在となる。ガスリー氏は体調を崩しており、休養のために来たという。私たちは一日中一緒に過ごし、中国と日本の問題や関係について話した。ほとんどの点で意見が一致した。

夜は将校食堂で食事をし、その後、ダンスをした。ワシントンのオリー・ジェームズ夫人とホール夫人がガスリー夫妻と一緒に来た。彼らは晩餐会に参加し、非常に明るい雰囲気に包まれていた。海兵隊の新司令官であるネビル大佐は親しみやすい人柄だ。彼は社交的で、有能で、あらゆる善行に協力する用意がある。将校や部下は彼を尊敬しているようで、海兵隊の施設には非常に素晴らしい精神が支配している。

十月十一日：昼食会に招待されていた大総統にガスリー大使を紹介した。テーブルには六人だけだった。大総統の秘書である若くて英語のできる郭泰祺《かくたいき》（一八八八〜一九五二）氏が通訳をしてくれた。大総統は、日本について多くの質問をした。続いて中国の見通しについて、かなり期待を込めて語ってくれた。財政難は議会と内閣の協力で克服し、増税も国民の同意を得られるだろう。

袁世凱が住んでいた官邸には、現在、黎大総統が住んでいる。私たちが会ったのは、皇太后のために建てられた建物の中にある小さなアパートで、中国の最高のスタイルで上品に整えられていた。

十月十三日：本格的なディナーシーズンの到来である。冬の間は毎晩晩餐会が開かれる。今晩はガスリー夫妻のために、クダチェフ親王、林男爵、そして欠席しているロシアとデンマークの公使夫人を招いて接待した。

十月二十三日：政治学会が私の家で開催された。外交総長が司会を務めた。著名な学者であるW・W・ウィロビー博士と厳復参議員が論文を読んだ。出席者は欧米の教育を受けた官僚や欧米人の会員など百人を超えていた。

十月二十九日：ガスリー夫妻は昨日出発した。今日は数日間滞在するリゲット将軍夫妻が到着した。彼は背が高く、印象的な顔立ちをしている。私たちは極東での戦争の影響について最初に長い会話をした。

フィリピンは戦争による需要で繁栄し始めているとのこと。

十月三十一日：私はリゲット将軍を黎大総統に紹介した。長い会話の中で、大総統は中国の国際的な問題について率直に述べた。彼はアメリカとの緊密な協力関係を望んでいることを強い言葉で表現した。私は彼が、ある外国の影響力が議会と政府の間に問題を引き起こし、その他の方法で困惑を引き起こそうとするのではないかと心配しているように思えた。

十一月三日：私は少人数の仲間で山寺の Djetaissu に行った。友人のチャールズ・R・クレーン氏の妹であるチャドボーン夫人、作家のエレン・ラモット氏、上海のバーンズ夫妻、AP通信社のチャールズ・スティーブンソン・スミス氏が、ロバに乗ってこのツアーに参加したが、岩場で滑って何度も投げ出されていた。寺院は頂上付近にあり、平野部と内陸部の高い山々の壮大な景色を見渡すことができる。寺院は何層にも重なっており、台座は巨木の陰になっていて、魅惑的な建築物と四方八方の景色が広がっている。

十一月九日：大陸商業銀行の融資が発表された。このような結果が得られたことを嬉しく思う。融資額はわずか五百万ドルだが、この小額でも中国政府にとっては重要な援助となる。西洋の大規模な金融機関が中国との関係を始めたことは有望である。ニューヨークにある外資系銀行は、ヨーロッパの利益に絡み、ロンドンに追随しており、アメリカの海外での利益の発展のために力を発揮する姿勢をあまり見せていない。

十一月十日：両院合同会議で行われた共和国副総統選挙の投票に参列した。スピーチは行われなかったが、簡単な議題を除いては、議会の一般的な様子を見ることができた。手続きは確かにビジネスライクであった。投票は書面と署名によって行われ、各投票の後、個々の票が演壇から読み上げられる。まさに選挙が行われているような印象を受けた。最初から江蘇軍総督の馮国璋将軍がリードしていたが、投票によって徐々にリードを広げ、最終的には過半数を獲得した。候補者を称えるデモが行われたので、結果発表までいられなかった。しかし、私が目の前に見たのは、議会活動の手順を明らかにマスターした組織であり、長年の経験からくるスムーズさと容易さで物事が進められていた。選挙には多くの人が立ち会ったが、その中には私の同僚も何人かいた。私は王正廷氏と少し話をしたが、彼は副総統の後継者が合法的かつ平和的に決着した今、共和国の将来は確実なものになったと期待していた。

馮将軍は南京のポストで極めて重要な地位を占めている。彼は抜け目がなく、賢い。シーソーの中心に立った少年のように、振り子の動きに合わせて自分の体重で左右のバランスを取るのである。彼は当初、袁世凱に皇帝になることを勧めたとされていたが、受け入れられるために、自分は中立であるという報道を許していた。そして反対派が強くなると、自分の重心を徐々に反対側に移したが、決して肯定的な発言はしなかった。彼の選出は、軍国主義者と進歩的な政党の間の妥協点を形成する試みであった。

十一月十日：私はクダチェフ親王と一緒に長い遠出をした。自動車で山麓まで行き、それから彼の寺院の裏手にある高い山の頂上に登った。そこでは、尾根の頂上に沿って六〜八マイルの遊歩道を歩くことができ、両側に山々の素晴らしい景色が広がっている。

十一月十五日：私は今日、林男爵と長い間話をした。

十一月二十日：ウィンターハルター提督夫妻が数日間の訪問のために到着した。提督は背が高く、白髪で、体格が良く、エネルギッシュな動きをする。彼はいつも中国で起こっていることに深い関心を示しており、私たちは到着後すぐに座って長い間話をした。

十一月二十二日：私は黎大総統に提督を紹介した。大総統は前回の訪問時ほど開けっ広げで親密ではなかったが、楽しい会話ができた。各閣僚を訪問した際、私は通常の礼儀作法を超えた会話をした。これは彼らに現在我々が関心を持っている事柄について、より深く理解してもらうためであり、またこの貴重な時間を中国の指導者たちとの意見交換のために使うためでもある。

十一月二十五日：フランスは担保のことで、大陸商業銀行の融資に抗議している。タバコ税と酒税の担保は、以前のフランスの融資に割り当てられていた。私は陳博士に会い、マルテル伯爵が私を呼んだ。私はフランスの融資は額が小さく、税収のごく一部しか必要としないので、第一抵当権を持つ権利が残っており、フランス側の利益は何ら損なわれていないという立場である。彼らが本当に反対しているのは、最終的にこの収入のためにアメリカ人の監査人または共同検査人が任命されることだと思う。しかしこれは彼らの融資の担保を強化することになるので、彼らが不満を持つ理由はないと思う。利害関係のあるフランスの銀行の代表は、私を見て、もし顧問関係が確立されたら、フランスは酒税を、アメリカはタバコ税を取るかもしれないという暫定的な提案をした。しかし私は、この融資が行われたとき、中国人の手は完全に自由だったと思っている。中国人がビジネスを行うときはいつでも、どんな小さなものであれ、どんな対象に対しても、暗黙のうちに将来のすべての取引に対する先取特権を与えるという仮定を除いては、何の異議もない。

十二月四日：モリソン博士を訪ねて、彼のライブラリーを見た。この珍しいコレクションには、中国を扱ったヨーロッパ言語の書籍が約二万冊含まれている。初期の作品の稀覯本がほとんど揃っている。中国風の家に住むモリソン博士は、書物のために耐火性の建物を建てた。彼はこの十五年間、書物を揃えることに専念し、収入の大部分を費やしてきたと思う。最近、彼は以前から秘書をしていた女性と結婚した。二人の間には小さな男の子がいる。彼の結婚と父親になったことで、中国人の間でのモリソン博士の地位と影響力が大きく高まったと聞いている。独身者は彼らの生活様式に合わないのだ。私たちは彼の書斎に戻り、長い間、議論した。特に鉄道問題については、契約していたすべての路線の建設が事実上中止されているという事実を話した。これは中国人にとって非常に不利な状況である。彼らは、まだ収入を得るための物件がなく、調査と部分的な建設しかできていないのに、最初の融資に多額の利子を支払わなければならない。例えば、中国が契約不履行を理由に契約を解除した場合、建設を継続するための資金が得られないため、四列強銀行は非常に弱い立場に置かれるという点で合意した。英国の利権である浦口—新陽鉄道では、事実上まだ何の作業も行われていないが、それにもかかわらず、政府は百万ドルの前払い資本に利子を支払わなければならない。

十二月七日：ロシアの公使クダチェフ氏を訪ねた。私は彼に、中国人はロシア人をアジア人とのハーフだから兄弟のように思っているのではないかと冗談で尋ねた。「いいえ、あなたや他のヨーロッパ人と一緒で、私たちを災いや疫病とみなしています」と彼は答えた。この会話の中で親王はある予言をした。「この戦争の結果、ドイツでは帝国が廃止されるだろう」と。

（この時、私たちはロシアで間もなく起こる大規模な破壊と混乱を夢にも思っていなかった）

十二月八日：私はウィルソン大統領からの個人的な手紙を提示するために黎大総統を訪ねた。我々はアメリカの融資政策について議論した。他の中国人と同様に、大総統は資本力があり産業が発展しているアメリカが、なぜ中国への投資と発展の機会を利用するのが遅いのか理解できないと述べた。彼はこう言った。「アメリカ人は開拓を好む。中国には開拓すべきことがあり、それに加えて、労働力や地元の資本が整っているという利点がある。なぜ彼らはこんなにも参入が遅いのだろうか」。理解しがたいことだと私も思う。

十二月十六日：ビクター・マードック（一八七一〜一九四五）氏がアメリカ人の友情と理論に邪魔されない視野を持って、北京に到着した。彼は中国を面白いと感じているが、心配なのは、通りすがりの訪問者にありがちな障碍に悩まされることだ。つまり、中国の生活の好ましくない面を見て、より深い美点を理解するまで長居はしないということだ。

一九一六年秋の出来事の一部を紹介したこの日記には、領事館から上がってくる、あるいは首都で直接発生する無数の問題を扱う会議、議論、面談、口述などの日常業務や、打ち合わせをして行動に移す一般政策に言及するものは何も含まれていない。

公使館の仕事の大部分は、問題を予見し、それを回避しようとすることである。このような仕事は、通常、記録には全く現れない。中国のように状況が複雑な国では、さまざまな影響力が交差しているため、あらゆる詳細情報を把握し、トラブルを回避するための絶え間ない注意を払わなければ、簡単にミスを犯してしまうのである。

第21章　中国、ドイツと断交す

アメリカの方針に中国を誘う

米国がドイツ皇帝政府との関係を断ち切る時が来たのだ。一九一七年二月四日の日曜日、私は澄んだ日差しと穏やかな空気の中、北京郊外の競馬場近くにあるモリソン博士の別荘を訪ねていた。昼食後、公使館から使いが来て、重要な電報が到着して解読中であるとの連絡を受けた。私は街に戻り、公使館でホワイト氏から解読された電報を手渡された。それによると、アメリカ政府はドイツとの外交関係を断絶しただけでなく、中立国がアメリカ政府と協力して、耐え難い慣行（注／無制限潜水艦戦のこと）に抗議する行動をとることを信じており、これが世界の平和につながるという。私はこのことを中国政府に伝えるように指示された。

一等書記官のマクマリー氏と中国語書記官のテニー博士との会議の後、私はその日の夜に大総統と国務総理に会う約束をした。中立国に米国への参加を呼びかけたのは、単なる敬虔な願いではなく、ヨーロッパの中立国が我々の抗議を支持する可能性があると考えるのが妥当だと私は思った。中国に関しては、私はすでに政府に支持が期待できると伝えていた。したがって私は、ドイツを停止させるのに十分な強さで、すべての中立国が共通の示威行動を行うことを納得させることが政府の方針であると考えた。したがって私の行動に関する限り、中国に対して、私の政府が提案したアメリカの行動に賛同するよう説得することは、当然の義務であると考えた。

私は、黎元洪大総統が夕食後に官邸で休息しているのを見つけた。彼と一緒にいたのは、英語秘書の郭泰祺氏だった。黎氏はこのような重大な問題を検討しなければならないという局面に明らかに驚き、最初は何も言わず、黙って座って考えていた。彼の疑問や反論は、直接的な発言ではなく、質問によって明らかにされた。「戦争の現状はどうなっているのか、交戦国の相対的な強さや消耗の度合いはどうなのか。聯合国はアメリカの援助を受けても、決定的な勝利を得ることができるだろうか？」最後に、彼はこう言った。「このような広範囲にわたる国際的行為が中国の内政に与える影響は、慎重に考慮しなければならない」。

郭泰祺氏は、私たちの提案の好意的な側面に強く感銘を受けたようで、大総統と少し議論を始めた。私の方からは、大義名分と善意の仲間のために国際的に積極的な行動をとることで、中国の果てしない党派抗争から注意をそらすことができると指摘した。この問題の倫理的な側面に触れると、大総統は私に全面的に同意した。私は特に、外部からの悪影響によって助言が混乱しないようにするため、迅速な連絡の必要性を強調した。

次に、当時中国の政治で重要な役割を果たしていた段祺瑞将軍の邸宅に向かった。彼は薄暗い部屋で私を迎えてくれた。彼自身はしわくちゃのロングコートを着ており、全体的に退屈で元気のない雰囲気を漂わせていた。彼には軍人の気配がなかった。将軍の大きな影響力の基盤となっている資質は、より長く、より親密な関係になって初めて明らかになる。本当は怠け者であるにもかかわらず、知恵があり、基本的に正直で、部下をかばい、自らも責任を負う用意があるため、この静かで目立たない男は、中国の軍国主義者の中で最も優れたリーダーとなっている。彼の関心は、主に軍人の教育にある。彼は政治家ではなく、政治理論にも退屈している。事物の処理を部下に任せることを常としており、その部下に導かれて、自分では選択しなかったであろう道を歩むことも多い。このことは、彼の並外れた頑固さと相まって、彼の影響力がしばしば国にとって悲惨なものになることを説明している。しかし素朴さと鋭さという彼の人柄と、自分の本性に任せたときの真の知恵が、彼を中国の魅力的な人物の一人にしている。

段祺瑞は自分自身が政府内に主要な影響力を持っていたが、細部については補佐役の曹汝霖氏と徐樹錚将軍に任せていた。彼は将棋が好きだった。しかし、彼は部下のやったことの責任を取ることを厭わなかった。将棋に夢中になっていると、徐将軍が何か提案をしてくることがある。国務総理は何となく「わかった」と答える。後日、その行動の結果が悪いことになり、総理が説明を求めると、自分が許可したことだと思いだされる。その時、彼はかすかに思い出して、肩をすくめる。これは彼が責任を取ったということを示した。

しかし、この時の段祺瑞将軍は注目の的だった。彼には外交部の伍朝枢氏が同行し、この交渉の間、ずっと通訳を務めてくれた。外交総長の伍廷芳氏が病気のために息子が代理を務めたことや、重要な面談には国務総理と若い伍氏が同席したことで、業務が非常に円滑に進み、外交部と総理との間で並行して話をする必要があった時間を節約することができた。段祺瑞将軍は、この提案を一目では受け入れなかった。彼は、「ドイツが潜水艦政策を修正するのは賢明なことだ。というのも陸戦では相手を厳しく追い詰めることができるから、アメリカが参戦しない限り、ドイツの絶対的な敗北は難しい」と語った。彼は、中国が大国との関係を断絶するという前代未聞の行動に出る可能性について、大総統ほど心配していないようだった。私たちは、翌日にもっと長い時間をかけて話し合うことにした。

私はその日の夜遅くまで、公使館のスタッフや、中国人に大きな影響力を持つ、信頼できる民間のアメリカ人やイギリス人と話し合った。彼らは中国の膨大な人口をドイツに対抗させるために、米国と提携するというアイデアを熱狂的に支持していた。中国のエネルギーと資源は、戦争にすぐに役立つほど動員されてはいないが、計画的に準備すれば、戦争が長引けば聯合国に莫大な戦力をもたらすことができる。また米国の宣言した政策に積極的に協力することで、中国は内的にも外的にも大きく強化されるだろうと我々は感じていた。

ジョン・C・ファーガソン（一八六六〜一九四五）博士は中国語に精通していることから、国務総理と大総統に直接語りかけ、迅速な行動をとるべきだという重要なポイントを伝えた。交通系や国民党のメンバーと親しかったロイ・S・アンダーソン氏や『ファーイースタン・レヴュー』誌の編集者を務めていたオーストラリア人のW・H・ドナルド氏は、特に議会の指導者たちに声をかけた。大総統の英国人顧問であるモリソン博士は、以前から中国の参戦に尽力していたが、大総統や高官たちに何が問題なのかを理解してもらうために、静かにあらゆる影響力を行使していた。たまたま北京にいたアメリカ人やイギリス人の新聞記者、チャールズ・スティーブンソン・スミスやサム・バイザなどは、自分の信頼を得ている人物を相手に、それぞれのやり方で精力的に活動し、アメリカの提案する政策を訴えた。彼らは、耐えがたい行為に抵抗するという政策の基本的な正当性と、このような大問題が中国の国家をまとめ、国家の一員としての地位を認識させるのに有益な効果があることを自発的に訴えていた。しかし中国人にとって最も重要なことは、アメリカが行動を起こし、中国にも同様の措置を取るよう呼びかけたという事実だった。

大総統との二度目の長い面談で、彼は私に尋ねた。「積極的な外交政策は、特に戦争に発展した場合、軍部を強化することにならないでしょうか」と。

私は、そのような事態になれば、中央政府が決定的に強化され、軍を国家機関として適切な位置に置くことができ、袁世凱から引き継いだ疑似封建主義がさらに拡大するのを防ぐことができると考えていると答えた。

「しかし、アメリカ政府はそのようなステップの責任を中国が負うことを支援するでしょうか？」

この質問に答える前に、私は国務省に電報を打って、中国政府がアメリカの提案する行動をとった場合に、私がどのような保証を与えることができるか指示を仰がなければならなかった。残念ながら、危機的な状況下では何度かあることだが、ケーブルの接続が切れてしまい、交渉に役立つ返事を得ることができなかった。

その日の午後、国務総理と私は、地図を使って欧州列強の軍事情勢を分析した。私はアメリカ南北戦争になぞらえて、ドイツはあらゆる方面からの巨大な圧力に対抗できないだろうという考えを総理に述べた。彼は、「アメリカは、直接的な軍事行動によって何が期待されているのか」と尋ね、「私は世界の情勢に指導的な影響を及ぼすことのできる強いアメリカを望むだけだということを心に留めておいて欲しい」と述べた。

アメリカは必要とあらば、国交断絶に続いて最も強力な軍事行動をとるだろうという私の積極的な考えに、彼は興味を示した。中国人には、アメリカは大きく、金持ち過ぎる国で、非常な軍事力を発揮するエネルギーがないと思われていた（注／米国の対独国交断絶は二月三日、宣戦布告は四月六日）。

「では、戦争が終わったらどうなるのだろう」と彼は尋ねた。

日本がすでに、中国の代弁者としての権利を確保しようと努力していることが、中国人を悩ませていたのである。国務総理にとっても、大総統にとっても、ドイツと決別することで、中国が平和のテーブルで独立した立場を確保できるという考えは大きな意味を持っていた。また二人とも戦争に巻き込まれる可能性に直面していた。総理はこれをある程度肯定的にとらえていたが、大総統はあまり好ましくないと考えていた。私は、アメリカの提案がドイツとの外交関係を断絶する以上のものではないこと、そしてこの措置をとることによって、中国は公海上でのドイツの違法かつ非人道的な行為を効果的に非難し、阻止することができ、今後の行動に関しては完全に自由であることを明確にした。後にさらなる措置が必要になった場合には、道は開かれている。

中国要人の会議

月曜日は終日、夜遅くまで中国の政府関係者と議会の指導者との間で集中的な議論が行われた。火曜日には多くの中国の指導者がこの状況について話したいと訪ねられた。中国人の中でも進歩的、謙虚、前向きな人たちは、中国が米国と一緒に行動すべきだという考えを支持していた。大総統に近い蔡廷幹提督は、モリソン博士と協力して、積極的な行動をとるべきだという意見を黎元洪に伝えようと努力した。しかし大総統は、完全に中立を保つ方が中国にとっては安全であるという考えに固執していた。

閣内では、財政総長の陳錦濤と外交総長の伍廷芳が、早い時期から中国が行動すべきだという意見に賛同し、若手をリードしていた。国民党では、参議院副議長の王正廷氏、中国を代表する法学者の王寵恵博士、革命家として有名な鈕永建《ちゅうえいけん》（一八七〇～一九六五）将軍らが最初に活動を始めた。優秀な編集者・陳友《ちんゆう》仁《じん》（一八七九～一九四四）を擁する『北京ガゼット』は、米国支持を強く主張していた。中国人の間では、強力な世論が静かに形成されつつあった。中国の青年たちは、中国が受動的な状態から抜け出すことにメリットがあると考え始めていた。

火曜日の夜、英国公使館でのアルストン夫妻との夕食会から戻ると、伍朝枢氏が閣議からの報告を持ってきてくれた。それによると、アメリカ政府が、中国の主権的権利と国軍の独立した統制を損なうことなく、中国が負うかもしれない責任を負担するための支援を十分に保証しない限り、行動を起こすことは全く不可能であるという。

中国の閣僚は二つのことを考えていた。第一に、中国が戦争に参加したいと思えば、最終的に参加できるようにするための資金援助の必要性であり、第二に、中国の天然資源、軍事力、兵器庫、船舶などが、中国の不変の国家的独立とは相容れない、外国の管理下に置かれるような、あらゆる取り決めの阻止である。

水曜日を通じ、私はこの難問と格闘していた。国務省とは電報で連絡が取れなかったので、私は自分の責任で行動しなければならなかった。もし反対派の方にあらゆる主張の時間を与えたら、アメリカの提案は妨害され、おそらく敗北するだろう。中国政府は、現時点で私が与えても差し支えないと思えるような保証があれば行動を起こすだろう。中国がアメリカ政府の指示に従うならば、アメリカ政府は、中国が負う責任を果たすためのあらゆる支援を欠いて中国を苦しめるようなことはしないだろうし、ドイツとの関係が切れたことで中国に新たな負担を強いるようないかなる方面からの行動も阻止するだろう、これはほとんど当然のことのように思われた。私への指示は、中立国の共同抗議がアメリカ政府によって実際には計画されているということ以外には解釈できず、アメリカの抗議がドイツに与える影響は、重要な中立国の早期の同意にかかっていると感じていたので、私は迅速な行動が不可欠だと考えた。あらゆる種類の好ましくない妨害的な影響が、すぐに北京で働き始めるだろうと私は確信していた。

議論が限界に達した二月七日の午後、私はアメリカ政府の態度に関するメモを作成する必要があると感じた。このメモの主旨を国務総理と外交部に伝えたが、中国政府が有利な行動を決定した場合には、このメモを送付するという了解を得ていた。

私は、このような保証がなければ、アメリカ政府の指示を実行することはできず、アメリカはあらゆる点において、強力な政府として、また中立国の抗議のリーダーとしての立場にふさわしい行動をとるだろうと考えていた。さらに、このような基本的な重要性を持つ政策に支持を与えた人々との関係は、公平と正義の原則によって決定されるだろうと考えていた。このような自明な結論だけを、私は慎重にメモに表現したのである。このメモの文章は、本質的な部分では次のような形をしている。

閣下

先日、ドイツが中立国の国民の命を無差別に危険にさらしている制限のない潜水艦戦に積極的に反対するため、米国と連携する貴政府の方針について話し合った際、あなたは率直に次のように指摘しました。中国政府は原則として、この点に関する米国大統領の提案を採用したいと考えているが、それにもかかわらず、このようにして生じた状況に適した措置を講じることができるような財政的およびその他の援助を米国の情報源から得ることができると保証されない限り、そうすることに安心できない立場にあると考えている。

私は、中国政府が大統領の提案に同意した場合、米国政府は、あなたが指摘した目的のために直ちに必要な資金を用意するための措置を講じるべきであり、また当面、中国政府の目的のために、少なくとも現行の賠償金の大部分を利用できるようにするため、義和団賠償金の資金調達を視野に入れた措置を講じるべきであると、私の政府に提言したことを、あなたに率直に述べました。私は、中国政府が大統領の提案に基づいて負う可能性のある責任を果たせるように、我が政府がこのような取り決めやその他の取り決めを行うことで、公正かつ寛大であると認められるだろうという個人的な確信をあなたに示しました。しかし、与えられるべき援助や取られるべき措置の正確な性質は、両国の行政当局間で原則的に合意された取り決めを有効にするために、様々な行政機関の協議を経て、場合によっては議会への照会も含めて決定されなければならないことを指摘しておかなければ、あなたに対して完全に誠実とは言えません。

しかし、私は政府を代表してあなたに、あなたが提案した方法またはその他の方法により、中国が国家的な依存関係や軍事施設および一般行政の管理を損なうことなく、米国政府の活動に関わることで生じる責任を果たすことができるよう、適切な手段が考案されることを保証する責任があると感じています。

水曜日の夜、国務総理との間で、決断に必要なすべての事柄についての最終提案説明が行われた。私は段祺瑞将軍と二人で会った。その日のニュースについてしばらく話した後、私は本題に入り始めた。しかし将軍は疲れているように見え、気になった。通訳がスムーズに繋がらなかったのはそのせいかもしれない。私は、総理の一日があまりにも長かったので、翌日の朝にもう一度会うことを提案した。木曜日の朝の閣議の前に、十時に内閣府で会うことになった。

私は、王正廷氏をはじめとする多くの国会議員と夕食を取ったばかりだった。彼らは対米追従政策に熱心だった。彼らは日中、黎大総統に会っていた。彼はまだ疑問を抱いていたが、決定は内閣の手に委ね、その結果に従うと述べていた。王氏は、大総統は徐々にアメリカの見解に近づいており、慎重に疑問を克服しているからこそ、彼の受け入れはより強く、心に響くものになるだろうと考えていた。

この三日間の交渉は静かに進められた。決断を下す責任のある人たちは、常に会議をしていた。何人かの有力者が、政府の役人や議会の指導者と協力していた。しかし、外国の一般市民は、何が起こっているのかを十分に理解しておらず、知っている人や関心を持っている人たちは、古代的な中国がこれほど前例のない一歩を踏み出すことはないだろうと考えていた。日本の公使である林男爵は北京を不在にしていた。ドイツの公式代表は、中国政府から急進的な行動が起こるとは明らかに考えていなかった。

木曜日の朝十時に内閣府に到着した私は、総理が私を迎える部屋に案内された。伍朝枢氏が通訳として同席すると聞いていたので、私はこの非公式で親密な面談に通訳を連れてこなかった。伍氏が現れなかったので、私たちはタバコを吸いながら一緒に座って、強制的に沈黙を守った。通訳はいなかったが、このような状況でも中国人の完璧なマナーのおかげで恥ずかしい思いをすることはない。私たちがしばらく黙って考えていると、海軍総長の程壁光《ていへきこう》（一八六一～一九一八）提督が入ってきた。彼は英語を上手に話すので、私たちの会話はすぐに始まった。それから十分もしないうちに、財政総長の陳錦濤氏がやってきて、そのすぐ後に伍朝枢氏がやってきた。このようにして、私は全くの偶然から、この重大な問題について、政府の最も関係の深い四つの部門の代表者と共同で話し合う機会を得た。外交部、財政部、陸軍部、海軍部。

私たちは今一度、すべての疑問や反対意見を徹底的に検討し、提案された政策をその多様な側面と予想される結果のすべてについて見ることができた。この熱心で真剣な会話では、正式な通訳は必要なかった。私の発言に答える人は、まず国務総理のために私の発言を中国語で繰り返す。総理が発言すると、伍氏が私のために通訳してくれた。他の人たちは皆、私に直接英語で話しかけてきた。私はあらゆる点で議論を展開したが、以下はそのメモである。

アメリカ政府がこのような措置をとったのは、中立的な権利を故意に無視した結果、中立的な財産だけでなく、国民の生命をも危険にさらしてしまったからである。この問題において、中国の利益は米国のそれと全く平行している。両国とも平和主義者であり、国際的な権利と平和な状況の維持を国家の安全の重要な保証と考えている。中国は米国と提携することにより、中国の国民生活のあらゆる伝統と利益に合致した立場でこの論議に参加することになる。この立場は、国家の行動を導くことができる最高の原則に指示されたものとして、敵味方の区別なく尊重されなければならない。このような行動をとることで、中国は国家間での独立した地位を向上させ、論議の過程や戦争終結時には相談を受けなければならず、これらすべてにおいて、中国が自国に対して特別に友好的で公正であると常に見なしてきた国と最も密接な関係を持つことになるだろう。これらの議論に加えて、中国が国際外交において得るであろう好ましい結果についても多く議論された。

中国政府関係者は、提案された政策に疑問を持ち、多くの議論を展開した。以下のことが述べられた。中国は米国の行動を自然で避けられないものと思わせたなどの抗議文によって、ドイツとの断交に至ったことはない、ドイツはここ数年、常に中国に配慮していたので、突然の断交は裏切りと思われるかもしれない、また日本にとっては、あまりにも驚くべき行動で、第五項の恐ろしい要求を迫るための好都合な口実を与えるものと受け取られるかもしれない。また欧州の聯合国の代表は、現時点では中国に対して、提案された行動に有利なアドバイスをする立場にないことも明らかだった。

私は、中国が提案した行動をとれば、聯合国の代表はそれに拍手を送るしかなく、少なくとも一部の代表は心から拍手を送るであろうことを指摘した。日本に関しては、日本もこの行動に賛意を示すことを決定するような状況であった。中国は聯合国と完全に結びつくことなく、論議の一方で明確な立場を取ったことで、聯合国の好意を得ることができる立場にある。自ら宣言した友人に対して強制的な行動を取ることはほとんど考えられなかった。また米国が率先して中国に抗議行動への参加を呼びかけていることから、米国の頭越しに、あるいは米国政府に相談することなく、何らかの行動を取ることは考えられない。

提案された行動の突然性について、私は、無制限の潜水艦戦を発表したドイツ政府の行動は、それ自体が中立的な権利を無視した驚くべきものであり、これに対抗して取らるべき行動は激烈過ぎるものではないと訴えた。これは事実上、公海のある部分を航行する中国人を殺すという脅しであり、断固とした強硬な姿勢をとることでしか被害を防ぐことはできない。

私たちは十二時近くまで議論を続け、私は大臣たちの礼儀と好意に感謝して退席した。閣議は夕方の六時まで行われた。六時過ぎに伍朝枢氏から電話があり、こう言った。「閣議でドイツに抗議し、現在の潜水艦戦を放棄しない限り、国交を断絶することを決定したことをお伝えできることを大変嬉しく思います」。

興味深いことに、ロシアの秘密文書の公開によって明らかになったように、この日、日本の外務大臣は東京のロシア大使に、中国を聯合国に参加させるという困難と思われる任務を日本が引き受けた場合、日本にもたらされる様々な利益（山東省を含む）の保証をロシア政府から得るように促していた。この日の行動が示すように、中国人は自分たちの意思で自由に聯合国に参加しようとしていたにもかかわらず、日本は、聯合国への参加を説得するための手数料を求めていたのである。

中国人は大きな決断をした。この人たちは、自分たちの国にとって何が正当で最善の利益になるかという判断に基づいて、独自に行動したのである。それは自由な政府の行動であり、圧力をかけようとする影もなく、賠償金を要求しようとする考えもなかった。他の国の政府がどのように参戦したかと比較して考えれば、これは中国にとって永遠の名誉となるだろう。ちなみに、これは中国が世界の政治に独立して参加した最初の出来事である。中国は長年の超然とした態度から一歩踏み出し、近代国家の一員としての地位を得たのである。

中国、断交を決める

私は中国政府に、米国が公正な扱いをするという単純な保証を記したメモを送った。その見返りとして、こんな約束をしてもらった。

「ドイツ政府が、アメリカ政府が宣戦布告の十分な理由とみなすような行為を行った場合には、中国政府は少なくともドイツとの外交関係を断絶する」

外交総長は、二月九日付の私への公式文書で次のように宣言している。

中国政府は、閣下の書簡に示された原則に賛同し、米国政府と固く結びついており、新たな封鎖措置に対してドイツ政府に精力的に抗議することで、同様の行動を取っている。中国政府もまた、国際法の原則を維持するために必要と思われる行動を将来的に取ることを提案している。

同日、正式な抗議文がドイツ公使に送付された。

二月十日、全閣僚が国会の秘密会議で、自分たちの取った外交措置について報告した。報告は好評であったが、続いた手続きに関する質問がいくつかあっただけだった。国会では、これは内閣の法的機能の範囲内での行動であると考えられたため、投票は行われなかった。

国中に歓喜の波が押し寄せた。党派間の調和に希望が持てるようになり、政府の自尊心が目に見えて高まったのである。中国が強制や不純な誘導なしに、これほど重大な問題について明確な立場を取ったことは、中国人に新たな希望を与えた。中国人は国際的な権利を支持することで、自国の独立を支える力を強めることができると感じていた。

こうした交渉中、聯合国政府の代表は、非公式な表現ではあるが、提案された措置を慎重に支持していた。決定が下されると、中国の行動を満場一致で支持した。ベルギー人の同僚が私に言った。「空気が浄化され、中国と列強の重荷が取り除かれた。アメリカの株価は百％上昇した」。

二月九日の夜、サム・ブライス氏が晩餐会を開き、ジョージ・モリソン博士をはじめとする多くの米英の友人が出席した。晩餐会は祝賀会となった。モリソン博士は私にこう言った。「これは中国で成し遂げられた最も偉大なことだ。これは新しい時代の到来を意味する。中国人は国家としての自覚を持つようになるだろう。それも、狭くて利己的な目的のためではなく、中国人の権利を守るためだ」。

しかし、事はまだ成し遂げられていなかった。中央政府の決定が中国全土ですぐに受け入れられるわけではないことは十分にわかっていた。反対派が出てくるかもしれない。ある地域では、ドイツに強いシンパシーを持つ人物が支配していたり、中央政府を困らせたり困難に陥れたりする政治的な陰謀が行われていたりした。全中国は、政府が下した決定を理解し、支持しなければならない。

地方の指導者の中では、南京にいる副総統の馮将軍が最も重要であり、彼に相談しなかったという失態があったため、彼はこの決定に反対する傾向があった。馮将軍には信頼を寄せるドイツ人顧問が何人かいて、彼にドイツの無敵性を強く信じさせていた。

幸いなことに、サム・ブライス氏は上海に行く途中で南京に立ち寄り、ジャーナリストとして副総統にインタビューすることになっていた。ブライスは彼と議論を重ねた。馮国璋は本当に傷ついていることが分かった。この件はスムーズに解決した。サム・ブライスは、W・H・ドナルド氏の協力を得て、中国は単に国交断絶を求められているだけで、戦争をするわけではないことを将軍に印象づけた。長い間真剣に話し合った後、サム・ブライスの横槍もあり、副総統は十分に納得して政府の方針を支持することを表明した。（このように、民間人による非公式な訪問が良い結果をもたらしたことはよくあることである）。

他の方法、他の人々によって、さまざまな指導者たちが訪問され、中央政府の行動の根本的な理由を知らされた。これらの影響は累積効果と相互作用し、反対意見はまとまらなかった。ドイツの潜水艦戦を非難し、必要であればドイツとの関係を断ち切るという方針は、ある種のフットボールの「妨害」のような形で、タッチダウンを決めたのだ。

知的なチームワークとアメリカのエネルギーは、中国が必要としていた後ろ盾を与え、まずアメリカとの協調行動を保証した。二月に外交総長を招いて行われた外交晩餐会では、中国の外交的行動についての話題で盛り上がった。フランス公使館のマルテル伯爵とペリオ氏、イギリス公使館のマイルズ・ランプソン氏、ロシアの中国担当財務顧問であるコノヴァロフ氏、その他の聯合国の代表者たちが、夜になって私のところにやってきて、アメリカのイニシアチブと中国の取った態度に非常に満足していると言った。今回ばかりは、誰も中国の行動を否定することはできない。

日本側も賛成を表明したが、すぐに中国に宣戦布告という更なるステップを踏ませようとし、フランス公使も積極的に動いた。日本は主導権を回復したいと考えていた。中国国内のさまざまな党派の間では、陰謀と反陰謀の大運動が繰り広げられ、中国の行動がもたらす統一的で刺激的な効果を破壊する恐れがあった。聯合国に参加するかどうかという問題は、政治的な問題にまで発展した。閣僚のほとんどは、このような状況から距離を置いていた。梁啓超がこの問題について私に尋ねてきたとき、私は、政府からの指示がないにもかかわらず、もしそのような事態になったとしても、国交断絶で十分だと考えていることを伝えた。数日後、国務省からも同じ趣旨の指示があった。

三月中、私は馮副総統と黎大総統に何度も会った。馮氏は、小柄で細身、知的な雰囲気を持ち、禿げていて、目つきは鋭いが、揺らいでいて、礼儀正しかった。私は彼の言葉遣いの洗練さと音楽的な質の高さに特に満足した。私は彼と一緒に全体を見渡し、特にドイツのUボートに対するアメリカの具体的な異議の問題について、彼を満足させた。彼は最終的に、「私はドイツとの断交を心から完全に支持します」と断言した。

私は、黎将軍がドイツとの断交だけでなく、総理である段祺瑞将軍との内部断交にも賛成していることを知った。黎将軍は、「彼は信用できない、彼は私を実権から排除しようとしている」と言った。私はこの二人が協力するようになることを心から期待していたので、この内部での摩擦に少なからず悩まされた。

そんな時、伍廷芳博士と会った。外交総長であると同時に、霊能者でもある。私が入ると、彼はいつもの調子で、朝の仕事を同席の顧問に任せ、哲学に没頭していた。スピリチュアリズム、長寿、菜食主義の利点などは、彼にとっては真の思考と思索のテーマであった。神秘的な言葉で彼はこう言った。「ヨーロッパから世界の表面全体に徐々にオーラが広がっている。それは人々の脳に入り込み、浸透し、戦争狂にしてしまう。我々はその最初の兆候をここで見ている」。

三月十日になっても潜水艦戦は修正されなかった。国会では、ドイツとの外交関係の破棄が正式に承認された。

我々の作業の進行中、私は指示を求めてほとんど国務省を罵っていた。しかしその指示が来たのは、国交断絶が正式に通告された三月十三日になってからだった。これらは中立国側の協力を要請する文書が、むしろ私によってあまりにも強く作用したことを暗示していた。私は内心面食らった。

ある政府が生と死、そして自国と一般文明のすべての利益に関わる一歩を踏み出すとき、それに関連して他国に協力を呼びかけるとき、その政府が自分の言っていることを意味していると推定するのは普通である。政府は、自らが発動する行動には大きな犠牲が伴うことを理解すべきであり、軽々しく発動してはならないのである。責任ある官僚ならば、このようなメモを観念論的に解釈することは正当化されないだろう。

すぐに財務上の問題が発生した。古代的な中国は、現代の世界情勢の中で勇気ある一歩を踏み出した。これからは戦争をしなければならないかもしれない。そのためにはお金が必要であり、またそうした不測の事態に備えるためにもお金が必要だ。実際、中国は内外ともに財政を整える必要があった。袁世凱の帝国主義は負債の重荷を残していた。共和国は、新しい国家信用システムと天然資源集結によって強化される必要があった。現在、公的債務は比較的少なく、数億人の国民に対する課税率も低い。基本的には健全な状態であった。昨年の夏頃から、こんな質問を受けていた。アメリカは中国に一億ドルの投資借款を提供して、中国を支配し、「勢力圏」に分割しようとする金融業者から中国を解放するのか？

袁世凱の帝国主義的野心のために渡米した顧維鈞公使は、現在、共和国のために働いている。私は当初、オプションを保持するリー・ヒギンソン商会に融資を完了させることを提案した。しかしそれは実現しなかった。一九一六年十一月、顧維鈞博士はシカゴの「大陸商業銀行」のジョン・J・アボット氏に多額の融資を申し込んだ。アボット氏は、中国の金融事情を調査したいということで、弁護士を連れて一九一七年四月に北京にやってきた。私はアボット氏に中国の閣僚たちと知り合いになってもらい、シカゴのジョイ・モートン氏と一緒に、黎大総統、陳錦濤博士、徐恩源博士と昼食を共にした。大総統は、「アメリカの専門家が中国の信用を適切に組織するために必要と考える金融立法をすべて支持する」と述べた。

陳博士は敵の陰謀で逮捕され、牢獄に入れられたが、徐恩源は健全な金融教育を受けており、大丈夫だった。最終的にアボット氏は、酒税とタバコ税をベースにした独創的なスキームを提案した。つまり、年間収入百万ドルごとに五百万ドルの融資を受け、一千万ドルの税金があれば五千万ドルの融資の担保になるというものだ。アボット氏は、これらの税金を再編成するための計画と、前年十一月に貸し出された五百万ドルとさらに二千五百万ドルのオプションに加えて、この基準での融資の問題をいつでも取り上げることを約束して去った。

第22章　中国のボスたちが北京にやってくる

軍閥を使って圧力をかける

中国の財政総長である陳錦濤氏が刑務所に収監された（注／一九一七年四月）ことを記した。陳博士は、最も困難な時期に中国の財政を厳格に管理していた。しかし、膨大な人口を抱える中国の実質的なボスである総督（督軍）にとって、彼はあまりにも正直で、あまりにも厳しかった。督軍らは財政総長を、自分たちのために何としても資金を調達する義務がある存在と考えていたのである。

政府の銀行が破綻してモラトリアム宣言をしたとき、大量に発行した紙幣の価値は額面の半分にしかならなかった。陳博士と行動を共にしていたのが、中国銀行の徐恩源常務である。彼が陳博士の協力を得て、中国銀行の紙幣を実質的に額面通りにすることに成功した。督軍らは国務総理の側近である親日派の協力を得て、徐氏と陳博士を攻撃した。陳博士には罠が仕掛けられていた。弟を雇ってもらう代わりに、ある会社を支援したように思われたのである。これで、ジョン・J・アボットのシカゴ銀行との交渉は終了となった。関心を持っていた黎大総統は苦悩していた。私が段祺瑞総理に陳博士のことを尋ねると、彼は微笑みながら「彼には自首する機会を与えるべきだ」と言った。

一方、総理と大総統の間の溝は広がっていった。宣戦布告を支持する政策を強化するために、総理は全督軍を北京に呼んで会議を開いた。九人の総督が来て、他のすべての省からも代表者が送られてきた。段祺瑞将軍の説得が功を奏し、四月二十八日には総理の戦争政策を支持することが決定された。

山東省の督軍は体格が良く、粗野な印象を受けた。彼の代議制に対する考え方は、彼が山東省議会で行った就任演説から何となく分かっていた。彼は、「諸君、君たちは大きな檻の中にいる鳥に似ている。もし君たちが良い行いをして、楽しい歌を歌えば、私たちは餌を与えるが、そうでなければ餌なしで過ごさなければなりません」と、温和で率直な言葉を投げかけた。

　私は北京に来た人たちの顔を見て、彼らの性格を観察し、彼らの個人的な名声と力の源を理解しようとした。私は彼らと個別に、あるいはグループに分かれて、主に戦争の進行状況や戦闘員の相対的な強さについて話した。私の招待客は満面の笑顔と上機嫌で、特に福建省の督軍は喜びに輝いていた。彼らの社交性は真の中国人そのものであり、ここでは地位に応じた軍人としての栄誉と歓待の精神で迎えられ、地方で権力を維持しているときよりも、より好ましい姿を見せることができた。彼らが全員到着した時に私が行った簡単な歓迎のスピーチに対して、徐樹錚将軍がアメリカへの友好を非常に強調して述べた。

　このように多くの総督が最も低い地位から出世したことは、中国の生活の根底にある民主主義の強い証拠である。しかしほんの一握りの人間が、それぞれの地方でそのような権力を行使することは、代議制の強さを示すものではない。

　軍司令官の中には教育を受けた者もいたが、彼らの多くは非常に質素な環境から出世した者たちであった。山西省の閻錫山《えんしやくざん》（一八八三～一九六〇）、浙江省の朱瑞《しゆずい》（一八八三～一九一六）、雲南省の唐継尭《とうけいぎよう》（一八八三～一九二七）、広西省の陳光遠《ちんこうえん》（一八七三～一九三九）、安徽省の倪嗣沖《げいしちゆう》（一八六八～一九二四）、漁師の息子である南京の李純《りじゆん》（一八六七～一九二〇）、福建省の李厚基《りこうき》（一八六九～一九四二）、張家口の田中玉は中流家庭出身で、いずれもかなりの博識であった。日清戦争で二等兵から出世した呉佩孚《ごはいふ》（一八七四～一九三九）将軍は、優れた知性と勤勉さで良い教育を受け、馮玉祥《ふうぎよくしよう》（一八八二～一九四八）将軍も同様に良い教育を受け、共にキリスト教を信仰していた。馮国璋大総統は貧しい家に生まれ、若い頃は地元の小さな劇場でバイオリンを弾いていた。

他の督軍の中には、中国人が「善良な人は決して兵士にならない」ということわざを当てはめた人が多くいた。こうした人々は、元々は苦力や盗賊、馬泥棒のような状態から這い上がってきたという点では確かに評価に値するが、国家のためになるとは到底思えないような資質を持っていることが多いのである。満洲総督の張作霖《ちょうさくりん》（一八七五～一九二八）は、最初は匪賊であったが、趙爾巽の恩赦を受けて官吏となった。張懐芝《ちょうかいし》（一八六二～一九三四）は苦力で、あまり教育を受けていない。直隷省の曹錕《そうこん》（一八六二～一九三八）は行商人だった。王占元《おうせんげん》（一八六一～一九三四）は馬丁だった。張勲、陸栄廷《りくえいてい》（一八五九～一九二八）、MuYung-hsing はトリオで、いわゆる「黒旗団」を率いていたが、張勲が官職を買って立派になるために、パートナーたちが五万テールを出し合ったこともあった。しかし彼はそのすべてを豪遊してしまった。これらの人物の前歴からすると、彼らが獲得した地位だけでなく、彼らの多くが個人的に洗練されていることにも驚かされる。

彼らは皆、政治力を役立つものとして扱い、金と兵士を使って確保していた。彼らはイタリアのルネサンス期のコンドッティエリ（傭兵隊長）のようなもので、富と権力という個人的な野望の目標だけを見据えていた。しかしこのような軍国主義者の中にも、公共政策に関心を持ち、国家の福祉と統一という考えを持っている人もいた。また彼らの中には、古いものと新しいものが混在しているように感じられた。彼らは突然大きな力を得て、飛行機や近代的な軍備について考えていたが、個人的な動機を超えて行動を促すような他の近代的な考えはまだほとんど持っていなかった。しかし人間としての資質は優れている者もいたし、中には真の公共サービス精神と行政官としての能力を示した者もいた。

段祺瑞の解任

日本政府はまだ中国を戦争に参加させようとしており、日本公使は黎大総統にそのように働きかけた。

私は五月九日に大総統と話をしたが、彼は議会が途中で覆されなければ宣戦布告に賛成だと言った。その後国務総理と会った。彼は、「もし国会が頑固であれば、解散することになるだろう」と単刀直入に言った。

私は、このような重要な問題で国会が無視されると、アメリカをはじめとする西側諸国に非常に悪い印象を与えることになると話した。私は、議会が宣戦布告に反対しているのではなく、戦争政策をコントロールすることを望んでいることを知っていた。しかし総理は「議会の反対は国益を無視して、単に党派的な利益を得ようとするものだ」と訴えた。段祺瑞は日本の態度について語った。「日本は、私が強力な政策をとるならば、彼らの支援を期待できると断言している。今、中国政府は日本に友好的にならざるを得ない状況にある。もちろん、私は誰にも貴重な権利を譲るつもりはないし、あらゆる面で中国を強化し、いかなる不正行為にも抵抗できるようにする」。

皮肉なことに、彼は国民党の南方の指導者たちに信頼を置けるかどうかを尋ねた。「孫文と岑春煊《しんしゅんけん》（一八六一～一九三三）の両名は、上海の日本総領事に対して、どちらかが中国の大総統になれば、二十一か条の要求のうち第五項で求められているものよりも広範な軍事・行政の監督権を日本に与える条約を締結すると、書面で確約したという証拠がある」と続けた。このように、お互いに相手の悪口を言い合っていた。

イベントはクライマックスに向かっていた。政府は意気消沈していた。陳博士は獄中にあり、その後任として李鴻章《りこうしょう》（一八二三～一九〇一）の甥である李経方《りけいほう》（一八五五～一九三四）氏が就任する予定だったが、情勢が不安定なままでは就任できない。交通部は下っ端が担当していた。内務総長を兼ねる教育総長は重病であった。国民党は、督軍の政策に効果的に反対できなかったため、議会での党の影響力を失っていた。督軍は段祺瑞将軍の信奉者たちと一緒に、国会に対するクーデターを計画していると考えられていた。

そんな中、私は英国公使館で開かれた夜のレセプションで、外交次長の陳籙《ちんろく》（一八七七～一九三九）と個人的に話をした。私は督軍が地方での緊急の仕事をせずに、ここに集まって中央政府を妨害していることへの驚きを伝えた。私は、戦争政策を遂行するために議会を転覆させようとする動きは、米国の共感を得られないであろうことをはっきりと理解させた。次長は督軍と密接な関係にあった。私は、彼が私の発言を彼らに繰り返すだろうと期待した。そしてその通りになった。

数日後の夕方、私が総理官邸を出ようとすると、ロイ・アンダーソン氏が「何かが起こっている」という知らせを持って現れ、私を鉄道駅まで送ってくれた。私たちは正陽門を通った。大通りには、軍需品や生活用品を積んだ多くの荷車が急ピッチで走っていた。その横を自動車が駆け抜けて駅に向かっている。駅のホームでは、軍人たちがさまざまな軍需品を列車に移すのに忙しく、混乱していた。私たちの友人である督軍の連中は、パーラーカーに集まっていた。私は観察と情報収集のためにアンダーソン氏をそこに残した。

督軍の連中は、突然、ボディガードを連れて北京から各省都に向かうことを決めたようだった。二、三人はもう少し天津に残って様子を見ることになっていた。彼らの急な退出は、黎大総統がついに優勢になったことを示しているようだった。

アメリカ人法律顧問であるウィロビー博士へのお別れの挨拶として、大総統は翌日の昼食会にウィロビー博士と私を招待した。黎大総統の表情は明るかった。督軍の混乱を見て、彼は大喜びした。「危険はすべて去った。私は段祺瑞将軍を解任し、新しい内閣を任命し、議会に強制することなく戦争問題を決定させる」と通知した。

私は大総統の自信の裏にあるものを知るために、内閣と段祺瑞将軍の居場所に何を置くのか、また、その重要な政党の協力なしに政府を維持できると考えているのかを尋ねた。

大総統は「ああ、そうだ」と言って、「すべて手配済みだ」と断言した。
さらに、誰を頼りにしているのか聞いてみると、言葉にならないほど驚いた。「張勲将軍が私を助けてくれる」。

将軍は昔は匪賊であり、軍国主義者であった。彼の思想は、代議制というものを全く理解していなかった。国会の正当性を証明するために、この将軍に頼ることができるのか、私には想像力がなかった。私が怪訝な顔をしていると、大総統はこう繰り返した。「はい、私を信じてください。将軍は頼りになりますよ」と繰り返した。

大総統が頼りにしたのは、張勲が味方になったからではなく、段祺瑞将軍への敵意であった。黎元洪は政府に対する考え方は極めて近代的であったが、この場合、強い人間同士を対立させることで勝利を得ようとする中国人の強い本能に従ったのである。

段祺瑞将軍の解任が発表されたと聞いた後、靳雲鵬《きんうんほう》（一八七七〜一九五一）将軍が私を訪ねてきた。彼は動揺し、心配していた。「段祺瑞将軍は北京を離れるべきだと思いませんか」と彼は尋ねた。「敵が彼の命を狙っているに違いありません」。

私は彼を励まそうと、近代的な政府では、このような浮き沈みは避けられないと言った。「相手側には、今のうちに政策を展開させ、実力を発揮させ、段将軍には、これまでの緊張を乗り越えて、この時間を静かな療養に充ててもらいましょう。再び権力の座に就く時が来るでしょう」と私は言った。善良な将軍の目は、感謝の気持ちで輝いていた。軍閥の中でも最も悪名高く活動的な倪嗣沖《げいしちゅう》将軍は、五月二十六日に段祺瑞将軍の解任は違法であると宣言した。彼の所属する安徽省は不賛成で、中央政府から独立して行動するのであると。

これが事態の進展に決定的な影響を与えた。

専門家によれば、大総統が直ちに倪を解任して処罰を命じ、後任に下級指揮官を任命していれば、軍国主義者たちは倪から離れていき、大総統は彼らを個別に処理することができただろう。しかし大総統は説得されて、倪嗣沖に融和的な手紙を送った。

これはもちろん、軍閥に対する倪将軍のリーダーシップを確認するものであり、さらに大多数の督軍が独立を宣言するきっかけにもなった。

軍閥の反乱

天津には、いわゆる臨時政府が設置された。軍部の老獪で利口な段祺瑞将軍や徐世昌氏は、この新しい組織からは全く距離を置いていた。

倪嗣沖将軍は、その中心的存在であった。臨時政府は、力ずくで中国銀行の天津支店にある中国政府の預金を手に入れた。大きな証拠となる人間は、親日派のメンバーである曹汝霖氏と徐樹錚将軍である。また北京政府の日本人軍事顧問である青木宣純（一八五九〜一九二四）将軍も現地に滞在していた。

北京では、政府に麻痺が生じていた。大総統は得た優位性をすぐに失ってしまった。鉄道では、督軍の輸送に関するすべての命令に暗黙のうちに従っていた。この時、革命軍の移動と天津および鉄道沿線への駐留の問題が出てきたが、日本公使は、外国軍による鉄道の保護に抵触する可能性があるという理由で異議を唱えることは非常に望ましくないという立場を貫いた。その二か月前、日本公使館は同じ鉄道沿いに政府軍の数部隊が駐留することに強く反対していた（注／義和団事件に伴う一九〇一年の北京議定書で、列強は山海関から塘沽、天津、北京までの鉄道線沿いに駐兵する権利を持った）。

大総統は、張勲を仲裁人として北京に招く指令を出した。

私が大総統に面談した時、彼は落胆した表情をしていた。若き英国語秘書の郭氏は、黎氏の話をより明るく自信に満ちたものにしようと努力していたが、私と一緒にいたテニー博士は、大総統の悲壮な中国語と、陽気に翻訳された英語を比較対象していた。

督軍の計画は、北京を孤立させ、締め上げることにあった。彼らは北京に通じる鉄道を支配して、食料品の出荷を妨げていた。鉄道を管理する官庁は、日本の影響を受けていることを忘れてはならない。中国の立憲政府は、軍事的・財政的な権威がないために麻痺していた。

戦争の問題は、中国人を悩ませた。第一に、軍国主義者が日本の影響力を利用して中国を支配しようとするのではないか、第二に、聯合国によって中国が補償を求める場にされてしまうのではないかと恐れていた。しかし、もし地元の政治的な問題が状況を完全に変えていなければ、列強の共同宣言を手配することができたかもしれない。それによって疑念が払拭され、中国が安心して戦争に参加することが可能になっただろう。

伍廷芳博士は、レノックス・シンプソン氏や中国のリベラルな言論人の提案を受けて、アメリカ政府に何かをしてもらおうと動き出した。彼はワシントンの顧維鈞公使に、倪嗣沖将軍と彼が指導している督軍の反乱についての情報を送った。南部の省はまだ大総統と議会に忠誠を誓っており、民衆や商業者はこの反乱を認めていなかった。ウィルソン大統領とランシング国務長官は、中国の代議制政府のために声明を出すよう求められた。続いて、ウィルソン大統領への直訴が行われた。

しかしアメリカ政府はすでに六月五日に、中国政府に内政の調和を求める真摯な姿勢を示す声明を伝えるよう私に指示していた。それによると、中国の政治的統一の維持や、党派争いの根絶を抜きにして、中国の参戦問題は二の次であるという。私は、米国はこの戦争を民主主義の原則のためのものと考えており、中国の行動の自由を強制したり制限したりすることを意図していると思わせるような招待状のいかなる解釈も遺憾に思うという個人的な声明を口頭で添えた。私は、米国が戦争における中国の協力をどれほど望んでいても、政治的な対立を利用したり、議会を無視して特定の党派と協力したりすることで、これを実現することは望んでいないことを明確にした。

段祺瑞将軍は、アメリカの声明を天津で非公式に伝えたファーガソン博士に、即座に自分は政治活動から完全に撤退したと述べた。中国の新聞はこのメモを非常に好意的に受け止め、中国の人々はアメリカの助言を歓迎した。馮国璋将軍は後に大総統になった時、私にこのメモのことを話し、このメモが中国の世論に与えた有益な影響について言及した。

中国国内の政治的対立はあまりにも私事のもので、外部からの友好的な提案によって克服することはできなかったが、それでも、アメリカの声明はすべての中国人にとっての基準となった。さらに中国の真の利益はアメリカ政府によって公平に考慮されており、アメリカが進めようとする戦争政策に完全に従属しているわけではないという事実を、説得力のある形で証明していた。中国各地からは、アメリカ政府が中国に対してこれほどまでに公正かつ真摯に語りかけてくれたことへの感謝と満足感が表明された。中国人は、中国政府と人民の自由な意思決定を派閥や政党が覆すために、戦争問題が利用されることを望まないというアメリカ政府の正義の精神を高く評価した。アメリカ自身が戦争中であり、したがって協力を歓迎していたので、この公正な政策は中国人を特に感心させた。

日本国内でも中国でも、日本の新聞はすぐにアメリカの行動に対する痛烈な批判を展開した。アメリカは日本に相談すべきだった。アメリカの行動は中国の内政干渉である。日本のある少将は、六月七日に北京で開かれた晩餐会で、「もし中国がアメリカの助言に耳を傾けるならば、中国は日本と折り合いをつけねばならない」と興奮気味に語った。

ワシントンの日本大使は非公式に抗議した。ブライアン長官は一九一五年三月十三日付の覚書で、日本と中国の間には政治的にも経済的にも特別で緊密な関係があることを認めていたではないか。北京のアメリカ公使が中国の政治問題に関与することは不可能で、日本国民はアメリカ政府が中国に送った書簡に敏感である。アメリカ政府がブライアン氏の発言を確認することは有益ではないだろうか？（注／二十一か条の要求について米国が日本に釘を刺した覚書だが、領土の隣接により、日本が南満洲、東蒙古、山東省に対して特殊の関係があることを認めている。つまり一九一七年に結ばれる石井・ランシング協定の基礎となる認識である）

このやりとりに対する回答が来たのは七月六日であった。それには、ブライアン氏の声明は、「中国の特定の地域における領土の連続性によって作られた特別な関係についてのみ言及している」とある。そのような関係であっても、米国が将来、中国と日本の間に生じる可能性のある問題に関連して表明することが正当化されないかもしれないと認めたわけではない。米国は、中国の動乱など、中国国民の福祉に影響を与える問題に無関心ではいられなかったのである。

六月九日、張勲の軍隊第一陣が北京に到着した。彼の理論は、「兵士の仕事は、自分自身を恐ろしくすることである」というものであった。黒いゆったりとした制服を着て、頭の後ろに辮髪をつけた野性的な騎兵たちは、征服者の風格を漂わせながら北京を走り回っていた。「調停者」は自分の裁定を強制する十分な軍事力を携えてやってきたのだ。

張将軍が到着すると、鉄道駅から満洲の都市 Manchu city の調停者・張勲の家までの通りは完全に封鎖された。私の車がその大通りを横切るために脇道にやってくると、騎馬兵が道を塞いだ。彼らは私の車の前部にぶつかりそうになり、銃を抜いて譲らなかった。彼らに私の通行権を説明するには、外交部に人を送る必要があり、それでも先に進むには彼らを轢かなければならないかもしれない。疑いなく外交部など、彼らには何の意味もないからだ。私は同行者に、自分の立場を彼らに知らせないように言った。私たちは、向こう側に用があるという理由で通り抜けようとしたが、彼らは馬を上下させて、ほとんど我々の車の中に入りそうになった。偉い人物が到着し、駅から住まいまで走り抜けるまで、私たちは待たされた。

数日後、私が呉廷芳氏のところにいたとき、内閣秘書官の名刺が持ち込まれた。私は、彼が呉氏に国会解散の詔書に署名するように仕向けていることを知った。午前中に聞いた話では、黎大総統がついに屈服したとのことであったが、張勲の中国再生のための最初の処方箋は、国会解散を宣言することであった。大総統は張氏の援助を頼りにしていた。召集した男の指示を受け入れるしかないのだ。

私は、車の外で私を待っていた友人と再会した。彼は内閣秘書官の運転手と外交部のドアマンの会話を聞いていた。運転手は、「お前んとこのじいさんはサインするつもりなのか？　見てた方がいい。でないと彼に何が起こるかしれないぜ」と言っていた。

このように、部下たちは目を光らせていた。

その日の朝、私が日本公使を訪ねると、彼は言った。「張将軍の調停は平和の最後の希望だ。国会は廃止されることが望ましい。国会は邪魔であり、ビジネスはほとんど不可能だ」。

伍廷芳氏は、国会解散の委任状に署名することを拒絶した。スピリチュアリズム、ベジタリアン、長寿などの分野で、私はこれまで彼の言うことをあまり真剣に受け止められなかった。しかし黎大総統が降参した後でさえも、自分が打ち倒されることを許さなかった彼の静かな勇気には感心した。六月十三日の夜明け前、伍博士はベッドから起こされ、北京憲兵隊の司令官である陽気な江朝宗《こうちょうそう》（一八六一～一九四三）将軍を国務総理に指名し、伍博士の辞任を受け入れるという大総統令に副署するよう求められた。夜明け前、江将軍は国会解散の詔勅に署名した。大総統は解散しなければ北京での騒乱を防ぐことができないと言われていたので、その交付に同意した。

こうして一九一七年の初夏が過ぎていった。事態は膠着状態に陥っているようだった。

第23章　一日だけの皇帝

皇帝復位計画

私の家族は夏の間、北戴河に行っていた。私は、最近北京に来て私のスタッフに加わったF・L・ベリン氏と二人で北京の自宅にいた。七月一日の日曜日は、朝が涼しかったので、かなり遅くまで寝ていた。ボーイの高が用事を聞きに来た時、彼は興奮した様子で叫んだ。「皇帝が復活しました！」と叫んだ。

私はこの驚くべき発表の意味をすぐには理解できなかった。彼は「本当です」「皇帝が戻ってきた」「人々は皆、黄色い龍の旗を掲げている」と盛んに話した。私は情報を求め、わけなく小さな皇帝が何か不思議な方法で夜のうちに復活したことを知った。

この君主制の動きは、誰もが全くの驚きであった。なぜならば、それは完全に張勲将軍の個人的な行動であったからだ。彼の公布文に名前を連ねて彼を補佐していた者たちは何も知らなかったし、参謀総長、憲兵隊や警察の責任者など、補佐すべき者たちでさえも想像していなかった。

六月二十九日に、中国の「現代の賢人」と呼ばれる康有為《こうゆうい》（一八五八〜一九二七）が北京に到着し、彼と共に復位（復辟《ふくへき》）の計画を立てた。康有為は、一八九八年の第一次改革運動を主導した人物であるが、絶対主義に反対しており、一貫して立憲君主制を信奉していた。彼は哲学的な理論で張勲を励まし、詔勅もすべて書いた。二人は皇帝の復位が実現すれば、すべての総督がすぐに政府の積極的な支持者になると考えていた。総督たちの本音は悪名高い帝国主義だったのだ。彼らの同意は当然のことで、作成された勅令も同意があったことを明示している。

私が知ったところによると、張勲は日本公使と皇帝復位の可能性についても話し合っていたようだ。日本公使は、まず軍部の重鎮たちの同意を得なければ復位を行うべきではないという意見を述べた。彼は日本公使の助言を心強く思い、自分の運動が外交的に認められると信じていたのである。

六月三十日、張勲は康有為を中心とした側近に、必要な勅令を作成させた。この勅令には、馮国璋、陸栄廷などの有力な総督が帝政復帰を嘆願していることが記されていた。中央政府と地方の最高位の人事名簿が作成された。ほとんどの場合、現在の総督が再任された。中央政府では、徐世昌が皇帝の後見人、梁敦彦が外交総長、朱家宝《しゅかほう》（一八六〇～一九二三）が民生部尚書という重要人物が任命された。王士珍《おうしちん》（一八六一～一九三〇）は参謀総長として留任した。

驚くべきことに、同意が当然とされた例として、黎元洪大総統が自ら帝国の再興を嘆願したことが勅書に記されており、この勅書によって黎は第一級公爵に任命されたのである。

この勅令の発表準備が整うと、その日の夜には北京の軍部と警察部の責任者を招いての晩餐会が開かれた。場所は江蘇ギルドホールである。大量の酒を飲み干した後、張勲は中国救済のための計画を語り、準備はすべて整っており、軍事的・外交的な支援も保証されていることを述べた。そして参謀総長を指して言った。「もちろん、あなたはこの運動を支持しています」。

王将軍はすっかり驚いてしまったが、達成された事実を前にしては、断ることはできなかった。同様に国家憲兵隊長の江将軍、警察署長の伍将軍の同意も得られた。

こうして冒険はスタートした。張勲は、王将軍ら四人にすぐに黎大総統の邸宅に行って起こし、復辟を求める覚書に同意してもらうように指示した。張勲自身も内廷 Imperial City に向かった。公爵家の支持を得られなかったため、宮中の宦官《かんがん》に多額の賄賂を渡して門を開けてもらい、若い皇帝の私邸に連れて行ってもらったのだ。張勲はひれ伏して、国民が皇帝の復位を望んでいることを伝えた。そこで彼は怯えた少年を大玉座の間に連れて行き、召し出された家臣や皇族が見守る中、正式に皇帝の座に就かせた。そして準備していた詔書は正式に封印された。

想像に難くないが、いくつかのコミカルな出来事があった。ある高名な人物が、国務総理に呼ばれて、大総統と閣僚の地位について話し合うことになった。復辟の話を聞いたばかりの私の中国人の友人が、朝十時頃ホテルで彼を見かけた。北京での用件を尋ねると、「総統官邸に向かう馬車を待っている」と内緒で答えた。「大総統はいない、皇帝が今朝四時に即位した」と彼は言われた。偉い人の驚いた様子が面白かった。

前日の夜に軍人たちが騙されたように、北京も一日だけ騙されたのである。このニュースが広まると、人々はほとんど歓喜に近い興奮を示した。黄龍旗が出現した場所では、すぐに街全体がお祭り騒ぎになった。過去の栄光の記憶がよみがえり、北京の人々は一転して帝国主義者になったかのようだった。しかしこの運動が最高潮に達したのは、七月二日の朝までだった。

私は張勲将軍を迎えるのを避けた。梁敦彦氏が外交総長に就任するために来たが、私は彼にも、他の張将軍の大臣にも会うことを控えた。テニー博士に出てきた者と話すように頼んだ。梁氏はもともと帝国主義者で、「これで中国は救われる」と意気込んでいた。彼は外国の外交官は容易に復辟を認めてくれるだろうと信じていた。

段祺瑞の決起

月曜日（七月二日）になると、この運動の性格を疑う声が聞かれるようになった。段祺瑞は帝国の公職リストには載っていなかった。このことについて尋ねられた張勲は、段将軍は重要ではない、彼の指揮下には軍隊はないと答えた。だがその知らせが天津に伝わった運命の夜の午前二時頃、梁啓超は友人とトランプをしていた。梁はすぐに段将軍の家に行ったが、彼も同じようにトランプに興じていた。段将軍は全くうんざりしていて、北京で何が起こっているかを考えるのは勘弁してくれと言った。さらに詳しい情報が入ってくると、この運動がいかに一人で行われているかが明らかになってきた。その時、段祺瑞が目を覚ました。

この時の段は、実際には命令権限のない一民間人に過ぎなかった。しかし後になって知ったことだが、梁啓超は、帝政運動に対抗して軍を動かすための資金を日本の友人たちに求め、そのために自分と段将軍に百万円を融資してもらったのだ。この資金は通常の状態に戻ったときに政府の借款として扱われることになっていた。

二人は火曜日に馬廠に向かったが、そこには黎元洪大総統を倒そうという第八師団が野営していた。段将軍はその結果に不安を感じていたというが、司令官たちを呼び寄せ、「自分は常に復辟に反対してきたが、今は一人の将軍によって試みられている」と宣言した。この行為に対抗するため、彼は共和国軍の指揮をとることを提案した。

段将軍はすぐに最高司令官として認められた。一方黎大総統は、張勲の説得には応じず、復辟を望むという言葉を完全に否定した。彼は大総統権限を副総統に譲り、段祺瑞将軍を総理兼総司令官に任命するという指令を出した後、公使館地区に避難した。私は天津にいる段将軍に個人的な代理人を送ったが、彼はすでに軍事的状況を完全に掌握しており、十日以内に張勲を討伐可能と宣言した。

戦闘の開始

北京周辺では戦争行為の恐れがあり、また掠奪の危険性も常に存在するため、私は何人かの同僚と事前に注意すべき点を話し合い、日本公使との間で、それぞれが天津から一個中隊の援軍を連れてくることで合意した。一方、段祺瑞部隊が動き始めた。張勲の部下は彼らの前進を妨げるために、北京から天津までの約三分の一の地点で鉄道を破壊した。

外交団の一部は、鉄道の上や近くで戦闘を行ってはならないと我々が通知するよう要請した。私は、我々が張勲の部隊が北京と鉄道沿線に駐留することに異議を唱えなかった以上、張勲に対して必要な行動をとることを認められた政府の軍隊に異議を唱えるのは正当ではないという立場をとった。しかし、鉄道の通行を維持する権利を主張することは可能である。これは承認された。七月五日、交戦中の将軍たちに鉄道を開通させ、毎日各方向に少なくとも一本の列車を走らせるよう要求した。

七月六日にはアメリカ軍の歩兵が北京に到着し、七日には北京と天津の間を初めて列車が走り、実際に一本の列車が戦闘中に両軍の間を行き来した。この日は段祺瑞将軍が直接指揮する部隊と、張勲の部隊との間で戦闘が行われ、激しい銃撃戦が繰り広げられたが、犠牲者は少なく、張勲の部隊は最終的に北京に向かって退却した。曹錕将軍の部隊も西から北京に進撃してきた。

金曜日、国立印刷局のグラント氏は、市の南部で掠奪が行われているという報告を受けて、自動車で公使館区内に乗り付けた。私たちは城壁を登った。正陽門からは、興奮した集団が大通りを行き来しているのが見えたが、数人の負傷者が運ばれてきただけで、何も起こっていなかった。この騒ぎの原因を調べるために、私はベリン氏と一緒に人力車で中国人街に行き、正陽門大通りの端まで行ってみた。通りはまだ混雑しており、人々は興奮していたが、行儀はよく、店はすべて閉まっていた。通りの南端付近では、店の前に陣取っている何人かの商店主が、城壁の外から張勲の軍隊が戻ってきたことを知らせてくれた。掠奪が予想されたが、それはなかった。私たちが天壇に行くと、そこでは大勢の人が軍隊のテントの間を歩いていた。戻る途中である店に立ち寄り、三十分ほど骨董品を見た。出てきた時、人力車は消えていた。ファーガソン博士も加わって探した。突然、ベリンが人力車の男に向かって叫んだ。彼は他の十数人と共に、張勲の下士官たちを南方に運んでいた。私たちは人力車を占領している下士官に降りるように言い、やっと応じてくれた。

人力車はこれらの匪賊に徴発されていた。公使館に戻ると、我々の雇った車引きがちょうど戻ってきて、涙が出るほど興奮していた。我が二人の苦力は、最初に徴発されて男たちを帝都まで運び、そこでまた別の男たちに徴発されて天壇に運んだのだ。しかし我が車引きは、公使館街の入口に差し掛かったところで、匪賊を道路にひっくり返し、公使館地区に素早く入ったので、怒り狂った兵隊でも追いかけることができなかった。外国人の人力車がこのように使われることは、この兵隊たちが自らの欲望以外のものを無視していることを示している。

公使館に戻ると、素晴らしい色彩効果に気がついた。西の空には真っ黒な雲が浮かび、その上は明るい雲、もしくは怒りの炎のような色をしていた。その中に北京の暗い壁や塔がくっきりと浮かび上がっていた。通りには、落ち着きのない期待に群衆がひしめいていた。突然、夕日の光が消え、空は黒くなり、鋭い突風が都市の埃を北に巻き上げた。そして稲妻の閃光、雷鳴、豪雨がやってきて、興奮した頭を冷やし、すべての人を避難所に追いやった。この日の午後は、奇妙で幻想的な雰囲気に包まれ、さらに奇妙なことが起こることを予感させるものだった。

張勲軍の胡大佐という人物がフランス公使を説得して、この都市が掠奪、戦闘、騒乱の危険にさらされていると伝えてきたことを知ったのは、七月八日の日曜日、友人と競馬場で昼食をとっている時だった。胡大佐は、唯一の救いは、徐世昌に天津から来てもらって調停することだと言った。そこでフランス公使は同盟国の同僚を説得して、段祺瑞将軍に徐世昌を説得して調停人として来てもらうように促す書簡を送ることに同意させた。これは私には賢明でないと思われた。張勲がすでに敗北したも同然の状態にあるときに、これは、彼が影響力ある外交団による調停の条件や人員を指示する権利があるとして厳粛に扱われることを意味しよう。私は北京に戻って同僚に会い、自分の意見を強く訴えた。英国の担当者は、天津の領事から段祺瑞将軍が調停に絶対反対しているという報告の電報を受け取ったばかりだったので、同意を撤回した。張勲は外交団に認めてもらおうと粘ったが、意図していたようにはいかなかった。フランス公使は伍廷芳博士を嫌っていた――これは張勲支持を意味するが、張勲のゲルマン人との関係が明らかになるにつれ、次第にその政策の裏返しが見えてきた。

康有為は八日に私の家に避難してきたので、私は彼に私たちの屋敷の一つに部屋を用意した。彼の話によると、張勲は徐世昌をはじめとする重要な君主主義者たちから全面的な支持を受けているという。次の日、彼は醇親王が私に相談したいと言っていることを教えてくれた。

私は醇親王を康氏の指定する家に来させるよう手配し、そこで私は満洲人と賢人と二時間の会話をした。康有為は、立憲君主制の利点について長い議論を始めた。彼は自分の行動を説明し、自分が反動主義者ではなく、中国に最も適していると考える君主制の下での進歩を目指しているだけだということを私に証明したかった。

この間、醇親王はずっと黙っていた。かなり落ち込んでいるようで、最初は何も言おうとしなかった。健康状態を尋ねた後、私は何か言いたいことはないかと尋ねた。本当に悲しそうな目をして、私の顔をじっと見て言った。「どうしましょう。どうしたらいいのでしょう。私の家は勝手にこの事件に巻き込まれました。無理やり押し付けられたのです。私たちは共和国との間で交わされた協定から離れたくありませんでした。しかし張勲は我々の話に耳を傾けなかった。これが唯一の道だと言うのです。さて、私たちはどうすればいいのでしょうか」。

私は彼に、帝室の困難な状況を理解しているが、もちろん状況の詳細を十分に把握して意見を述べることはできないと言った。共和国政府の指導者たちが帝室の真の姿勢を知り、皇帝が張勲の運動と公式に完全に縁を切るのであれば、帝室を苦しめることはないだろうと思ったからである。私は彼に、皇帝が絶対的、永久的に帝位の権利を放棄し、共和国に完全に忠誠を誓うという布告を出すことを考えたかと尋ねた。

醇親王は私を見て愕然とした。「いや、それは駄目だ。それがどんなに望ましいことであっても、皇帝にはできないことなのです。彼が受け継いだ権利は彼のものではありません。祖先からの信頼で彼に与えられたものです。彼はそれを維持し、子孫に引き継がなければなりません。彼と私たち家族は、これらの権利を国に対抗させるようなことはしてはならないが、先祖の息子として、これらの権利を否定することはできない」。

共和制の中で清帝国の伝統を維持している帝室、紫禁城に住み続けている皇帝、共和制の大総統の住居の隣人でありながら、再び政治の世界に入って主権を握ろうとはしない！　この答えほど、中国の複雑さに深く感銘を受けたことはなかった。中国人が皇帝を紫禁城に留まらせた理由がわかった。先祖代々の家であり、追い出されることはない。中国人と満洲人の間では、この共通の敬意が一つの理解となっていた。

醇親王は、帝室の忠実な友人である徐世昌を北京に呼び寄せて調停してもらい、これまでの帝室への優遇措置を維持してもらいたいと考えていたようだ。この点については、私もはっきりとした意見を持っていたので、彼を励ますことはできなかったが、帝室の数奇な運命に心から同情するという一般的な表現で我慢するしかなかった。

この日の午後、外交団では再び調停の問題が取り上げられた。公使たちの中には、このままでは都が大変なことになると心配する者もいた。私は、この問題に我々が干渉しても良い結果は得られず、状況をさらに混乱させ、複雑にするだけだという強い意見を持っていた。どんな不都合があろうとも、今回だけは中国が自分たちで解決しなければならない。対立する勢力の強さや全体の状況を知っていたので、放っておいても共和国軍は簡単に成功し、騒動は起こらないだろうと信じていた。私は、共和国を攻撃した将軍のために実質的な介入となる行動には原則として反対であり、そのような外交的行動以外には、共和国の転覆を防ぐことはできないと考えていた。

七月十日、私は国家憲兵隊長である江将軍の代理人から接触を受けた。彼は、張勲の意思に反するが、彼自身の安全のために彼をアメリカ公使館に連れてくることが望まれており、その旨の合意が各司令官の間でなされていることを述べた。私は、このような状況下では、張勲にどのような保護を与えることができるかを外交団が議論するのがよいと述べた。非公式の会議が開かれ、英国人の担当者は、もし張勲が連行されてきたら、彼が受け入れることに同意した。

七月十一日の午後遅く、段祺瑞将軍から各公使館に連絡が入った。夜のうちに軍隊が市内の張勲部隊攻撃に出動し、十二日の明け方に天壇と張勲軍占領地域への砲撃を開始するという。私は公使館警備隊長と協力して、特に影響のある地域に住むアメリカ人に安全を確保するよう通知を出した。十八人の避難民が公使館にやってきて、日中は研究生食堂で世話をした。天津から来た第十五歩兵隊の一個中隊が、私の住居の前の屋敷に陣取ったが、彼らのテントや軍装から、軍事的な準備は整っていることを告げていた。

七月十二日の夜明けに、私は大砲とライフルの音で目を覚ました。戦闘が始まると、人々は興味本位で城壁の上に出て行った。しかし流れ弾が頻繁に壁に落ちてくるので、司令官は退去を命じた。残念ながら見物人の何人か（その中には三人のアメリカ人もいた）は負傷した。戦いの最中、皇帝の家庭教師たちから、後室の女性たちが皇帝を私の家に連れてくる準備をしているという知らせを受けた。七月九日以来、彼女たちは皇帝を安全のためにこの公使館に移すことを欲していた。彼女らと一部の公爵はこれを望んだが、張勲の影響下にある宦官たちはこれに反対した。摂政王も張勲の影響を受けて、同じ考えを持っていた。このようにして、ほとんど存在を忘れられていた宦官たちが、さまざまな場面で、この奇妙な事件の舞台に登場することになったのである。

銃撃戦が最高潮に達し、飛行機からいくつかの爆弾が帝都に投下された後の十一時頃、帝室の友人数人と赤十字社のファーガソン博士が皇帝を救出して公使館に連れて行こうとしている旨の電話連絡があった。私は家を用意した。三十分後、赤十字の旗を掲げた二台の車が公使館の敷地に入ってきた。ベリン氏は、皇帝夫妻が車から出てくるのではないかと思って玄関に駆けつけたが、興奮して震えている孫宝琦氏だけ連れて戻ってきた。私は孫氏を応接室に連れて行き、お茶で慰めた。彼はまだ皇帝が来ることを期待していた。自動車は再び宮廷に向けて出発したが、飛行機は爆弾を落とさなくなり、砲撃の勢いも弱まったので、宮廷の人々は脱出を断念した。

午前中ずっと図書室に座って報告を受けたり指示を出したりしていると、頭上では銃弾や砲弾の音が絶え間なく響いていた。我々の公使館には砲弾は落ちなかったが、イギリス側には二、三発落ちた。中国人の砲撃は非常に正確だった。そこに座って叫び声の騒ぎや、正陽門からの射撃、銃や大砲の一斉射撃を聞いていると、これまで経験したどの七月四日よりも音の大きさが増しているように感じ、中国人が立ち上がって大きな問題を解決する日を迎えるのを見ることができたことに私は感謝した。すぐに、戦闘はその音に見合うものではないことが分かった。

正午前、張勲は中国警察のドイツ人従業員に伴われて、オランダ公使館に連れてこられた。将軍たちに説得され、ほとんど力ずくで連れてこられたのである。彼はまだ自分が調停できると錯覚していた。オランダ公使がそれは不可能だと告げると、彼は自分の軍隊に戻りたいと言った。もちろん、それは許されることではない。

夜明けから正午近くまで激しい銃撃戦が繰り広げられた。野砲、機関銃、小銃などがあたりを圧していたが、十一時頃から徐々に銃声が弱まり、午後四時には完全に止んだ。私はその後すぐに自動車で各戦場に向かった。張勲の家には数発の砲弾が命中しており、政府軍の間接砲撃はかなり正確であることがわかった。人間の死骸は既に取り除かれていたが、馬の死骸は多数残っていた。天壇に行ってみると、驚いたことに、張勲の軍隊は銃や大砲を持って野営し、食べたり飲んだり、元気に話したりしていた。彼らの話によると、五人の部下が殺され、その遺体はまだそこにあるという。日中の膨大な弾薬の消費にもかかわらず、目に見える成果がないのは驚くべきことだった。しかし傭兵の戦い方は、できるだけ高い壁の後ろに忍び寄り、敵のいるであろう大体の方向に向かってめくら撃ちすることであることが分かった。従って戦闘員よりもむしろ傍観者の方が危険なのである。実際、七月二日の戦闘による死者は二十六名、重傷者は七十六名で、その半数以上が民間人だった。

午前十時、天壇にいた張勲の部隊は共和国の旗を掲げた。武器の引き渡し時に一人当たり六十ドルを支払うという合意がなされた。帝都の張勲軍はもっと多くの報酬を得ようとした。驚いたことに、七月十四日の土曜日になっても、中央警察本部では完全武装の張勲の兵士が見張っていた。七月十二日に敗走したと思われていたのに、その理由を尋ねると、指揮官たちはまだこれらの部隊に支払う金額を決めていないという。最終的には一人当たり八十ドルが合意され、七月十五日には、武器と辮髪を失った張勲軍は、お金を持って北京を離れ、山東省の農村に向かった。

黄龍旗は七月十二日、二日に現れた時と同じように突然消えた。街はすぐに日常の生活に戻った。

張勲の企てがすぐに失敗したのは、華北の君主感情がもともと弱かったからではない。実際、北方軍閥の中に君主主義的な傾向があることはよく知られている。このような運動が行われることは想定されていたし、もっと慎重に計画・準備されていれば、少なくとも一時的には成功したかもしれない。それが失敗に終わったのは、張勲が北方軍人の君主主義的な傾向をあてにして、潜在的な支持を実際の力に変えるための準備交渉を怠ったためである。しかしこの失敗が、中国の君主制に大きな打撃を与えたことは間違いないだろう。帝国の再興に二度も失敗した野心家たちは、このような冒険に乗り出す前に何度も考えるだろう。つまり復辟の努力は、かえって共和制をより深く定着させることになったのである。

第24章　ドイツとの戦争：再調整

戦争をするにはカネがいる

「中国政府は宣戦布告を決定し、この日、その決定が内閣によって正式に採択された」。八月二日、当時の国務総理であった段祺瑞将軍が私に伝えたのは、中国が世界政治にさらに参入するというニュースであった。私はこのことを他の情報源から知っていた。七月十四日に段将軍を訪問した際、彼はこの方針を告知した。彼は、黎大総統が放棄した総統の機能を馮国璋副総統が引き受けること、そして戦時政権になることを述べていた。

アメリカ政府は、中国に宣戦布告を迫るべきではないという考えを持っていた。当面、外交関係を断絶することで、戦争における我々の大義に十分貢献することができると考えていた。しかし日本は、特にフランスの協力を得て、中国政府に参戦を強く求めていた。中国人が、フランス、イギリス、イタリア、日本の間で結ばれた秘密条約を知ったのは、かなり後になってからだった。この秘密条約は、終戦時に日本が中国で望むことに対して、これらの国が効果的な抵抗をしないことを日本側に保証するものだった。

このような秘密の取り決めを知らない中国人は、戦勝国と付き合えば同盟国の立場になると考えていた。また段祺瑞を取り巻く軍国主義者たちも、戦争で勢力を拡大したいと考えていたに違いない。私としては、中国側に、アメリカ政府がこの問題を自分たちの最善の判断で決定することを望んでおり、戦争状況と中国の正義とを調和させる方法を見つけたいと考えていることを伝えた。

閣議決定を発表した段国務総理は、財政問題を私に話した。彼は、中国の戦争準備に必要な資金は、アメリカ政府、あるいは借款団と独立系銀行が提供してくれると明らかに期待していた。列強は、どのような保証を提供するかを検討していた。私は、中国の政府関係者とのこれまでの話し合いの中で、中国がこのような手順を踏むならば、将来的に容易に回避できないような言葉で、中国の政治的、行政的統合性を保証する列強諸国からの具体的かつ強力な保証を得る権利があるという事実を繰り返し強調してきた。私は、中国の主権的権利の完全な維持に有利な宣言に関する合意を成立させるために、継続して努力していた。一九一六年から翌年にかけての日本公使との会話では、このことを念頭に置いていた。中国が参戦を検討している今、私は再びこのような宣言が望ましいことを示唆し、今回は中国の主権を強化し、特別な特権や勢力圏がこれ以上増えないような声明を得ることに成功するのではないかと中国の政府関係者にほのめかした。

私の同僚は皆、このアイデアに賛成していた。中国政府にとって、このような具体的で効果的な宣言を確保することは間違いなく可能であっただろう。しかし中国政府は、宣戦布告の準備をしているという立場を利用して、必要条件としてこのような宣言を大胆に提案する代わりに、長い議論に巻き込まれてしまった。当初提案されていた内容は、かなり空虚な公式にすり替えられてしまった。

まず提案されたのは、各国政府が「中国の独立した発展を支持し、地方的、一般的を問わず、単独または共同で領土権や優先権の性質を持つ利益を中国に求めてはならない」という方針を表明することだった。中国側はこれに加えて、「国際関係における力の対等性から生じる利益を中国が享受するのを助ける」ために、他国政府が中国に全面的な援助を与えるという声明を提案していた。最終的に採択されたこの宣言は、「中国が国際関係において、その状況と大国としての配慮から利益を得られるようにする」ための友好的な支援を保証するものでしかなかった。曖昧で意味不明だが、後者の言葉が中国の愛国心をくすぐったのは間違いないだろう。この保証は八月十四日に中国に与えられ、米国もそれに参加した。

中国の内政状況は、君主制の打破によって大きく改善されたわけではなかった。共和国政府の復権者として北京に戻ってきた段祺瑞将軍は、中国政界のあらゆる要素を建設的な政策に結集させるチャンスを得たのである。彼は誰と手を組むか？　国民党に対する不信感が強かったため、彼はそれを無視して新政府を樹立し、その代わりに、「進歩党」といわゆる交通系を組み合わせて統治しようとしたのである。後者の真の指導者である梁士詒とその側近たちは、黎大総統の指令を受けてまだ亡命中であった。交通系の新派を牛耳っていたのは、日本の支援を受けて不釣り合いなほどの存在感を示していた曹汝霖であった。彼と、「進歩党」のリーダーである梁啓超は、ともに日本の支配下にあった。このように、日本の影響力は中国の問題に強く広く作用することができた。張勲の打倒を容易にし、段祺瑞将軍の指導を可能にしたのは、日本の借款であった。

この二つの党派は、段将軍を支持しながらも、互いに反目し合っていた。梁啓超氏は文学者であり、理論家でもある。日本人に長いこと援助されており、彼は日本の援助を利用する準備はできているが、本質的な国家の権利は放棄しない愛国的な中国人であると信じていたに違いない。実務家ではないので、自分が提案した施策が中国の最終的な独立にどのような影響を与えるか、必ずしも理解していなかったかもしれない。中国人や外国人の中には、彼を単なる日本の傀儡だと考える人もいれば、彼は本質的には誠実だが、その理論のために誤解されやすい人物だと考える人もいた。彼が財政総長である政権は、中国における日本の影響力を大きく増大させることになった。

曹汝霖氏は、皮肉屋で、現実的で、鋭敏なタイプの人物である。彼は、日本の中国政策の最も言いなりになる道具であった陸宗輿氏と密接に関係していた。曹氏は日本で教育を受け、妻の一人以上は日本人であり、仕事でも遊びでも常に日本人と一緒にいた。彼は自国や共和国の制度に対して率直に懐疑的な態度をとっていた。

政府は外国からの援助に依存していると感じていた。というのも、継承された重荷と現在の軍事費のために財政難に陥っていたからである。援助は日本からしか得られないと信じ込まされていた。アメリカ人は四年前に借款団を脱退しており、中国に関心を持つ機会はいくらでもあったが、シカゴ銀行の融資以上の実質的なことは何もしていなかった。中国では、生存の許容範囲と経済的なストレスの差が非常に小さく、数百万ドルのお金が良くも悪くも大きな影響力を持っている。

参戦をめぐる南北の対立

このようなニーズは、南方の共和主義者たちが冷淡だからこそ、より強調されていた。彼らは自分たちが政府から排除されていると感じ、段祺瑞将軍の誠実な目的を疑い、中央当局からの独立を維持しようとしていた。若い共和主義者の中で最も著名な上海の王正廷氏は、段祺瑞とその内閣は反動派の代表であり、彼らは望ましくない外国の影響力に強く支えられており、後者が事実上政府を支配するだろうと書いている。彼は段将軍に、自分が皇帝になるための道を切り開くという野心を持っているとした。彼に反対する人々は、中華民国が本当に共和国になるまで戦い続けるだろうと語った。アメリカの中国での行動について彼は、アメリカは紳士的にゲームをしているので、他の国がそのやり方にあまり気が進まない場合、出し抜かれる可能性が高いと述べた。一九一七年七月十九日付の伍朝枢氏からのもう一つの手紙を、一部だが紹介する。

……段将軍が軍隊の先頭に立って北京に到着したとき、現在施行されている憲法の遵守を宣言し、恒久憲法を完成させ、将来の議会の組織を規定するために、解散した議会を再び召集することを宣言していれば、国全体の善意と協力を得ることができる良い機会がありました。残念ながら、他の意見が優勢だったようです。合法性のかけらもない別の議会が召集され、将来の共和国の規制はその手に委ねられようとしています。これは、新たな内輪もめや争いを意味するだけです。旧議会に多くの欠点があることは認められるが、かつて段将軍に言ったように、我々が尊重しなければならないのは議会の名前、看板なのです……。

一方で、新聞には、ドイツへの宣戦布告に関して聯合国が行ったとされる問い合わせと、ほぼ即座に宣戦布告が行われるとの外交部の回答が掲載されています。さて、二月の運命の日曜日に行われた面談以来、この問題に関する私の意見や、そのような措置が中国に与える物心両面の多くの利益に対する私の確固たる信念、そしてそのために私が行ってきた努力については、言うまでもありません。そして上海に一週間滞在しても、私の意見は変わりません。同時に私は、あなたが先日米国政府を代表して外交部に提出したメモに示された見解に全面的に同意します。それは、現在最も必要とされているのは、国の統合と効果的で責任ある政府の樹立であり、これに比べれば、ドイツに対する政策の変更は、それが望ましいものであっても、二次的な重要性しかないというものです。実際、起こりうる内紛に備えてあらゆる人材と資源を確保しなければならず、中央政府の権限が国の半分程度しか有効でないときに、外国の大国に対して宣戦布告するのは馬鹿げているとしか言いようがないのです。中国の国益を損ない、少なくとも英国が提携している米国が提示した適切な助言に反するような措置を取るよう、このような政府に対して促すことで、聯合国がどのような利益を得られると期待しているのか、理解に苦しみます。まさにこの二つの理由から、政府に戦争法案を迫っているのではないかと疑いたくなるほどです。

南方の指導者たちは、段将軍の党が戦争政策において、国を犠牲にして勢力を拡大すること、特に南方の共和主義者を制圧することを目的としていると、はっきりと信じていた。利己的でないという目的さえも、彼らの政策が外国からの財政支援に基づいていることに起因するとされた。参議院議員の Kuang Yen-pao は国会での演説で、無謀な公的借款を契約した役人たちはこう考えていると言っている。「我々は自分の息子や孫の財産を守るために計画しているのであって、なぜ全国民を死の国に追いやることに躊躇しなければならないのか。自分の家族の喜びや幸せのために、全国民の苦しみはどうでもいいじゃないか」。しかし南方の指導者たちは、中央政府の宣戦布告という行為を否定しなかった。彼らは政治的には反対を続けたが、国全体を拘束するものとして北京の国際的な行動を受け入れたのである。

中国には、西洋のような主権や合法性に対する厳格な考え方はない。そのため地方政府はほとんどの問題で独立しているが、一部の問題では中央政府の指導を受けることも可能であった。独立宣言をしたからといって、不逞の輩と中央当局との間に何の関係もないということにはならない。このため、独立を宣言した総督のもとに外国人代表が訪れても、他国のように中央政府への侮辱とはみなされない。中央政府自身も、緊張をほぐす意味で、このような訪問を好意的に受け止める状況もあるだろう。私は公使館のアタッシェを不満のある省の総督に送ることを自由に感じていたし、私自身も自由に行くべきだった。

高官との面談でも、一番の話題は金融だった。戦争に参加する中国がそのような援助を受けるべきだということではなく、それは当然のこととして受け止められていたが、どのようにして援助を受けるかが唯一の問題だった。八月四日に私を訪ねてきた財政総長の梁啓超氏は、借款団による大規模な融資を支持していた。彼は、アメリカが再び提携することを望んでいた。彼がアメリカの独立した借款について語ったとき、私は彼に、国内で権限を認められた議会がない限り、借款を締結することも、シカゴ借款のオプションを行使することも困難であることを指摘した。その直後、私は代理大総統の馮将軍に会った。彼は言った――間違いなくこれは、私に何か楽しいことを言うだけでなく、すべての中国人がアメリカとの提携を好むからだ。「中国はドイツに宣戦布告したアメリカに追随した。アメリカは中国に独立して融資する時ではないか？　あるいは、それが問題にならないのであれば、アメリカはきっと借款団に参加するだろう、それが中国政府を安全かつ効果的に支える唯一の方法だからだ」。

「共和制の政府は、中国では永遠に安泰である」と彼は宣言した。私は、彼が以前は君主主義者だったことを思い出さずにはいられなかった。代理大総統は段将軍についてこう語った。「私は総理と非常に友好的な関係を築いている」と断言した。

八月二十一日に国務総理に会いに行った。その際、中国の鉄工業の話が出た。総理はこう尋ねた。「鉱業と製鉄の開発を進めてはどうか。国家的な中国鉄工業を作れば、工業用の一般融資の基礎になるだろう」。彼は当初、中国の農商部が専門家を招集して事業を始めるべきだと考えていた。私は、このようなプロジェクトが技術的に非常に困難であることを彼に伝えた。すると彼は、中国の国家的な鉄工業を確立するためには、経験豊富で責任のとれる強力な組織との契約が効果的であることを認識したようであった。また、「南京付近の鉱床はどうかわからないが、そのような協力事業には含まれないかもしれない」とも言っていた。

私は、彼が別のところから資金援助を受けようとしているのではないか、虎視眈々となっているのではないかと疑った。私は、外国人に鉄鉱石を供与することには注意を促した。過去にアメリカ人は、鉄鉱石は国のために確保されているので、個人に貸したり与えたりすることはできないと必ず聞かされていたからだ。

八月二十二日に段将軍を訪ねると、彼は以前にも増して饒舌になり、政策の全体像を語りたがった。彼は言った。「まず中央政府の権威を確立しなければなりません。私の目的は、中国の軍事組織を全国的に統一することであり、国の平和が地方の軍司令官によって常に乱されることのないようにするためです。このようにして統一された軍事力を、私は政治から完全に切り離し、特定の軍事目的のために限定するつもりです。現在、軍は派閥争いや政治的紛争に利用されています。これが不可能になったとき、我々は憲法と公共政策に関するすべての問題を解決するために、国民の心を市民生活の中に完全に解き放つのです」。

総理はこのような考えを持ち、国民政府の権威を擁護しようと努力していたと思うが、彼は軍事的権威の観点からしか考えていなかった。彼は、世論の形成と文民政権の必要性を理解していなかった。彼の反対者は、統合された軍事力が、結局彼によって、袁世凱のような軍事独裁政権の再構築のために使われるのではないかと恐れた。

段将軍の個人的な知恵と誠実さは尊敬に値するが、彼は補佐役の選択には恵まれなかった。北京でも地方でも、彼の直属の助言者は彼を悩ませた。彼が湖南省の総督に傅良佐《ふりようさ》（?～一九二六）を任命したとき、彼は湖南省のすべての問題がすぐに解決されることを期待していた。しかし、湖南省の人々は傅氏を歓迎しなかった。すぐに湖南省では、彼と中央政府の権威が疑われた。しかし総理は自分の代表を否定したり、見捨てたりすることはなかった。そのため、段祺瑞は個人的に強い影響力を持っていたのである。

中国政府の代表は、建設が遅れている漢口―広東鉄道について、なんとかならないかと、しばしば私に相談してきた。この幹線があれば南北を結ぶことができる。北京から広東への旅は、既存のルートでは十日から二週間かかっていたが、直通の鉄道を使えば二日で行けるはずだ。旅客だけでなく、郵便物や貨物の移動も活発になり、分離主義的な傾向を克服することができるだろう。しかし中国はこの鉄道建設を外国人に任せ、外国人は利権をもてあそび、利権を失い、利権の一部を取り返した後、その実行を遅らせていた。ヨーロッパは戦争のことで頭がいっぱいだった。そして中国が戦争に突入した今、中国の交通手段に残された比較的短い隙間を埋めることは、国家の準備として最も必要なことだと思われた。アメリカの親友である官僚たち、潘復氏、シームス・キャリー鉄道事務所のマネージング・ディレクターであるT・

C・サン氏、J・C・ホー氏らは、彼らの上司と同様に、アメリカがこの重要な商業のハイウェイを完成させるために先頭に立つべきだと私に主張した。

（注／一九一七年八月二十五日、孫文は段祺瑞の参戦政策に反対し、広東に軍政府を樹立して大元帥に就任した。これにより南北対立が激しくなる）

第25章　中国人は借金をするようになった

何もしないアメリカ

中国が財布にお金を入れる時が来た。中国はそれができると確信していたし、中国の偉大で豊かなスポンサーであり友人でもあるアメリカが、戦争のための開発の必要性に見合った手段で中国を支援してくれると確信していた。このような趣旨の提案が、国務省からワシントンの中国公使になされていた。中国にいかなる援助も与えられないとは考えもしなかった。

一九一七年の秋には、戦争に参加する極東の仲間のために、アメリカの最良の援助を確保するために、私のあらゆる力が注がれた。中国の財政問題に健全な基盤を与える機会を失うことは、私はできれば避けたかった。何よりも、日本という岩に誘い出す、金融のサイレンの音《ね》が中国に聞こえないようにするための支援が不可欠だった。（注／サイレンはギリシャ神話に出てくる妖精で、船乗りをその甘い歌声で自分の座る岩に座礁させると言われる）。中国はアメリカのリーダーシップを求め、それに頼っていた。このような状況下で、他のどの国も正当に反対することはできない。それは中国ですぐに大規模な軍隊を編成するような大事業ではなく、必要に応じてそのような動員のための道を準備することであった。これは戦争があってもなくても、中国と世界の福祉に貢献するような、永続的な事業を促進することによって行うことができる。それは交通手段の整備や食料供給の改善を意味する。それは戦後の復興を意味する。それはヨーロッパで使われた金額に比べれば、微々たるものである。アメリカは同盟国に何十億もの資金を貸していたが、中国にはたった一億でよかった。またこの問題でアメリカが独自に行動することを主張する必要もなかった。アメリカが共通の利益のためにリーダーシップを発揮し、仲間と協力することで、極東の状況を健全なものにするために必要な結果を出すことができたのだ。私は常に、個々のケースにおいて、他国の好意を必要としない、アメリカの独立した事業を望み、他国とのあらゆるもつれや半政治的な取り決めから解放されることを望んでいた。しかし世界大戦という大きな課題においては、他国との共同行動は当然のことであり、中国での行動も、アメリカの積極的なリーダーシップさえあれば、素晴らしい結果を生み出すことができたはずだ。戦争当事国はある行動に出た。彼らは中国の義和団賠償金の支払いを中断したので、中国は条約で定められた二十分の一の従価税の恩恵を受けた。二十年前の計算によると、五％だが実際には三％に縮小した。条約で決められたレートを元に戻すことは、公正の始まりとは言い難い。

　ここに中国の戦争で役目を果たす準備ができた。何をすべきか。アメリカでは、「食料が戦争に勝つ」というスローガンが流行っていたが、中国は食料を提供することができた。必要ならば、労働者や兵士として、何百万人もの苦力を供給することができた。戦争は、兵士としての訓練が年単位でなく、数か月でいいことを証明していた。最初は数十万人、次には五十万人の中国兵の計画が立てられた。

　私は自分の提案を国務省に訴えた。広東―漢口鉄道は完成させる必要があった。中国の武器庫や造船所を改装することができる。私は領事や大使館員に、中国の食糧資源の迅速な調査を依頼した。その結果、市場を確保するための措置をすぐに講じれば、大量の余剰生産が可能であることがわかった。中国人には食糧を育てる才能があり、その中には世界で最も優秀な園芸家がいる。しかしより多くの種を蒔き、より多くの作物を収穫するためには、さらなる信用が必要である。そこで、満洲にいたコーネル大学のタック教授と南京にいたベイリー教授が知恵を絞ってくれた。

イギリスとそのヨーロッパの同盟国は「破産」したと判断された。中国に貸し出す借款団があるとすれば、アメリカがその先頭に立つことになるだろうか。梁啓超財政総長がそれを提案した。中国には、信じられないほどの膨大な人的・物的資源を持つ公的な信用があり、それが組織化されるのを待っていた。中国の金融取引を利用して特別な利益を得ようとする見苦しい争いの推進者たちを一網打尽にする絶好の機会があったのだ。私は、アメリカに発展した中国という新しいビジョンを印象づけるために、どんな苦労も惜しまなかった。実に四年間、この目的のために働いてきたのだ。行動には二つの問題があった。米国内に外部勢力が働いて、中国での金融事業の自由な展開を阻止しようとしたこと。またニューヨークの金融家たちは田舎風で、他国のやり方に従うだけだった。

そしてもう一つの選択肢は、列国間の協力である。日本は同盟国であり、関連国でもあった。あらゆる場所で、私たちの金と戦債が彼らのものと混ざり合っていた。私たちは、参加者全員の利益のために中国を発展させるという方針を仲間たちに約束させるだけの力を持っていた。私は、この考えに基づいて新しい借款団を提案した。

私は大総統に会いに行った。彼は、「アメリカは、中国がヨーロッパの戦場で聯合国側に立つという目的を果たすためには、どんな手段も惜しまないだろう」と宣言した。

西原借款のはじまり

続いて私は国務総理のところへ行った。この頃になると、彼はそれほど友好的ではなくなっていた。時間が経ち、日本のお金の輝きが彼の目に留まったのである。私は二千万円の日本の借款と、それに付随する取り決めについて尋ねた。すると彼は「中国は外国に貸方残高を持つ必要はないのか。もしアメリカに融資するのであれば、同じような取り決めをするのではないか」と聞いてきた。奇妙なことに、彼は「まだ国会を召集する必要はなく、そのための時間もない」と付け加えた。軍国主義者である彼は、日本の支援を期待して安心していた。しかし彼は大規模な軍隊をヨーロッパに派遣することを望んでいた。

日本人はこの状況を知っていた。梁啓超が中心となって設立した金融協会に堀教授が派遣され、金融に関する講演を行った。講演の冒頭のテーマは、欧米列強の破綻であった。中国は日本にお金を頼らなければならない。堀に続いて、東京から十人の官僚が中国の金融行政を調査するために派遣された。そして、中国における日本の専門家として小林博士が登場した。遠慮なく言われていたのは、「通貨改革」のために顕著なポストを設けて、日本人が就任することだった。その後、阪谷芳郎（一八六三～一九四一）男爵が中国の金融を研究するためにやってきた。

日本からは借款の申し出があった。横浜正金銀行を通じて一千万円を貸し付けた。これは将来の再建借款の前借りに過ぎなかった。続いて交通銀行を通じて「工業用」と銘打って二千万円の融資が行われた。日本の二つの金融閥が登場し、頭角を現した。梁啓超は財政部の税関で横浜正金銀行を相手にしていたが、もう一つの閥は、曹汝霖と陸宗輿を筆頭に、日本興業銀行、朝鮮銀行、台湾銀行の三つのグループで活動していた。再建借款の規定を逃れるために「工業」と名づけられたこの融資には、中国交通銀行の日本人顧問がついていた。この融資は、交通銀行が減価償却した紙幣を強化するために使われたということは決してなかった。それは政治と軍事のために使われた。

日本の金融機関は、英仏の銀行が一九一一年以来保有していた通貨改革借款のオプションを行使しないことを冷静に計算していた。そうなれば、日本にとっては有利な状況になる。フランスとイギリスの公使館はこの件で忙しくなったが、我々も同様である。その結果、アメリカ政府は中国の通貨改革への関心を取戻し、安堵のため息が聞こえてくるようだった。私は梁啓超総長を訪ねた。彼は一九〇三年の条約と、アメリカが中国の通貨改良に長く関心を寄せていたことを覚えていないのだろうか。ジェンクス・コーナン通貨委員会があり、ウィラード・ストレートが行った長期にわたる交渉があり、その結果として一九一一年に通貨借款協定が結ばれたのだ。梁は、「これらのことはすべて覚えています。アメリカはこの問題をリードすべきです。私たちの銀行券は、価値のない紙を地方で発行することで、バラバラになっています。督軍は国立銀行を自分たちに都合よく曲げてしまった。銀行の帳簿は保存され、公開されなければならない。私は通貨全体の改革のために、三人の主要な外国人専門家を任命することを提案する。アメリカ人、ヨーロッパ人、日本人の三人にしましょう」。

通貨借款オプションの期限は翌年四月まで延長された。

しかし、日本のロッカーには別の銃弾が入っていた。突然、中国との「武器同盟」構想のニュースが日本の新聞を賑わせた。ほとんど威嚇だった。元々はロシアに武器を供給するために日本政府が組織した「太平社」が、中国に軍備を提供しようとしていたのだ。段祺瑞将軍は、以前から日本から「限られた量」の軍需品を購入するように言われていたという。日本公使は同意して、アメリカが戦争による貿易制限で日本への鉄鋼の販売を拒否している以上、日本が中国の鉱石を支配する時が来たと発言した。「日本は中国に武器を売ることになっている。なぜそのための原料を持っていないのか」と問いかけた。

この要求の不釣り合いさが、中国人を楽しませた。日本が目をつけた鉱床は四千万トンから五千万トンの鉱石だったのだが、鉄砲数丁には十分だというのである。

またこの交渉と並行して、日本の軍事顧問、工廠顧問の設置が提案された。

私は総理にこれらの報告について尋ねた。私は彼に、中国がどこからでも武器を購入することには反対できないと言った。しかし米国は借款や利権の交渉において、「門戸開放」と「特別な特権なし」という原則を堅持していた。米国はこういった支配を求めていないので、他の国に与えられないようにすることにも関心があった。

総理は私に、「私は常に率直で正直であると思わなかったか」と尋ねた。私は確かにそうだと答えた。「それでは、我々は日本から小銃四万丁、機関銃百六十丁、野砲八十台を購入した」と答えた。「付随的な誓約はない。私の軍人仲間（陸軍部次長の徐樹錚将軍、総参謀長代理の靳雲鵬、湖南省督軍の傅良佐）は、無条件で信頼できる。彼らはそのようなことを許可しないだろう」。

しかし、次の日にはそれを裏付ける証拠が出てきた。日本の軍事顧問権、南京工廠の管理、特定の鉄鉱床の権利などの交渉が本格化していたのだ。私は徐将軍に会い、彼に答える機会を与える前にすべてを話した。当時の私は、中国の独立性が侵害されることだけを懸念していたわけではない。欧米の利害関係者は、「我国の鉄鉱石埋蔵地を手放せ、残った鉄鉱石はすべて国のために保有される」と言われていた。この決定を受けて、我々は我が国民に鉄鉱石の利権は得られないと伝えていた。彼らに公平を期すれば、我々の利益を守らずに政策変更に同意できない。日本はすでに中国の鉄鉱石鉱床の半分を持っている。残りを手に入れるのだろうか。また聯合国政府の専門家に相談することなく、中国の軍備を標準化して、その軍備を現在の戦争で使用できるようにするのだろうか？

徐将軍は、「我々は非常に厳しい状況に置かれています」と説明した。「日本側は我々に何かして欲しかったし、我々は武器が必要だ。その武器は、現在の中国の軍備より大口径になるでしょう。日本側は新たな鉱床の割り当てを要求したが、それは契約の担保が必要だったからです。彼らは我々が提供すべき鉱石の量を減らすことでは妥協した。しかし一九一六年に日本側と周自齋が設立した会社との間で結ばれた、南京近郊の鉱床からの鉄鉱石に百万ドルを前払いする契約に基づいて供給しなければなりません。これが私たちにできる最善の方法です。彼らは最初、新しい鉱床の付与を要求していた」。

徐将軍は後で「もっと頻繁にあなたを訪ねたいのですが、私の行動は厳しく監視されています」と言った。私は、彼がいつでも好きな時に友好国の公使に会えないことを恐れるようなことがないことを願うと述べた。

本当の問題は、南北の対立にある。国務総理と徐樹錚将軍は、自分たちに都合のいい内部統一を押し付けるために、国家の生得権を利権という形でバーター取引することを厭わなかった。中国は分裂していたのである。一九一七年十月の状況は、二十一か条の要求が最高潮に達した一九一五年四月、五月の状況とは全く異なっていた！　当時、中国の国民と政府は一丸となっていた。国民の感情は今も同じであり、政府のほぼすべてのメンバーも変わっていなかったが、少数の親日派が権力の座に就いていたのである。日本の基金を管理している者は、大勢の役人よりも優位に立っていた。彼らは中国の報道機関の口封じに成功した。日本側の主張と、一部の中国紙が批判していたフランス公使の協力により、外交交渉のニュースは絶対に報道されないことになっていた。情報がなければ、国民は不安と混乱に陥る。日本の『国民新聞』編集長の徳富蘇峰（一八六三〜一九五七）氏は、北京でのインタビューで、さらに厳しい報道規制を提唱した。日本は戦争を利用して、中国における同盟国の力を奪い、自分の力を優位に立たせようとしていた。

アメリカからの適切な融資があれば、状況は改善されたかもしれない。梁啓超の最初の提案は、二億ドルの再建借款であったが、ヨーロッパが拒否権を行使したため、横浜正金銀行が提示した一千万円の貧乏くじに縮んでしまった。徐樹錚将軍は九月に私に、五十万人の兵士を装備し、少なくとも五十万人を直ちにヨーロッパに輸送するという包括的な計画を示した。その後、百万人分のより具体的な計画が発表され、その中から最良の部隊がフランスに派遣されることになった。最終的には、必要に応じて百万人全員を派遣する予定だった。その後、五十万人の兵士の装備と、軍需物資や船舶に必要な工業プラントの完成に関する修正案が出された。ヨーロッパの公使たちは皆、中国の積極的な参加を望んでおり、フランス公使館は駐在武官を通じて、中国軍の最終的な使用を計画するために特別に熱心に協力していた。大総統、国務総理、そして最も精力的な秘書官との会話から、中国が本気であることは間違いなかったのである。今は、政治と内輪もめのために数百万ドルの日本のお金が供給され、日本が特別な利益を求めていることで、すべてが煮詰まっていた。

仕事はしなければならない。米国は不満や不快感を与えることなく、この困難な状況に救いの手を差し伸べ、団結した行動を強く呼びかけることができる。フランス人は中国を実際に戦争に参加させることを特に望んでいた。ベルギー人は中国の物的資源、特に食料品の動員を望んでいた。イギリスは中国の軍隊をすぐに戦場に運ぶことができるかどうか疑問ではあったが、概ね同意していた。大総統や内閣と全体の状況を確認したばかりのジョージ・モリソン博士が私のところに来て言った。「中国人はあなたに助言を求めるでしょう。英国公使よりもあなたの方が自由にやれる」。

しかし重大な出来事が間近に迫っていたため、私の建設的な努力は中断されてしまった。日本がワシントンの国務省との間で合意に達した結果が、中国に知らされたのはこの時だった。

✺ 第四部　戦争の最後の年、そしてその後

第26章　石井・ランシング協定

驚愕するラインシュ公使

ワシントンの国務省長官と日本政府との間で行われていた秘密交渉を知ったのは、どちらかと言えば間接的な方法だった。この交渉は、中国の全情勢の中でも最も重要な問題に関わるものであったため、誰も知らされていなかったのは驚きであった。私がこの交渉を知ったのは、複雑な感情が入り混じっていることを告白するが、誰でもない林男爵本人からであった。私は十一月四日の夜、林男爵を訪ね、彼と話したいと思っていたありふれた問題を話した後、彼と楽しくおしゃべりをした。その中で男爵はこう言った。

「極めて重要な情報を受け取ったので、それを君に知らせたい。電報を取ってきます」と言った。

男爵は一枚の紙を持ってきて、何も言わずに私に手渡した。それは、東京からの電報で、ランシング・石井ノートの調印を知らせ、その内容を要約したものであった。第一段落には、次のような重要な文言がある。「米国政府は、日本が中国において、特に日本の領土が隣接している部分において特別な利益を有

していることを認識している」。宣言の残りの部分との関係でその意味を吟味する間もなく、この言葉は見事な力で私の顔を打った。宣言文を二回読み、その内容を記憶にとどめた後、日本人の同僚に向かって、冷静さを失わないように努めた。

「これは面白い。今までの話と似ているようで、違うところもある」私はなんとか言った。

私は、この驚くべきニュースによって中断された会話を淡々と続けようと、少しだけ我慢した。帰り際、私がこの交換公文を知らなかったことを林男爵は知っていたのか、知らなかったのかわからなかった。私は急いで公使館に行き、国務省に電報を打って私に知らせてほしいと頼んだ。

東京からの電報によると、交渉の発表は十一月七日まで行わないことが合意されていた。しかし日本公使は日曜日の夜、すでに中国の外交部に連絡しており、月曜日の早朝、外交部の代表が私の説明を聞くためにやってきた。

しかし私には何の連絡もなかった。可能な限り早い時期に現地代表に情報を伝えなかったのは許しがたいことであり、私は国務長官への電報でその旨を伝えた。外交部には十分な情報が伝えられていたので、私は訪問者に、後にならないと文書を渡す権限がないこと、また、過去に議論された政策路線を踏襲している点もあるこの文書の全容を私自身がまだ検討中であることを述べるしかなかった。

明らかにこのメモは中国の外交部で、アメリカが重要な譲歩をし、日本が外交上の勝利を収めるものとしてまかり通っていた。私は大統領と国務長官がこの文書に同意した動機を何も知らなかった。私はその目的を説明することはできなかったが、私の訪問者が「この文書は中国における日本の最重要な地位を認めているのか」と尋ねたとき、私は断固として「いいえ」と答えた。それ以上は何も言わなかった。

その日から翌日にかけて、日本側が中国側との話し合いの中で「勝利を謳歌している」という報道が各方面からなされた。中国の政府関係者や多くのアメリカ人が、公使館に確かな情報を求めたのだ。しかし国務省からは何の支援もなかった。実際、七日の朝になっても私には何の連絡もなかった。

アメリカの秘密保持誓約が厳密に守られていなかったとは言えない。この外交工作の結果の矢面に立たなければならないアメリカ公使を知らないままにしていたのだから。一方、日本側は数日前に中国政府にメモを渡していただけでなく、秘密外交を嫌ってか、またノートに署名する前に、その文章は英露仏伊の代表に伝えられていた。これは東京で行われた。

この方法が、中国人に「日本は欲しいものを手に入れた」という印象を与えたのは当然のことである。米国の宣言には、中国における日本の特別な立場を認める内容が含まれており、中国は望まなかったが、日本の軍事力と政治力によって強行されたと彼らは考えたのである。

極東の専門家や一般の人々がこのノートを受け取ったとき、その解釈は広く様々なものになるだろうと思われた。その具体的な条項を注意深く読み、この文書の紛らわしい性質を理解することによって、最初の印象は次第に冷静な判断へと変わっていったのである。そもそも日本公使館が外交部のために翻訳した「特別な利益」には、「特別な立場」を意味する中国語が使われていた。テニー博士の直訳には、このような陰影はなかった。国務省は私に、ここで言及されている利益は政治的なものではなく、経済的な性質のものであるという趣旨の説明書を渡すことを許可した。それは「中国における日本の商業・工業の企業」のことであり、「両国の地理的関係からして、他国の国民や臣民による同様の企業よりも明らかに有利である」と付け加えられていた。

私は、ワシントンでの交換公文が不幸な形になってしまったと感じずにはいられなかった。確かに、中国における日本のすべての経済活動に対する米国の友好的な態度を強く表明することは望ましいことだった。これは歴代の日本公使と私との間で交わされた会話の要点であり、その内容は国務省にも伝えられていた。日本側が本当にそう思っているのであれば、米国の政治的影響力が日中間の緊密なビジネス関係を阻害し、中国における日本企業を嫌悪するために利用されているという考えを払拭することが必要であった。このような理解に基づいて、日本は米国と一緒に、中国のどの地域においても特別な特権や、ある種の経済的優位性を政治的手段で求めないこと、より具体的には満洲の体制が中国の他の地域に及ばないことに同意することが期待されていた。

しかしこのノートには、日本が特別な利益を利用して、「他国の貿易を差別したり、他国との条約で中国がこれまでに認めていた商業上の権利を無視したりしない」ことが明記されている。このことから、「特別な利益」とは単に特定の経済的利益や企業を指すのではないという考えが生まれるかもしれない。これはある種の政治的影響力や優先権も含まれているのではないかと考えられる。

日本の公使は、最優先の利益を暗示するような読み方を否定しながらも、明らかにこのノートの中に勢力圏の原則を支持するものを見ていたのである。十一月八日の面談で、彼は言った。「日米両国が認めている中国に対する態度を再び記録しただけで、このノートはそれを自ずから物語っている。古い立場を再表明したに過ぎない。『特別な利益』という言葉も、昔と同じ意味で使われていることは疑いない。他のいくつかの国は、中国に接する領土があり、この事実はその接する中国の一部において特別な利益を彼らに与えている。それと同じように、日本は中国に特別な権利を持っている」。

日本の非公式な発言は、これ以上のことを主張していた。彼らは中国を「支配」していたのだ。これは、日本が中国で享受している明確な優位性を裏付けるものではないだろうか。日本では、報道機関に遠慮なく発表する剛のものである大隈氏も、このノートにはかなり大胆な意見を述べていた。「これまでのアメリカの中国での活動は、軽率で無思慮なものが多かった。例えば、ノックス長官が提案した満洲鉄道の中立化は、確かに無謀な行動であった。また、六月七日に中国に国内の平和を勧告する書簡（注）を送ったときも、アメリカは日本を考慮しなかった。このようにアメリカは、中国における日本の特別な立場を無視したのである。新協定に照らして、アメリカはこのような愚行を繰り返さないだろうと判断する」。

（注）ランシング長官の書簡「本政府は、中国の参戦の重要性を認識しているが、内乱に引き裂かれた中国は、いかなる種類の援助もできないだろう。現在の反乱は、共和国の転覆を招く恐れがあるようだ。参戦を共和国転覆の口実にすることは、最も遺憾なことであり、民主化の訴えと矛盾する。派閥の調整に全力を尽くすことが緊急に必要と思われる」

もちろん、このノートには、アメリカ政府と中国との間で、いかなるテーマについても、完全かつ自由なコミュニケーションを行うことを妨げるものは何もない。

東京のロシア大使は、署名前の日本の外務大臣とのノートに関する会話を報告する際に、次のように述べている。「しかし外務大臣の言葉からは、将来的に誤解が生じる可能性を意識しているような印象を受けるが、そのような場合、日本は自分の解釈を実行に移すために米国よりも優れた手段を自由に使えるだろうと考えている」。

さまざまな人がどのような影響を受けたかを示すために、いくつかの手紙を引用してみよう。ジョージ・モリソン博士は、中国南方から来た友人に次のように書いている。「中国人が次々とアメリカ領事に会いに来ているが、皆が口をそろえて言うのは、自分たちはアメリカに裏切られたということです。中国にいるすべてのアメリカ人とイギリス人が阻止しようと努力していたことを認めながら、結局アメリカは日本にこのような譲歩をして、一体何の利益を得たのだろうか？　論理的な結論として、この協定は、満洲における日本の『特別な利益』だけでなく、台湾に『地理的に近接』していることに基く福建省のそれも承認することになります。きっとイギリスも広西省で同様の権利の承認を主張するだろう。非常に嘆かわしいことです」。

同じく英国系のＷ・Ｈ・ドナルド氏は別の見方をしていた。彼は書いている。「協定文を読んだとき、私は喜んだ。というのも、アメリカニズムを借りると、アメリカが日本に『勝った』という事実をそこに読み取ったからである。石井がアメリカに行ったのは、中国での日本の優位性を認めてもらうためであり、太平洋での日本の覇権を認めてもらうためであった。しかしどちらも得られなかった。代わりに、彼は以前の約束を再確認しなければならなかった――日本が二十一か条の要求を出したときに破棄された約束である」。

中国の新聞は一般的にこのノートを矛盾したものとしている。『中華新報』は、日本の「特別な利益」を、中国に隣接した領土を持つイギリス、フランス、ロシア、アメリカなどの他国の利益よりも特別に認識させる必要はないと見ていた。同紙は、日本が特別な権利や特権を求めていないという保証は、日本が享受している「特別な利益」を認めることが協定の要点である以上、額面通りに受け止めるべきだと考えた。したがってこのメモの趣意は、「特別な利益」、つまり中国を勢力圏に分割することを支持しているように思われるが、これは米国の伝統的な政策に反するものであると。

個人的には、極東の状況を知っていたので、何か宣言をする緊急の理由は見当たらなかった。後になって知ったことだが、このノートは大統領と国務長官の間で協議されて作成されたもので、国務省には何の相談もなく、スタッフも知らなかったという。また国務長官は、特別な利害関係に関する最初の声明は単なる自明の公理だが、それを言い直すことで状況が明らかになるという信念と理解に基づいて行動していた。確かに、「いかなる政府も特別な権利や特権を得ることはできない」という積極的な誓約は、これまでのどの宣言よりも明確で、より踏み込んだものであった。

中国政府は、この文書にどのような解釈がなされようとも、自国の権利を守るために、他国間で締結された中国に関するいかなる協定も認めないと宣言した。

私はこのノートの必要性がわからないと言った。国務省に求めた指示が得られなかったので、私は中国における他国の特別な地位や特別な特権の存在に関しては、アメリカ政府の方針は変わらないという立場を取り続けた。しかしこのメモが中国政府に与えた直接的な影響は、国家の困難を打開するための援助として、アメリカからあまり積極的なものは期待できないと中国政府の高官たちに感じさせるものであった。

協定の影響

協定の一般的かつ継続的な影響は、中国における日本人の行動に現れた。日本の新聞は、「特別な利益」という言葉を日本が自分に都合の良いように解釈し、中国における日本の政治的影響力の優位性を意味すると大胆に宣言した。このような見解が打ち出されたことで、段祺瑞将軍の政府は強化されなかった。独立を宣言した省に続いて、さらにいくつかの省が、少なくともその忠誠心を疑うような行動を取ったのである。段将軍が任命した湖南の総督は、南方軍の攻撃を受けて敗北した。揚子江流域の総督たちは、李純将軍の指揮の下、日本軍との金銭的な取引や武器の購入についての鋭い質問を政府に投げかけた。その中には武器同盟が含まれていると報告されていた。

この攻撃は彼個人に向けられたものであったため、段祺瑞将軍は辞任しなければならないと考えた。表向きは友好的な態度を示していても馮国璋将軍と国務総理は、実は意見が一致していなかった。総理は南方に戦争を仕掛けて征服したいと考えていた。一方、代理大総統は南部の指導者と常に連絡を取り合い、和解をもたらそうとしていた。段祺瑞は辞表を出した。日本側は彼の留任に尽力した。代理大総統は彼に再考を求めたが、彼の辞任は十一月二十日に発効した。代理の総理には、参謀として代理大総統に近い立場にあった王士珍将軍が就任した。しかし日本閥を率いていた曹汝霖は留任した。

平和と統一は実現しなかった。十二月四日、北方の督軍は天津に集まり、二十万の兵力で南に戦争を仕掛けることを決めた。これは、より多くの資金を得るための口実になるはずだった。

私は段祺瑞将軍と連絡を取り合っていたが、彼の人柄と、中国を大戦に参戦させたいという目的の正直さに信頼を置いていた。また、彼の友人である屈映光氏は、浙江省の文民総督として素晴らしい業績を残しており、主にこの目標に目を向けていた。彼らを通じて、私はこのような行動を発展させているすべての中国人と連絡を取り合っていた。中国人が自発的に聯合国の緊急ニーズに応えるサービスを作り、ヨーロッパの戦場で使用するモデル師団を訓練すれば、米国とその関係者は彼らをヨーロッパに輸送する方法を見つけてくれるだろうと私は思った。段祺瑞将軍は、今は政治から解放された。私と総理らとの会話の中で、準備のための特別な組織を作ることが話題になった。その結果、段祺瑞将軍を総裁とする「戦争参加局」が作られることになったのである。この事務所では、戦争に役立つ資源の開発や、ヨーロッパに向けた軍隊の訓練など、建設的な計画を立てることになっていた。

一方、日本軍は山東省で「遠慮なくやり出し」ていた。彼らは公然と、鉄道地帯と呼ぶ場所に施政処を置こうとしていた。中国とドイツとの間の協定には、このようなゾーンの規定はなかった。ドイツ側の所有権は、鉄道と特定の鉱山企業、それに青島港に限られていた。鉄道の両側十マイル以内の鉱区における一般的な優先権は、戦争前に放棄されていた。日本軍はこの「ゾーン」において、警察、税務、林業、教育などの一般行政権を主張した。このような侵攻に伴い、中国人は、日本が侵略目的で行う革命的、盗賊的活動を容認していることを指摘した。

山東省から頻繁に人々が私に会いに来て、不満や陳情を述べた。彼らは悩んでいたが、アメリカの権利が絡む場合を除いて、私は彼らを助けることができなかった。彼らの報告によると、日本側はランシング・石井ノートをプロパガンダの基礎にしており、日本の特別な立場が認められたと述べていた。このように、外国の政治行政機関が中国固有の省の内部に侵入することは、中国の主権に対する最も深刻な攻撃であることは間違いない。

十二月二十一日、外交部の一人が私を訪ねてきて、日本軍の山東省進出について熱心に語った。彼は日本軍を止めることはできないと言った。彼らの総長は、総理が署名し、皇帝（袁世凱）が認可した条例を変更することは困難であると述べていた。

中国の政府関係者や一般市民の間では、落胆と憂鬱が広がっていた。まずランシング・石井ノートの影響があり、政府内の親日派が資金面での後ろ盾を得たことで強い影響力を持ち、その後ろ盾を得るためには国の貴重な利権が売却されねばならないことを知り、南北間の不協和音が高まり、建設的で統一的な政策は不可能であるという一般的な絶望感から、中国人は個人的にも集団的にも疑念と恐怖と無力感にさいなまれていた。中国で政治的・商業的なキャンペーンを展開している日本の影響力は、いたるところで積極的にこのような民衆の意欲喪失状態を利用し、巧みな操作によってそれを増強させていることは明らかだった。

第27章　困難の中で北京は喜ぶ

西原借款批判

第一次世界大戦の終結を意味する休戦協定。それは、中国における陰謀の終わりを意味するのだろうか。世界の勝利の喜びの中で、誰もがそう感じていた。しかし、一九一八年十月初旬に北京に戻ってみると、事態は悪化の一途をたどっていた。お金は軍事遠征に浪費され、国を団結させるどころか引き裂いてしまった。日本の非公式な金融代理人である西原亀三（一八七三〜一九五四）氏は、中国金融の腐った幹に穴を開ける穿孔虫で、夏の間ずっと活動していた。彼の融資交渉の事実は、日本公使館では最後まで否定されていた。突然十月一日、日本の大蔵大臣が、政府が中国にいくつかの融資を手配したと発表した。その内容は、鉄道や製鉄所の建設を目的とした三億二千万円の約束で、そのうち四千万円を直ちに融資するというものであった。

それまでの融資は、すべて無能な軍国主義者に支払われていた。このいわゆる産業借款の前金は、同じように党派性、分裂、混乱の中で散逸していった。新議会が選出された。新しい大総統を選出するためである。代理大総統の馮氏と徐世昌氏の争いに資金が投入された。段祺瑞将軍は小さな政治的支持者からなる軍隊を持っていたが、彼らは最高位のやり手から供給された資金でたらふく太っていた。彼らは陸軍閥の安徽省と、海軍の提督が多く集まる福建省の出身者で、「安福倶楽部」を形成していた。

軍部の内輪もめは、財政、天然資源、警察の管理を先取りした参謀本部で行われていた。各省庁は無力であった。政府は日本からの安易な資金で堕落していた。日本は無愛想な笑みを浮かべながら、中国に二億円の紙幣を貸すと言ってきたが、この紙幣を基に中国政府は金券を発行することになった。朝鮮銀行のこの紙を基に、中国は毎年利息をつけて日本に返済する。

彼らは軍国主義者を使って、この法案を通そうと必死になった。しかし外国の報道機関や、中国の報道機関は、あえてこれを笑い飛ばすことに成功した。中国人が日常の取引で使うことのない朝鮮や日本の紙幣で償還可能であり、提案された政府の金券を強制的に流通させることはできなかっただろう。ただでさえ混乱しているのに、さらに輪をかけることになる。

警察は日本との借款交渉に反対し、その事実を掲載した新聞社を脅し、いじめた。十紙近くが弾圧された。安福一味は、華北の政府と民衆を脅かしていた。道義的にも法的にも権威がないため、政府は徴税や人命保護といった本来の機能を果たせなくなっていた。

外交団は、関税や塩の収入をこのような政府に渡すべきかどうかを考えなければならなかった。中国だけでなく、日本を含むすべての友好国の利益が損なわれていたのである。軍国主義者の金欲しさに「戦争参加局」が売られ、日本がそのおこぼれに預かることで、党派と不協和音の喧嘩が助長された。世論は萎縮し、腐敗分子たちが組織化された民衆の反対勢力に出会うことはなかった。

財政総長の曺汝霖は、「偽金塊計画」と呼ばれていた偽りの金券計画を提唱していた。曹は、外交団がこの計画を承認していると豪語していた。四人の公使が連名で、曺氏のやり方は政府と公使の間の信頼関係を破壊する傾向があると中国政府に伝え、一人の公使は我が公使館は今後、財政総長の声明を外交部がその真実性を保証するまで受け入れないと述べた。

財政総長は外国の銀行が金券計画に同意するまで、通貨借款オプションの更新を停止しようとした。ここで私は、通貨借款協定の下では、このような提案を検討する前にアメリカ政府に相談する権利があると抗議した。

徐世昌閣下が大総統に選ばれた。旧体制のベテラン政治家である。私が初めて彼に面談した時、彼はこう言った。「私は南方に対処しようとしているが、彼らには彼らを束ねて代表する者がいない。我々は余剰兵力のほとんどを動員しているが、政府に財政的支援がないので心配だ」と訴えた。

彼とはまたよく話をした。南京の李純将軍は、仲介を依頼されていた。南方の指導者たちには、軍隊を解散させるための「賃金支払い」が必要であり、そうすれば彼らとの合意に達することができる。大総統の解決策は、彼らを買収することを匂わせるものであった。しかし、これでは軍国主義の陰謀を終わらせることはできない。徐大総統は十月二十五日、ウィルソン大統領の「国際的な統一性の再構築」という発言を出発点にして、和平指令を出した。これは、大統領が徐氏の就任時に彼に電報で伝えたものである。英米の公使が内政干渉をしていると報道されていたが、我々が仲介すれば人気が出ただろう。南北の指導者たちを袋小路から引きずり出すことができただろう。徐総統はウィルソン氏に「私たちは遠く離れていますが、まるで顔を合わせているかのようにあなたの影響力を感じます」と返電を打った。

徐大総統は、中国南方の調査から戻ったジョージ・E・モリソン博士から報告を受けていた。モリソン博士は、中国が第一次世界大戦で何かを成し遂げ、講和会議で自国の権利を強く主張するためには、内紛をなくさなければならないと指摘した。この報告書をやや長めに引用する。

日本は、信じられないほど短い期間に、団結した国民のエネルギーと愛国心、そして統治者の知恵によって、国家間の重要な地位にまで上り詰めた。しかし日本はもはや世界の大国の一つではない。日本は近代的な戦争の経験がない。日本の陸軍と海軍はかなり古くなっている。日本の軍隊は、現代の戦争の驚くべき方法を経験していない。潜水艦部隊も航空部隊もない。ドイツを手本にして作られた政府、カイザー主義、プロイセン軍国主義は、急速に時代遅れになりつつある。イギリス、アメリカ、フランス、イタリアなどの大国と比べて、日本の力は微々たるものだ。欧州大戦末期の日本は、三流の国である。日本の政府は今日の世界に存在する唯一の軍事的独裁政権であり、そのために日本はいかなる平和会議においても独特の地位を占めるであろう。日本は聯合国の中で唯一、世界の大闘争に適切な役割を果たすことができなかった国である。

共和国である中国が、現在世界に存在する唯一の独裁的軍事政権の指導を仰ぐことは、少なくとも矛盾しているように見える。このような行動は、人民による人民のための政府である民主的な政府を目指している中国のすべての人々から疑惑の目で見られている。

介入を防ぐためには、早期の民主的政府の回復、早期の和解が必要である。これを実現するための最も簡単で迅速な方法として、私は閣下が米国大統領に調停者としての役割を果たしてもらい、中国の二大政党の代表者を集め、互いの意見を聞いて検討し、妥協点に合意してもらうことを提案する。これを行うことで面目を失うことはない。

最近南方を訪問した際、私は中国の平和と和解の問題について議論する機会を得たすべての有力者に対して中国観を述べた。その結果、全員が例外なく、米国大統領に仲介役を依頼することは賢明な行為であり、現在、この公正な中国を敵対陣営に分断している重大な紛争の最も簡単な解決策を約束するものであるとの信念と確信を表明した。

日本は仕事を続け、アメリカは無関心であった。

中国の人々は、このような状況にうんざりしていた。中国が分裂していたのは表面上だけで、人々の生活の奥深くには政治的な論争は浸透していなかったのである。人々は政治家のいざこざに関係なく、平穏で勤勉に暮らしていた。中国の革命や独立宣言は世界に喧伝され、中国が無政府状態に陥ったと思われるかもしれない。中国人は国民として、現存するどの国よりも政府の干渉を受けない。もし中央政府が地球上から突然消えてしまっても、中国ではほとんど変わらないだろう。しかし政治的な対立が長く続くと、国の争いに外国の陰謀が入り込み、危険な反応を示す。

国民全体は、国家が一つのまとまりであることを望んでいた。しかしプロの軍人たちには金を払わなければならなかった。大総統は和平指令を出した後、私に会いたいと言ってきた。「平和のための断固とした行動がとられるならば、これらの大規模な軍隊を清算するための資金調達を米国に頼ってもいいのではないか」と。もしそうでなければ、アメリカはいくつかの国が参加する再編成借款を先導してくれないだろうか」と。

私はアメリカ政府に希望する資金の提供を求めた。中国の再統一を条件に資金を提供してくれれば、南北の責任ある軍人や民間の指導者たちは、掠奪的で寄生的な集団を排除する手段を手に入れることができる。そして、日本は自らを奮い立たせた。十月二十三日、日本はアメリカ、フランス、イギリス、イタリアの四か国の政府に、南北の指導者との間で平和的解決を図ることを要請した。アメリカ政府は、「中国は資金を必要としているが、統一政府が成立するまでは資金を提供しない」と付け加えて承認した。

一方、中国の人々の気質は喜ばしい形で鳴り響いていた。ジョン・モットは、中国のＹＭＣＡに、戦争事業推進のための十万ドルの募金を依頼した。ある晩、梁士詒と周自齋と一緒に夕食をとりながら、こう言った。「アメリカでは、前線の兵士のために行われているすべての戦争作業を支援する活動が行われています。どうです、あなたたち中国の友人も一緒に貢献しませんか」。二人とも「はい、我々もきっと」と答えた。

それから二日が経った。周自齋が訪ねてきて、彼らが「全国戦争工作委員会」を設立し、各省の省都には地方委員会が設立されていることを教えてくれた。その結果、十万ドルどころか百万ドル以上の寄付金が集まったのである。

このような公共目的のための寄付方法は、中国では一度も試みられたことがなかったので、なおさら注目された。日本の支配下にある北京の『順天時報』だけが、この運動に冷や水を浴びせ、中国の多くの地方が援助を必要としているのに、ヨーロッパにお金を送るのは奇妙なことだと言った。

十月十八日には聯合国の代表者が集まった。彼らは、戦争に参加したことで中国が一つになったわけではなく、一部の徒党がそれを派閥的に利用していると感じていた。各代表は、中央政府や地方の役人が行動を妨害したり、不注意であった事例を提示することで合意した。次の二十八日の会議で、私は事例のメモを作成し、これが声明の基礎となった。大総統と会議を開き、かなり友好的に、しかし政治的悪癖による重大な欠点を明らかにすることになった。このようにして、政府内の責任感のある良心的な集団が、政府に侵入した徒党に対抗できるようになると考えられていた。しかし外交総長は、政府がその行動をより完全に本心に一致させるよう努力するために、会議を延期することを要請した。私たちの提案に脅しはなかった。しかし広報担当者はしばしばその真意を見落とし、政府内の支配勢力というより、まるで中国を非難しているかのように扱った。

第一次大戦休戦の祝賀会

休戦のニュースは、喜びと上機嫌に満ちていた。アメリカ公使館の音楽隊は、海兵隊の分隊と一緒に公使館街をパレードして、真っ先に祝った。日本公使館の歩哨だけは、その趣旨を理解できずに敬礼しなかった。その夜、ジョン・ジョーダン卿の個人的な招待により、私はスタッフ数名と共に英国公使館の即席の祝賀会に参加した。私はジョン卿の歓迎の言葉に応えて、英仏米の三位一体の民主主義国家は、自由な制度と民衆の権利について世界をよりよく理解するように導く運命にあると語った。

晩餐会、レセプション、特別会合、そして最終的には十一月二十八日の大規模な国家的祝賀会まで、外国人と中国人のコミュニティが心を込めて参加した祝賀行事が続いた。我々は二十日に聯合国の公使を招いてのレセプションを行なった。各公使が到着すると、その国の国歌が海兵隊員によって演奏された。ロシア公使が来たときには、特別な指示もなく、バンドが古いロシア帝国の賛美歌を演奏した。クダチェフ親王は、この賛美歌が自国で禁止されていることに感動し、涙を流して私のところに来た。翌日、彼はシベリア政府がロシアの国民讃歌として採用することを提案した曲を音楽付きで見せてくれた。しかし、翌日の日曜日に行われた厳粛な礼拝では、各国の国歌が演奏されたが、ロシアの賛美歌の番になると、間があいてしまったのである。指揮者は旧帝国讃歌を排除していたのである。代用できる音楽がないらしいので、哀れなロシアは素通りするしかなかった。（注／前年一九一七年十月にボリシェヴィキ革命が成功し、ロシア帝国は滅びたが、極東のシベリアに反革命のシベリア共和国が翌年一月に発足したが、一年足らずで消滅した）。

国民的お祝いの早朝から、中国軍は帝都に向かって行進し、広い中庭に並んでいた。公使館の衛兵もそれに続いた。外交官たちが集まる宮殿には、大勢のヨーロッパ人や中国人が押し寄せ、私を除いて全員が豪華な制服に身を包んでいた。中立国の公使たちも出席していた。これは、デンマーク戦争や普仏戦争の後に行われた和平祝賀会で、和平が完全に成立していなくても、中立国の公使が出席できるという前例をヨーロッパ人の顧問が見つけたからである。また中国では敵対行為の停止を祝っているので、友好的な代表者の参加を求めることができるのではないかという意見があった。

公使たちの間では、ささやかな論争が繰り広げられていた。フランスの代表は、中立国の上級代表が自分の前にいるのを見て、「今回は違う」と言って、優先順位の変更を要求した。このような厄介な問題には時間が足りない。私たちは何も言わずに、自然にできたグループで歩くことにした。

私たちが集まったのは、帝都の正殿である「戴冠式場」の直前の中庭に通じる門である「太和門」のパビリオンである。千年の歴史を持つ中国帝国主義の奥の院であるこの場所で、自由の勝利が祝われた。広場には中国と外国の軍隊が集結していた。壇上には何千人もの来賓、軍人、官僚が制服を着て立ち、手すりには聯合国の旗が林立し、中国語の文字が金色で書かれた旗が長く浮かんでいた。

大総統が各国の楽団の演奏に合わせて階段を上り、すべての国旗に一礼して演説をした後、飛行機が現れ、無数の中国国旗と赤地に金色で印刷された祝賀のメッセージを投下し、その後、帝都の上空を旋回し続けた。軍隊が門に向かって行進している間には、打ち上げ花火が空に向かって発射され、爆発すると、動物や兵士、武器などの紙製の人形が空に長く浮かんでいた。大総統が数千人の来賓を迎えた東華宮を後にして、自邸に向かう際には、飛行機が先行した。

その日の午後には、アメリカ式の宗教行事である感謝祭が行われ、アメリカの植民地やイギリスをはじめとする聯合国の住民、そして聯合国の公使とそのスタッフが多数参加した。銭能訓総理は外交団と会食し、ウィルソン大統領の国際聯盟の提案を歓迎した。十一月三十日には徐大総統が私たちを招待してくれたが、非交戦国の問題で悩んでいたフランス公使は、中立国の公使が出席することに反対した。彼らが行くならば、自分は行かないと言った。英国公使と私は、考えた末に打開策を講じた。「中立国公使は、この機会において聯合国の公使を名誉のゲストと見なしますか？」。外交総長の秘書官が選ばれ、これを彼らに尋ねた。残念なことに、中立国側はそれを質問ではなく要求と受け取った。中立国の公使たちは、この晩餐会に出席しないことになったのだ。これが、私たちの祝賀会の一つの不協和音であった。

南北の和解のために

中央政府がなんとかやっていけるようにするために、外交団は五三〇万ドルの塩の余剰収入を放出することに同意した。徐大総統は十一月十六日、中国内陸部での戦争行為を直ちに停止するよう命じた。北方の指導者たちは依然として戦争好きであったが、彼の決定を受け入れた。イギリス、フランス、アメリカ、日本、イタリアの代表と私は二十二日に会合を開き、大総統の態度を支持した。私たちは北京と広東、同様の表現とするという日本側の提案を取り上げた。同僚たちは、口頭での表明に添える覚書の作成を私に依頼した。日本は、今は資金援助をしないが、統一された中国は列強からの支援を受けるだろうというアメリカの提案を、この覚書に含めることに反対した。日本の銀行は、中国に対してさらなる支払いを行うことを約束したと言われていた。覚書は、不和を嘆き、介入することを望まず、「平和を妨げる可能性のあるいかなる措置もとることを控えつつ、両当事者が遅滞なく、率直な信頼によって、和解を得るための手段を模索する」ことを望んでいた。平和を阻害するような行為とは、北方の軍国主義者を副総統に選出するなどの行為を指している。それ自体は平和的な行為であっても、これは平和に対する乗り越えられない障碍となったであろう。

十二月二日、五か国の代表が大総統に謁見し、英国公使が発言した（注／ラインシュ作成の「南北妥協勧告覚書」を提出し、公表宣言したこと。なお、広東の代表者にも現地外交官より同じものが手交された）。北部の軍事指導者たちは、天津で会議を開いていた。もし報道されているように、段祺瑞を総理に復帰させ、直隷省の総督である曹錕を副総統に選出することを要求していたとしたら、それは南方を混乱させることになるだろう。そのため、国民は列強の異議を歓迎した。アメリカ側の借款に関する言及は省略されたが、このような状況になったため、一国がどちらかの党派に資金を貸すことは、自らの立場を危うくすることになり、もはや不可能であった。

十二月三日、日本は中国の金融に関する声明を発表した。日本は、中国における自国民の金融・経済事業を妨げることはできない。「これらの事業が、隣国であり友好国である二国間の特別な関係から自然かつ合法的に生まれたものである限りにおいて。しかし現在の中国の国内紛争の状況下では、融資が誤解を生み、中国の平和を妨げる可能性があることを十分認識している。したがって日本政府は、中国の国内事情を複雑にする可能性があると思われる中国への資金援助を差し控えることを決定した」。

この宣言は、借款に大きな幅を持たせながらも、アメリカの立場の妥当性を認めたものであった。私は林男爵に聞いてみた。どんな例外があるのか？　林男爵はあまりはっきりとは言わなかったが、善意の産業用融資を意味すると言った。また私の継続的な質問に答えて、「最も決定的なことは、私は個々の借款を厳密に審査し、そのような取引について政府間で相互に情報を交換することを支持する」と付け加えたのである。彼は、半官半民の同胞たちが試みたある取引を認めず、反対してきたことを私にはっきりと伝えた。軍部が国際問題に直接干渉することを、彼が徹底的に嫌っていることを私は理解した。しかし日本では軍部が権力を握っており、外交官は何もできないのである。

アメリカ政府は、その主旨に沿って、中国への資金援助に関する覚書を、イギリス、フランス、日本に送った。アメリカ政府はすでに、各国の利害関係者をほぼすべて含む新しい借款団を提案していた（注／一九一八年七月に提案された新四国借款団のこと。一九二〇年十月に規約ができたが、実質的な活動はできなかった。以降の文中に随時、関係記述がある）。通貨改革融資を最初に行い、英仏グループの株式は、彼らが資金を提供できない限り、アメリカと日本が持つこととする。工業用借款と行政用借款が含まれるべきであり、それにより破壊的な競争の範囲から除外されるべきである。

工業用借款が政治的目的に転用される危険性は明らかだった。しかし私の提言では、融資を伴う独立企業を認めない限り、独占の弊害を避けることは難しいと考えた。

英仏の銀行代表は、中国の国際金融再編をアメリカに主導させたいと考えていた。日本は、公使がよく言っていたように、アメリカが再び借款団に参加することを望んでいたが、それは日本が主導権を握っていた古い借款団のことであった。日本は、新借款団のアイデアを簡単には受け入れなかった。日本は「原則として」この提案を支持すると宣言したが、細部に至るまでかなり細かく検討する必要があるとした。これが大きな遅れの原因となった。

第28章　新たな世界大戦の到来？

中国で戦争を起こさせないために

旧世界大戦は、休戦協定で終わった。新たなそれが迫っているのだろうか？

新たな戦争が起こるとすれば、それは中国で勃発するだろうと私たちは確信していた。中国の問題を解決しない限り、平和会議は世界を巨人の争いの再来から守るには悲惨な結果となるだろう。中国では、列強はライバル関係にあり、それぞれが嫉妬深く守っている勢力圏を持っていた。辜鴻銘《こうめい》（一八五七～一九二八）は途方もない空想の言葉で、この状況を私に描いてみせた。「中国の政治的な船は、日食の中で建造され、黒の呪いがかけられており、世界の海賊が乗り込んできている。彼らの暗い競争の中で、彼らは船を解体し、全員が一緒に沈むかもしれないが、それは彼らが最初に我々が知る文明を掠奪し、燃やすまでのことだ」。

いわゆるモンロー・ドクトリンであれ、「地域理解」であれ、中国における日本の特別な立場を認めたと解釈されるような行動が取られれば、一世代後には制御不能な力が動き出すだろう。この巨大な問題に比べれば、中欧の複雑な再調整でさえ相対的に重要ではない。これ以上勢力圏を拡大しても、同じような致命的な結果になるのは確実である。

中国の私たちは、このことを認識し、真剣に、列強が共同で予防措置を講じる計画を立てた。この計画は列強を致命的な対立状態に置くのではなく、団結させるものだ。すべての悪の根源は、金の愛にある。政治的影響力によって守られている領域で、単一の搾取勢力が局所的に資金を調達することが悪であった。その代わりに、世界の金融が統一された中国を支援するようになれば、大きな建設的な発展があり、すべての人が、競争相手から得られる利己的な利益をはるかに上回る利益を得ることができるだろう。私たちは国際的な共同金融のシステムを計画した。これは欠点はあるものの、外国の政治的影響力の局在化を破壊するものである。中国政府との関係におけるこの計画は、助言を得られる可能性のあるすべての人と一緒に進められた。イギリスとフランスの政府関係者と企業関係者、中国の閣僚とその他の政府関係者、そしてアメリカの代表者であるジュリアン・アーノルド、P・P・ウィザム両商務官、アメリカ人顧問であるW・W・ウィロビー博士、W・C・デニス博士、鉄道局のJ・E・ベーカー氏の全員が参加した。会議は昼夜を問わず非公式に行われ、昼夜を問わず問題点を洗い出していった。日本の専門家にも相談した。

時期的にも好都合であった。休戦協定によって、列強が協力するという希望がもたらされたのである。中国における分離主義的な政治的目的は、この自由人の強大な国を分割したり支配したりするための邪悪な陰謀とともに、克服されるかもしれない。中国における外国の金融活動と影響力を一つの単位にまとめることができるだろうか？　それは中国をいくつかの部分に分けて壊すのではなく、中国全体のために構築することができるだろうか？　何はともあれ、私たちはこれを可能にするための計画を立てた。

外国人が鉄道借款に深く入り込み、そこに主な投資をしていた。そこで統一的な資金援助の計画は、まず鉄道事業に適用することにした。中国の各路線が、それぞれの国の借款に基づいて運営されていることは呪いであり、邪悪な政治であり、鉄道事業を崩壊させるものであった。外国の専門家が中国政府の下僕として、中国の鉄道を統一することも考えられるが、中国の鉄道事情に最も詳しい梁士詒、周自齋、葉恭綽らはこれに疑問を呈していた。それは諸経費を積み上げるだろうと彼らは考えた。鉄道を倹約して運営できるのは中国人だけだ。外国の銀行も、関税や塩の収入と同じように、鉄道資金の預け先になろうとするかもしれない。このようにして、中国の資本は外国の資本に貢ぎ物をすることになる。このようにして他の収入が吸収されてしまうと、懸念されるように国民経済の足枷となってしまう。

そこで彼らは中国の銀行団を提案した。この銀行は資金調達を助け、資金の保管場所にもなり得る。

しかしこれらの人々は、統一のために提案された協定の主旨に共鳴していた。また西洋で教育を受けた中国の鉄道員たちは、外国人の鉄道専門家としての能力を高く評価していた。確かに、シドニー・メイヤーズ氏の提案は、彼らを少々怖がらせた。中国で長年の経験を持つ英国の産業界の代表者は、国際的な専門家集団を配置して各路線を国際化することを提案した。中国人は、重要なポストをすべて外国人スタッフに任せることになると反対した。中国人は税関で十分に経験している。

銀行と建造を分離する必要があった。銀行が統合されると独占され、外部のあらゆる利害関係者から激しい攻撃を受けることになるからだ。融資を別にすれば、契約はすべての競争相手に任せることができ、低価格で入札し、評判と責任に基づいて入札することができる。

さまざまな国がそれぞれの分野で特別な特権を得ることが可能である限り、「誠実さと主権」の約束は空虚な言葉にすぎないだろう。いくら他国の貿易を差別しないと約束しても、地位が確立されていること自体が優遇になるという事実は変わらない。

優遇されている国は、「我々に特別な地位を与えてくれれば、すべての機会を平等に与えよう」と正直に言うかもしれない。

外国の影響力は、いかなる既得の政治的利益や政治的圧力による経済的優位性をも伴わない、中国と世界のための信託統治としてのみ、安全に行使することができた。しかし中国の行政はいい加減である。私は中国の政府関係者に、家の中を整理し、公会計を効率的なものにするように求めたが、そのためには必要に応じて外国の専門家を雇う必要があった。彼らはこう言った。「アメリカがリードしてくれるなら、そうしましょう」と言ってくれた。長い間、公正な取引をしてきたことで、アメリカのビジネスマンは中国人に好かれていた。

しかしアメリカ人は中国では遅かった。二年経っても大運河は約束通りには復活しなかった。前払いされた五十万ドルは予備調査に費やされた。銀は高騰し、アメリカの金 gold は以前の半分しか買えなかった。余分な経費がかさみ、予備調査には五十万ドル以上が必要だった。中国人は失望し、悲嘆に暮れ、疑心暗鬼になり始めた。

ラインシュの日本批判

日本の支配下にある新聞は、アメリカ人への攻撃を強めた。すぐに済南の日本の雑誌がウィルソン大統領の名前と人格を攻撃した。私は日本の同僚との間で、報道の誤りはすべて正すべきだという了解を得ていた。友好国の元首に対するこの攻撃について、私は彼に会った。彼はそれを調べることを約束した。十日後、私は再び手紙で問い合わせた。日本の報道法では、外国の国家元首を攻撃した場合、その元首がたまたま日本にいた場合には、確かに罰せられることがあるとの回答であった。この新聞は日本政府の支配下にあり、彼らの息づかいや囁きに従順であることはよく知られているので、公使がこの新聞を罰することが難しいと考える理由がわからなかった。私は単に撤回を求めただけだが、もし中国系の新聞が日本の天皇をこれほどまでに卑劣に攻撃したならば、日本人は完全な弾圧を求めただろう。日本の公使は「この問題をさらに検討する」と言って、何ができるかを考えていた。物柔らかな謝罪と撤回が最終的に発表された。

大戦中の日本人の中国での行動は、官民を問わず、絶望の淵にあった中国人の心に深い恨みを抱かせた。中国人は新旧の渦の中に巻き込まれていた。古い組織は崩れ始め、新しい組織はまだできていなかった。弱点や汚点を見つけるのは簡単で、それらを悪化させれば、社会生活や政治生活が実際に萎縮し、あらゆる改善が妨げられる。匪賊は武器を装備できる、弱者は刺激を求めて、モルヒネに溺れ、国内の機関の信用が失墜させられ、政府内の最も腐敗した要素が助長される。元々の弱点や弊害については、外部からの影響に責任はないが、政治的支配という目的を達成するための道具にしてしまったことには責任がある。

中国でのモルヒネの使用を目的とした大規模なシステムは、中国全土の日本の小商人や貿易業者を利用したもので、中国の英国紙が発行した「阿片ブラックリスト」で暴露されている。いずれも具体的な証拠が提示されている。ブラックリストは、新聞の二ページ分に及ぶこともあった。明らかに、日本の薬屋、写真屋、そして小物商の全体が、日本政府の共謀と日本の半官半民の支援なしには、モルヒネを扱うことはできなかった。日本の郵便局は中国での流通に利用された。中国の警察が何千人もの日本の販売者に干渉することは、治外法権協定により禁止されていた。朝鮮では、「薬用」として公式に栽培された日本の阿片が薬用の必要量をはるかに超えて生産され、大連港や青島港を通じて大量のモルヒネが中国に入ってきた。

日本が支配する新聞は、このブラックリストに対して、最初は「お前だって」という言葉を使っていたが、アメリカの宣教師病院が麻薬流通の中心地であると誹謗中傷すると、中国人の間では誰も彼らに目も向けなくなった。ブラックリストには、天津の日本人租界の警察署の周りに、モルヒネの「ミセ」がびっしりとある様子が克明に描かれており、その責任を日本に痛感させた。「遺憾ながら、秘密裏に行われている不正な取引」を阻止するために、いかなる努力も惜しまないとの日本の公式発表がなされた。

山東省では、鉄道に沿って日本の民政処が何の根拠もなく敷かれていた。しかし北京政府から新たな譲歩や特権を引き出すために、後に撤回されたのである。日本人はこんな手口の古い達人だった。本当は欲しくないものを押収し、欲しいものをくれるならその持ち主に返す。そうすれば、欲しいものは手に入るが、それは「盗品」ではなく、独り善がりの免罪符として持っておくことができるのである。山東省での取り決めは、中国人の権利を無視して秘密裏に行われ、平和会議で決まる物を事前に消毒することを目的としたものである。もし外国の勢力がペンシルバニア鉄道を所有したいと思い、実際にアメリカに入ってきて占領したとしたら、日本が山東省で行ったことと全く同じになるだろう。日本は山東鉄道を占領した後、その「経済的権利」を頑なに主張した。大戦中の中国における日本の一連の動きは、中国人と外国人の両方に警鐘を鳴らした。私が引用した手紙の責任ある公正なライターの名前を挙げることはできない。

現在の偶発的で一時的な日本による租界と山東鉄道の所有が、最終的な平和条約によって確認されることは、非常に残念なことです。山東省における中国の主権が損なわれる危険性があるだけでなく、中国人、アメリカ人、ヨーロッパ人の貿易の権利が間違いなく損なわれるからです。筆者が最も重視しているもう一つの考慮事項は、米国がヨーロッパ戦争に参戦した理由であり、全世界と同様に米国が金と血で考えられないほどの代償を払った原則のために、中国における古い外国の陰謀のシステムが続くことは、強調するまでもなく耐えられないということです。アメリカ人の命の一部を使って得た勝利の結果の一つが、中国における日本の勢力の拡大であることは耐えがたいことです。そのような勢力の拡大は、中国に対する君主的かつ帝国主義的な外国の支配のさらなる強化を意味し、その結果は、それ自体の領域において、アメリカが対ドイツ戦争で全資源を投入した目的の完全な否定となります。

孫文は十一月十九日に上海で私に手紙を書き、内憂外患と、外国人と中国人の軍国主義者の結合について言及した（注／一九一八年五月、孫文は派閥争いで広東政府で失脚し、上海に雌伏の日々を過ごしていた）。

アメリカの大統領と国民は、あなたを通してのみ、中国の真の状況を知ることができます。あなたの責任は実に大きい。中国で民主主義が勝利するか、軍国主義が勝利するかは、この段階での無力な国民に対する閣下の道徳的な支援に大きく依存しています。

この言葉には、世論の力を信じる中国人の信念と、中国の状況を海外に知らせ、理解してもらいたいという願いが込められている。これが達成されれば、中国がうめき苦しむ悪弊はしぼむだろう。

私たちは、中国のために団結するという解決策を作り上げた。慎重に検討した上で、私はこれをアメリカ政府に送り、大統領には将来の平和に対する中国の重大な関係についての声明を電報で送った。私は日本の政策を非難せざるを得なかったが、それは極めて時間と手間をかけたもので、五年間に蓄積された証拠をまとめたものであった。私は日本人を敬愛し、親しみを持って極東にやってきた。私は日本人に対する真摯な好意を失ってはいなかったが、日本の帝国主義政治が、不謹慎なまでに冷酷で卑劣な行為を繰り返し、フェアプレーの概念を根本的に欠いていることに目をつぶることはできなかった。このような方法の継続は災いをもたらすだけであり、その放棄は平和と真の福祉の条件である。アジア大陸における日本の軍事政策の目的と方法は、一時的な利益を得ることはあっても、誰にも、とりわけ日本国民にも利益をもたらさない。このような野望は永久に成功しない。

このような弊害が明確に認識されてこそ、治療が可能となる。政治的自由主義のリップサービスは、何気なく見ている外界を惑わすかもしれない。日本の軍国主義がアジア大陸にもたらしたものを目の当たりにした人々には、その邪悪な性質に疑いの余地はなかった。日本は、自分自身をそこから救い出す必要がある。日本国民、日本の芸術、日本の文明を、自らの邪悪な目的のために利用してきたのだから。それ以上に世界の平和を脅かしている。もし「より良い理解」という話が、過去数年間に日本の政治的企図を動かしたような目的や動機の継続を前提とするなら、それは無駄なことだ。必要なのは心の変化である。

私が大統領に送った電報の根拠となった覚書の内容は以下の通りである。

一九一五年、強制が行われ、中国は脅迫によって、満洲とモンゴルにおける日本の特権的地位を強固にし、拡大することを余儀なくされ、将来的には山東省における同様の体制と、福建省における特別な地位の始まりに同意した。この後、政策の目的は同じであるが、方法が変わった、つまり中国に対する支配である。

日本は強制力の代わりに、日本の支援によって政権を維持することができる買収可能な役人との同盟を通じて、秘密かつ腐敗した影響力を行使した。後者の陰湿な政策がより危険なのは、権利が中国政府の許可によって正当に取得されたかのように見せかけているからである。日本の金融機関に強く支援された腐敗した役人が秘密のルートで絶対的に行動し、警察の強力な腕ですべての公の議論を抑圧しているため、要求や最後通告は必要ないが、腐敗した秘密の起源と邪悪な傾向があるにもかかわらず、形式的には正規の契約上の権利を提供することができる。

日本は、中国の士気を低下させるためにあらゆる手段を用いてきた。トラブルを発生させ、それを持続させることによって。最も好ましくない要素、特にその手法が盗賊に似ている腐敗した悪質な軍政官のグループを支援し、資金を提供することによって。トラブルの煽動者を雇用することによって。匪賊に保護を与えることによって。モルヒネと阿片を導入することによって。融資、賄賂、脅迫によって役人を堕落させることによって。国内の銀行を破壊して現地通貨を蕩尽したり、人民の銅貨を不法に輸出したり、塩の管理を破壊しようとする地方の試みによって。中国が戦争に参加するのを阻止しようと執拗に働きかけ、中国が自らの力で、自分に任せれば喜んで提供するような援助を、共同の目的のために提供する立場にならないようにしたことによって。最終的には、戦争と聯合国側の焦燥感を利用して、中国を秘密の軍事同盟の条件に巻き込むことによってである。

これらの方法と操作の結果、日本は次のような利点を得た。満洲と東モンゴルでの特別な地位の強化と、山東と福建での同様の地位の確立、交通銀行と公印局の支配を通じた中国の金融問題での支配、高官の財務顧問の任命、そしてまだ発動されていない不健全な金券計画の採用である。日本は、満洲、山東、直隷、江蘇の広範囲な鉄道利権、様々な地方の鉱業権、吉林林業借款、電話借款などによる特別な独占権を確保している。日本は秘密軍事協定を通じて、中国の軍事政策を支配するだけでなく、鉄鉱石などの国家資源を付随的に支配しようとしている。このような取り決めはすべて秘密裏に行われており、ほとんどの場合、外交部でさえ関連文書を把握していない。これに加えて、優越的な立場にあると解釈される特別な利益が執拗に主張されている。

これは強力な告発であり、私はこの声明を出すことに最大の責任を感じている。私の公表した言い回しが示すように、基本的には日本人に友好的だが、私は五年間の経験を通して、以下のような結論に追い込まれた。日本の軍人たちが採用している方法は悪と破壊にしかつながらず、またいかに公正や正義を考慮しても、彼らは止められず、唯一そのような行為は許されないという明確な知見によってのみ可能だということだ。

中国のすべてのアメリカ政府関係者やその他のあらゆる消息筋からの絶え間ない情報、そして私自身の経験がこの結論を必然的なものにしているため、私はこのことをアメリカ政府にはっきりとした言葉で述べる義務がある。これは日本国民を恨む気持ちからではなく、日本の軍事的指導者が追求する政策は、結局、日本と世界に不幸と災いをもたらすだけだという確信から言っているのである。この間、欧州列強や米国が中国のために何かをすることはできなかった。米国は、他のすべての聯合国を財政的に支援しているが、中国の財政的独立を維持するために一ドルも貢献できなかった。ランシング・石井ノートは、中国の権利を守りつつ、日本の正当な願望に対して友好的な態度を示すことを意図していたに違いないが、日本はそれを、中国における自分たちの特権的な地位を認めることに変えてしまった。つまり、自由で公正な政府の方向に向かって自分たちの生活を発展させることを最も明確に望んでいる、広大で、平和で、勤勉な人々が、外国の軍事専制主義の秘密の企てによって、その権力の道具として形成される素材となってしまうのかどうか、ということである。もし日本の目的が今では経済的なものに過ぎず、膨張する日本の人口のニーズに正当に応えているのであれば、あらゆる優位性が政治的・軍事的圧力によって得られ、維持されていること、また他の外国や中国人自身の権利を考慮することなく、同じ手段を用いて搾取されていることを忘れてはならない。日本の経済活動は、その政治的性格と軍事的目的を除けば、何の反発も生じない。

過去四年間の日本の中国における秘密工作の結果、特に日本の政治的影響力と特別な特権的地位を山東省に確立することを受け入れないことだけが、中国を全世界の平和を破壊するような無謀で際限のない野心的な軍事カーストの従属国にするか、あるいは対抗する利益領域と地元の特権を中国に確立することから必然的に生じる軍事闘争を引き起こすという結果を回避することができる。

平和の条件は、現在および将来にわたって、すべての地域的な特権を廃止することである。中国は、その国境内で行使されるすべての外国の政治的影響力、外国政府が管理する鉄道、政治的権力に支えられた優遇措置から解放されなければならない。これが実現すれば、中国は自らの問題を容易に解決するだろう。特にこれまで日本が支持してきた軍事的匪賊が、もはやいかなる外国勢力の顔色もうかがうことができなくなれば、なおさらである。

ここに列挙した利点は、日本が極東における聯合国の受託者として行動すると公言していたときに得られたものであり、ヨーロッパで聯合国が払った犠牲がなければ、全く得ることができなかったものである。したがって、これらは一国の独占的な関心事ではない。山東省に関しては、ドイツの権利は宣戦布告と同時に、すべての中独条約とともに失効した。したがって、ドイツから日本への条約上の権利の継承は不可能であり、山東省における日本の特別な地位を認めることは、中国の一部の意志薄弱の官僚が仕向けられたような新しい行為からしかできない。しかしこの行為は、中国で頻繁に宣言されている国際政策の目的に反するものであり、中国における排他的な勢力圏を決定的に確立することになり、その結果、他国がそのような排他的な領域をより活発に発展させることになるだろう。現在の状況は、中国における紛争の根源を取り除くことによって、脅威となる災害を回避するための共通の同意による最後の機会を提供している。

現在の中国で、人類の福祉に向けてリーダーシップを発揮する機会が、アメリカを招いていることに匹敵するものはかつてなかった。中国の人々は、アメリカの足跡をたどる自由を与えられること以上の運命を求めていない。彼らを異なる方向に向かわせるために、陰謀や腐敗、強制などあらゆる手段が用いられているが、その中には、アメリカの政策や目的についての絶え間ない虚偽の説明も含まれている。

またアメリカが政治的な影響力を行使する必要もない。アメリカが自由主義国と協力して、外国人や自国の軍国主義者による中国の奴隷化を容認しないことが知られさえすれば、自由主義的な傾向に従う中国人の自然な性向は、これほど広大で古い社会が新しい行動様式に移行する際に避けられない困難があったとしても、この広大な国を自由な政府と平和的な産業活動の促進的な発展へと導くだろう。

しかし、もし中国が現在の自信に失望するようなことがあれば、そのような失望が中国の道徳的、政治的発展に与える影響は悲惨なものになるだろう。そして私たちは太平洋を越えて、私たちの理想に共鳴する平和的な産業国家を見据えるのではなく、冷酷な支配下にある広大な物質主義的な軍事組織に直面することになるだろう。

第29章　日本、敵意をむき出す

小幡公使の脅し

小幡氏は、十二月に林男爵の後任として日本公使に就任した。小幡氏は気難しい無口な人物で、領事や公使として中国での滞在経験が豊富だった。二十一か条の要求を中国に突きつける会議では日置氏と同席していた。外交官としては、日本の軍国主義者の直接の代表者として知られていた。彼の起用は、中国側にとっては攻撃的な戦術の継続を予感させるものであった。中国の報道からは憤りの声が上がったが、小幡氏はそのままだった。私はこの秘密主義者との個人的な付き合いの中で、次第により広い、より人間的な考え方が出てくるのを見たと思った。

一九一九年二月二日、新任の日本公使は外交部を訪れ、パリでの中国代表団の態度に憤りを示した。中国代表は、日本の外交が中国の周りで織りなしてきた秘密協定をすべて公表してもよいと言っていた。日本は反対した。中国と日本の間の神聖な条約は、両当事者の同意なしには漏洩してはならない。もし中国が秘密外交を自浄したいのであれば、まず一九一八年九月二十四日に締結された、山東省におけるドイツの特別な特権を日本に与えた協定を公表するようにしましょう。パリの日本人の不快感は、北京の小幡氏によって、中国側が脅しともとれる言葉で補強された。彼は「英国は内政問題で頭がいっぱいで、中国を助けることはできない。しかし日本には五十万トンの海軍と百万人以上の陸軍があり、十分に援助することができます」と言った。

山東省協定は、日本が操る交通総長が完成させたものだった。東京の中国公使が調印する際には、中国外交部には相談しておらず、中国政府も批准していなかった。中国国民は、これを単なる草案としか見ておらず、政治家が受け取った金の日本への返還とともに、この草案の破棄を要求した。

小幡氏の脅しは、パリの中国代表団を脅そうとしていると中国側が受け止めたため、大総統と政府に代表団をあらゆる手段で支援するよう求める電報が大量に寄せられた。これらの表明は、あらゆる政党の人々から寄せられたものである。外交総長代理の陳籙は、この面談の影響を最小限に抑えようと努力したが無駄だった。衆議院の秘密会に呼ばれた彼は、新聞報道は「やや誇張されている」とした上で、「聯合国の権利と正義が軍国主義と専制主義を確実に破壊したこの時代にあって、我々中国はまだ弱小国ではあるが、外国の侵略のあらゆる脅威を過去のものと考え、笑顔で受け入れることができる」と述べた。

政府は当初、秘密条約を公開しないようにパリ代表団に伝えた。秘密条約は中国政府では有効とされておらず、公開することで効力を発揮する可能性があったからだ。しかしその後、政府は代表団の判断に委ねるとした。国民党の外交委員会はこれを推奨した。一方、梁啓超氏はフランスに向かった。彼はアメリカ経由で行くつもりだったので、私は彼のために旅程と紹介状を用意した。その時、彼の親しい友人である湯化龍《とうかりゅう》（一八七四～一九一八）がバンクーバーで暗殺された。梁は同じ運命を恐れて、アメリカにいる国民党支持者を避けてフランスに直行した。梁は中国代表団に中国の状況を非公式に伝えることになっていたと、私は元総理の熊希齢から聞いている。

戦争参加局と日本の借款

中国が統一されるまで列強はどちらにも資金を出さないようにというアメリカの勧告が、ますます望ましいものに見えてくるほど、この状況はひどいものだった。戦争参加局を仕切っていた一派について私に語ってくれた、影響力のある責任ある中国人は、次のように述べている。「中国にとっての危険は、段祺瑞ら軍国主義者の取組みにある。日本は彼らに軍備を整えるための資金を与えている。これで大総統を圧倒して、自分たちの目的に従わせようとするだろう。南との和平交渉は終わり、南との戦争は続くだろう」。

個人的にも報道機関にとっても、最も切実な問題の一つは、日本とその政府関係者に、北の軍国主義者への資金や武器の提供による支援をどうやって止めさせるかということだった。確かに、もう火がついていた。一月九日、日本公使が私を訪ねてきて、中国への資金援助に関する宣言に日本政府も参加することになったと言った。彼は軍事密約に関連して約束された二千万円の借款と、いわゆる「産業用」の借款については留保しなければならなかった。密約借款とは、戦争参加局が朝鮮銀行、日本興業銀行、台湾銀行の三つの日本の銀行との間で結んだものである。公使はこれには口出しできないと言った。またアメリカが推奨するように、彼の政府は原則として武器の販売を制限することに賛成していたが、列強が共同声明を発表すると、中国に武器を提供できる唯一の国である日本を拘束しようとしていると受け取られてしまうため、何も言わない方が良いだろうと言う。その上、戦争参加局には太平社との厄介な武器の私的契約があり、政府としてはこれを妨害することはできないと考えたのであると。ヘンリー・ジェイムズの言葉を借りれば「そういうことか」ということになる。

私は日本公使に、アメリカ政府が許可するならば、アメリカ人は合法的な契約に基づいて中国に武器を提供することができるし、その意思もあるので、我々はプラトニックな取り決めを提案しているわけではないと言った。さらに日本の三つの銀行の取引については、日本政府はこれらの銀行と前述の軍需会社の双方に利害関係があったので、彼らが戦争参加局と提携することは、世間的には日本政府との関係を難しくすることになるだろうとも。

南北和平会議が上海で開かれている間（注／一九一九年二月より開催、五・四運動により中断）に、戦争参加局の一味は実際に対南軍の装備を整えようとしていた。南方首席代表である唐紹儀は、外交団の長である英国公使に、この「局」とそれを支える日本側の行為を正式に戒めた。

さて、この局はその名の通り、中国の第一次世界大戦への参加を促進するために設立された。それを日本が財政的に支援するのは、表向きは他の聯合国のためにも行われていた。それが内戦を煽るために利用されたとすれば、他の国も責任を免れない。二月十二日には、聯合国と提携国の公使による会議が開かれた。何人かの公使は、軍隊の募集のために継続的に提供されている外部資金は、中国の落ち着いた状況を回復する目的と、十二月の共同宣言の方針に反していると強く主張した。日本公使は黙っていた。彼は指示を待たなければならないと言った。

二月二十一日、彼は私に、日本は戦争参加局への弾薬や装備品の出荷を中止したが、借款の残額の支払いは止められないと連絡してきた。ちょうどその頃、アメリカの会社が、昨年八月に誠意を持って契約した中国での一定量の装備品の納入を間もなく開始することになった。アメリカは武器供与禁止の共同宣言を提案していたが、日本はこれを阻止した。宣言がなされなかったので、私はアメリカの納入を止めることができなかったが、後で止めた。しかしアメリカは提案した宣言に喜んで参加するだろう。

日本側がまだ戦争参加局に貸付金を支払っていたので、三月六日にも外交的な「憤懣やるかたない会議」が開かれた。日本の公使は、我が銀行は資金を払わざるを得ないが、中国政府には、この状況では資金を引き出さない方が良いのではないかと提案しており、日本はこれに異議を唱えることができないと言った。ここで、公使の一人が発言した。「では、日本が出したこの提案をみんなで実行しよう」。

これには日本の公使もびっくり仰天した。彼は常々、戦争参加局は中国の内政問題であり、局の設立に協力した列強が口を挟むべきではないと主張していた。しかしこの提案はすぐに採用された。その結果、英米仏伊の四か国の代表は、厳粛に外交総長を呼び、「戦争参加資金を引き出すことは、内政の妨げになるので好ましくない」という意見を述べた。

しかし日本の助言は単なる記録にとどまり、実行に移されることはなかった。やがてジョン・ジョーダン卿のもとに外交部から非公式の覚書が届き、それには戦争参加局は中国の内政問題であるという日本側の考えを取っていた。これは、我々が干渉していることを示唆していると解釈されるかもしれない。実際、二人の中国人高官から聞いた話では、大総統と総理は、この覚書が不快感を与えるのではないかと心配して数日間保留にしていたが、陸軍総長がどうしても送ってほしいと言ってきたという。

私はこの二人を通じて大総統に、この覚書を撤回すれば、彼と中国に心から好意的な人々の間に不愉快な思いをさせないで済むという静かな意思表示をした。覚書はすぐに撤回され、戦争参加局に直接関係のある一部の人を除いて、中国の政府関係者はみな喜んだ。

十二月の最初の宣言に署名した五人の代表者は、三月十一日に再び会合を開いた。フランス公使に局の行動を支持せよと本国から命令が来たからだ。日本公使はこの問題は中国の問題であり、我々の問題ではないと主張した。しかし他の公使は、それが聯合国の戦争機関であり、日本が直接それに対処したので、それは準外部的な性格を持つという見解を示した。日本公使は、「この借款は、特定の銀行が行った純粋に商業的なものであり、日本政府が管理しているものではないということは、はっきりしているではないか」と反論した。ではこの融資に関連して、日本陸軍の将校が顧問や指導員として戦争参加局に配属されたのはなぜか、純粋な商業取引に関連してそのような特別な取り決めをするのが通例なのか、との質問が返ってきた。

小幡氏は、「私は十分な情報を持っていない」とはぐらかすように答え、「私は十分に知らされていないので、これらの取引の報告書を参照しなければならない」と述べた。

この問題における日本の立場は、あまりにも曖昧であり、面白かった。私たちは、この局が共通の目的のために設立されたものである以上、内紛を長引かせるような政治的行動や金銭の使用を容認することはできないことを明確にすべきだと考えた。

三月一日、日本の公使は中国政府に対し、上海での南北和平会議が終了するまで、戦争参加局への武器の納入は一切行わないと通告していた。私たちはこれに続く共同行動を提案した。一部の代表者は、武器の輸入に難色を示すことに賛成したが、訓令は受けていなかった。最終的に八か国は、「中国全土で権威が認められる政府が樹立されるまで、自国の臣民や国民が武器や軍需品を中国に輸入しないよう、効果的に抑制する」ことで一致した。これには、すでに締結されたが実行されていない契約に基づく武器の納入も含まれる。そこで私はアメリカの会社に対して、当面は契約を解除しないように警告することができ、その通りにした。

一九一八年の春先から、日本の元大蔵大臣である阪谷男爵が時折北京に来ていた。梁啓超氏は、財政総長として日本借款を扱った際に、日本人の財務顧問の起用の可能性を示唆していた。男爵は私の旧知の仲であり、私は彼を高く評価していたが、今回は財務顧問の問題を解決するのに適切な時期ではないと考えたため、私は男爵に対する個人的な感情と、私が取らなければならない公式な立場とを区別しなければならなかった。阪谷男爵の中国訪問に関連して、ある日本人の友人が私に手紙を書いてきた。「わが国の資本家の一部は、金を作って中国に貸すためのあらゆる便宜を与えられている。彼らから搾り取った金で、軍部の官僚は政党人を堕落させ、中国やその他の国に送り込み、戦争に忙しい国々から搾取している。文官や軍人たちは、ドイツへの恐怖や憧れの観点でしか何も考えられない。もしそんな日本人が北京政府に雇われれば、我々が提案するものから中国人の同情を永遠に遠ざけることになるだろう」。

阪谷男爵は、当初から中国政府の通貨顧問になろうと熱望していた。一九一九年一月になり、その願いが叶うことになった。日本の公使は、男爵の任命に諸外国が同意したと発表した。私は同意していなかった。私はこの件について何も聞いておらず、この種の行動には一貫して精力的に反対していた。私はこれが通貨借款に関する方針を永久に決定するものであり、米国との協議の可能性を排除するものであると考えていた。私は財政総長に、私が政府に相談するまで任命を延期するよう要請した。次の展開は二十日で、日本公使が私に手渡したメモには、私が林男爵に示した個人的な好意に言及し、さらに提案されている阪谷男爵の任命はワシントンのランシング氏が承認していることが記されていた。

私はワシントンに電報を打ち、三十日には、通貨顧問の任命は関係者全員による十分な協議の後にのみ決定されるべきであり、ランシング氏は他の誰の理解にもコミットしていないとの指示を受けた。私は財政総長にメモを送り、通貨借款協定の当事者の一人として、米国はさらなる検討がなされるまで行動の延期を望んでいると述べた。私はすぐに、この立場が最終的なものであると確信した。個人的な友人として、私は阪谷男爵を引き留めることができなかったことを残念に思ったが、当時、戦後の問題に没頭していた列強の長年の利益を損なうような行動が急がれる中、このような重要な問題では黙っていることはできなかった。

第30章　匪賊、陰謀家、そして分裂した家

誘拐されるアメリカ人

私が知っている中国の姿を完全なものにしようとするならば、私が触れなければならない中国生活の局面がある。

中国では「掠奪」という制度が確立されており、あまりにも長い間運営されてきたため、人々はそれに

慣れ、当然のこととして受け止めている。この頃は、山賊と軍隊と金持ちの市民と村人が、それぞれを追いかけて旅をするという悪循環があった。山賊たちは、家族や一族とのつながりを失った廃兵から集められた。多くの場合、家族は飢饉や洪水、病気などで全滅していたり、革命で殺されたりしていた。また自分のせいで音信不通になり、追い出されてしまう人もいる。家族や一族とのつながりがなく、孤立した人が再起するのは非常に難しい。最も簡単な方法は軍隊に入隊することである。それができなければ、山賊になる。彼らは行政が緩んでいる地方や行きにくい僻地に集まる。待ち伏せして富裕層を捕らえ、山に連れて行き、身代金が支払われて初めて解放する。このようにして、蓄積された富にかなりの税が課せられる。身代金は、山賊たちが偶々居合わせた村人たちの間で使われる。一方、省長は、ある旅団や師団が長い間給料をもらっていないので、問題を起こすかもしれないと考え、「国の浄化作戦」なるものを告知する。状況はあまりにも耐え難く、将軍は極端な方法を取らざるを得ないと考え、山賊を退治する命令を受けて軍隊を荒廃した地域に派遣する。山賊はこの動きを察知して、より健全な地域に向かって出発し、軍隊は村に陣取り、村人は彼らによって山賊から儲けた金を回収されるのである。不幸にして捕まった山賊もいるだろう。見せしめに銃殺される者もいれば、入隊を許される者もいるだろう。兵士たちが村人の間にしばらく滞在した後、彼らは山賊が完全に鎮圧され、国がきれいになったと報告する。その後、彼らは司令部に呼び戻され、将軍は総督に報告し、適切な報酬を受ける。一方、山賊たちは安全な場所から戻ってきて、再び「富裕層」を捕まえ、現金に換えやすい余剰の財産を奪い始めるのである。このようにして輪は延々と回っていくのである。

中国では、もう少し効率化を図れば、その苦悩と匪賊性のすべてを取り除くことができるだろう。フィリピンへの旅行から北京に戻ると、シームス・キャリー鉄道調査のアメリカ人技師カイル氏と、もう一人の従業員パーセル氏が河南省の僻地で盗賊に捕まっていた。彼らが持っていた四川方面の測量隊への支払いに充てる多額の銀を奪った後、カイル氏とパーセル氏の身代金を要求してきたのだ。

中国語書記官のテニー博士は開封にいて、省長に解放を急ぐように働きかけていた。会社は身代金を支払う準備ができていたし、私も中国政府に身代金を支払うように簡単に誘導できた。私はこの方法が唯一確実な救出方法であると助言されたが、これは危険な前例になると思った。というのも、盗賊たちは身代金目的で外国人を誘拐したり拘束したりするようになるからだ。カイル氏は若くなく、体力もない。私は彼が受けている厳しい状況を恐れたが、責任者である中央政府と省政府が彼らを取り戻すのを二週間待った。ある夜、パーセル氏が逃げ出した。私はテニー博士を通じて総督（省長）に、賊のいる地域全体を包囲し、カイル氏に何かあれば賊を追い詰めて殲滅すると、彼らに強く伝えるよう通知した。

この脅しは盗賊たちに「伝わった」。そして人質の奪還に貢献した者は罰を免れ、何らかの形で報いを受けることが約束された。カイル氏は一週間の猶予の後、追っ手の軍隊に引き渡され、すぐに北京に戻った。賊の隊長には陸軍の任務が与えられ、子分たちも兵士として入隊した。しかし引き渡しに関与しなかった者は、次々と捕らえられて処刑された。賊が外国人の邪魔をしないようにするための教訓となったのである。

カイル氏は、毎晩賊たちと一緒に、山間部のアクセスの悪い地域を移動した。分水嶺を越えて谷から谷へと移動する。カイル氏は普通の健康状態を保っていたが、「寝かせてくれない」と不満を漏らしていた。自分のいびきがあまりにも大きく、軍隊に気づかれるのではないかと心配し、最後の十日間は一時間も眠れなかったという。しかし彼はこの体験を生き抜こうと、精神の平静と体力を保つことを心に決めていた。

同じ頃、山東省では二人の女性宣教師が山賊にさらわれた。しかし彼女たちは数日後に解放された。彼女たちが所属していた協会の宣教師たちは、しばらくしてパンフレットを配布し、外交的介入よりも祈りの効果が優れていることを指摘した。祈りに応えて二人の教師は一週間で釈放されたが、一方、我々の外交努力を尽くしてもアメリカ人技師は釈放されなかったのだ。

外国の不興を買うのではないかという不安が、中国人に偉大な技術者を手に入れるチャンスを失わせたのである。私がフィリピンに行く前に、ケレンスキー時代（注／一九一七年のロシア革命第一段階の二月革命からボリシェビキによる十月革命までのアレクサンドル・ケレンスキーが指導者であった時代）の鉄道大臣オストロゴフ氏が訪ねてきた。彼は、ジョン・F・スティーブンス（一八五三～一九四三）氏がロシアの鉄道の再編成を支援する任務を与えられたロシア協定を発足させた人物である。混乱した状況の中で、その作業は妨げられていた。アレクサンドル・コルチャック（一八七四～一九二〇）提督もまた、アレクシス・スタールとともに私を訪ねてきた。彼らはシベリアに代表的な政治組織が誕生することを信じていた。コルチャック提督の立派で真剣な顔と、個人的な利害を超えた任務に追われている人のような態度が印象に残っている。私が戻ると、ジョン・F・スティーブンスが一か月間北京に来た。彼はロシアとシベリアの状況に落胆していた。全面的な崩壊、社会革命、ソビエトの成立により、ロシアでの鉄道計画を実行する機会は失われていた。組織的な権威も彼をバックアップしてくれなかった。北京では、中国の鉄道事情を調べ、その可能性を確信していた。私は、パナマ運河の大事業で証明された彼の独創的な計画と建設的な仕事の天才が、しかもアメリカの鉄道事業を熟知している彼が、中国の鉄道事業を発展させるための体系的な計画を中国と一緒に作ることができたら、それは天の恵みだと思った。中国人はこのチャンスを熱烈に歓迎しただろうが、彼らには自由がなかった。一人の外国人を雇えば、もっと多くの外国人を雇えということになる。

一九一八年の春のことである。私は亡命先（注／香港）から戻ってきた梁士詒氏を歓迎の意味で訪ねた。彼は、「緊急の課題は、軍による民政への干渉に歯止めをかけることだ」と言った。「国会の問題はそれほど重要ではないが、それが前面に出てきた以上、まず解決しなければならない。私の解決策は、旧法の下で新しい議会を選出することだ。そして軍隊を縮小し、軍事と文民を分離する」。

梁氏は、南方の九人の主な指導者の特徴を私に語ってくれた。彼らはライバルであり、敵対関係にあり、三人のリーダーが合意することはない。二人が合意しても、残りの者は寝返って彼らを殺してしまう。最後に、段祺瑞が辞退したので徐世昌が最も有力な大総統候補になるだろうと予測していた。

湖南省では南北両軍が相変わらず戦っており、人々を苦しめていた。特に、湖南の軍事総督である張敬堯《ちょうけいぎょう》（一八八〇〜一九三三）将軍は、阿片を吸う賭博師で腐敗しており、彼の軍隊は宣教師の所有物を破壊していた。省都の長沙に住むアメリカ人とイギリス人は、英米の公使に外国人の生命と財産の保護を嘆願した。私は総督が自分の軍隊の手綱を取っていないことを知っていた。私は英国と日本の同僚と共に、外国人が負傷した場合、指揮官が個人的かつ個々に責任を負うべきだと主張した。私たちは、特に張が監視下にあることを指摘した。外交総長は警告を発し、私が全面的に助言したオースティン・ナイト提督（アジア艦隊最高司令官）は長沙への砲艦の派遣を命じた。

山東省を浸食する日本

一方、第一次世界大戦で聯合国を助けるために作られた戦争参加局は、日本に監視されていた。そのため彼らはロシアの革命とボルシェビズムの台頭を口実に、段祺瑞将軍が私に話していた特別軍事会議を開いたのである。日本政府内の軍国主義者たちは、活発で切迫しており、北京の青木将軍と東京の田中義一（一八六四〜一九二九）将軍は、彼らを助けるためにあらゆる手段を講じていた。彼らはまず、一般的な軍事同盟を求めていた。中国側はそんな大げさなことは考えていなかった。その後シベリアでの騒動を基に、より限定的な協力関係が築かれた。中国と日本はロシアの状況に対処し、現在の戦争に参加するために取るべき措置を共通して検討し、協力の手段と条件は両国の軍事・海軍当局が取り決めるという、予備的な協約が三月に形成された。

このようにして、戦争参加全般が日中の相互協定の対象となったのである。一般的な軍事同盟は締結されなかったが、それにもかかわらず、日本は中国が戦争で何をすべきかをコントロールできるようになったのである。つまり中国は何もしないということである。

五月六日に締結された協力方法に関する軍事・海軍条約の条項では、特定の状況下で日本が中国の鉄道や資源を支配することを柔軟に認めている。全ては秘密裏に行われた。主な手配は、内閣や外交部ではなく、軍人や海軍の代表者が行っていたため、国民はその結果に疑念を抱いた。中国は他の聯合国に自由に協力できなくなるのではないか。日本の厳しい指導下に置かれるのではないか。これは日本が中国の軍事問題を完全にコントロールするための楔になるのではないか。中国の軍国主義は強化され、日本の政策に従順になるのではないか。

山東省での日本の行為は、これらの疑問を妥当なものにした。そこで日本政府は土地収用を行っていた。青島では、日本の官憲は膠州湾の海岸数マイルを含む約十二平方マイルの土地を取得し、この港のすべての陸路と可能なすべての蒸気船と鉄道のターミナルを支配することになった。明らかに、日本は永久占領政策を遂行していたのである。

日中協定の交渉が行われている間、中国では日本の支配する新聞が白人種への敵意を説いていた。五月には日本の国会議員団が訪中し、人種感情を煽るような演説を行った。その内容は、「戦後、ヨーロッパ諸国は中国への支配を強めようとするだろうから、黄色人種は団結して時宜にかなった反論をすべきだ」というものだった。

寺内将軍の側近である西原氏は、中国での日本の金融業務を非公式に行っていた。（注／寺内正毅と西原亀蔵は、寺内が朝鮮総督時代からの友人関係であり、寺内の総理大臣時代（一九一六～一九一八）に西原借款は実施されている)。交渉が行われていることを日本公使館が否定する一方で、日本は関心を持って北京政府の財政措置に積極的に影響を与えていた。タバコと酒の収入を担保にした多額の融資が提案されていた。私は財政総長の曺汝霖にこの件について尋ねたところ、彼は次のように答えた。「アメリカは、戦争中に他の同盟国に与えている援助を中国に与えていない。アメリカの銀行家は契約を完了していない。中国は他の国に目を向ける必要がある」。

曺氏は、アメリカの提案はいつでも検討し、他の国と同様に優遇すると言った。私はタバコと酒の収入に基づいてこれ以上何かが行われる前に、アメリカの銀行が中国政府のオプションの下で提案を検討する機会を持つことを保証してほしいと頼んだ。総長は、歳入が今、何らかの形で関係していることを否定したので、この要請は回避された。私は彼の否定を最大限に利用し、それを外交部へのメモに記録した。フランスの公使も私と同じように行動した。曺は財政総長であると同時に交通総長でもあった。つまり両省とも日本の言いなりだったのである。

ラインシュ、帰国して協議する

以上、一九一八年七月までの中国国内の状況を、かなり急いで説明した。私はワシントンの政府関係者と状況について個人的に話し合うことを望んだ。私は総理となった段祺瑞将軍(注／第三次段祺瑞内閣 一九一八年三月～十月。曺汝霖は大臣を兼任)との長時間にわたる面談を終え、北京からアメリカに向かった。六月二十七日、総理は私に自分の方針と動機を率直に述べた。「もし軍事行動を止めれば、それは弱さと解釈されるだろう」と彼は言った。「南方はさらに贅沢な要求をして、北方の領土をさらに侵食するだろう。充分な戦力、それが質問の答えである。そのためには資金が必要だ。国内の収入だけでは足りず、外国からの借款が必要だ。そうすれば、国民の団結力が回復し、返済も容易になるだろう。軍隊は改革される。国民は保護され、国は繁栄するだろう」。

この政策は賢明であり、必然であると彼は考えていた。しかしこの政策は、実戦のリスクが少ない国内での戦争を組織的に行う無能な将軍たちに適していた。彼らのやり方は、銃剣よりもお金を使うものだった。

別れ際に段は、「あなたがアメリカから帰ってくれば、すべてが解決して、南側が我々の権威を認めるだろう」と言った。

彼の頭の中には、南方を征服するために海を渡って遠征するという構想があった。私は、そんなことができるはずがないと確信していたが、彼は頑固だった。

私は、母を訪ねる以外は、ワシントンとニューヨークを行き来していた。四週間の間に、中国に関わる官民のほとんどの関係者と会った。国務省だけに留まらず、陸軍長官や政府関係者にも会った。陸軍長官と准将には、中国に駐留する軍隊の募集に関する問題について。陸軍省と海軍の情報部、広報委員会、商務長官、戦時貿易委員会と戦時産業委員会の関係者には、中国における商業の制限とアメリカの商業開発について。海運委員会の関係者には、太平洋横断航路について会った。民間の大組織では、ナショナル・シティ銀行、J・P・モルガン&カンパニー、ギャランティ・トラスト・カンパニー・オブ・ニューヨーク、クーン・ローブ&カンパニー、ゼネラル・エレクトリック社とアメリカン・ロコモーティブ社、スタンダード・オイル・カンパニー・オブ・ニューヨーク、インターナショナル・バンキング・コーポレーションとアメリカン・インターナショナル・コーポレーション、チェイス・ナショナル・バンク、シームス・キャリー・カンパニー、パシフィック・デベロップメント・コーポレーション、シカゴ大陸商業銀行のメンバーと話し合った。

ロシアとシベリアに対するアメリカの政策はまだ決まっていなかったので、ウィルソン大統領との面談では、私が非常に関心を持っていたシベリア問題と、中国の金融が特に注目された。私は、中国人が産業目的と称して融資を受けた後、融資先の協力を得て、鉄道や電話システムの建設ではなく、政治的・党派的な目的のために融資を流用する様子を大統領に説明した。このようにして、中国の信用と政府の権威は次第に弱まった。そして外国人が侵入してきて、ある分野ではアメリカの機会が制限されたり、完全に失われたりする危険性があった。私は、米国が中国の健全な再編成プログラムを財政的に支援することを望んだ。それは我々の伝統に合致している。しかし嫉妬や摩擦は排除しなければならない。そのため、私は国際的な公的融資借款団の設立を提案した。

この借款団は中国政府の信用を支え、中国の金融を健全なものにするだろう。これはすべての行政的、政治的融資の優先権を主張するが、建築物や物資の契約は競争に任せ、産業用の融資は外部の金融機関に任せることで、独占を避けるべきである。もちろん、中国の主な支援者である借款団は産業用借款について完全な情報を持つべきであり、各政府は、自国の国民が産業用に行ったすべての借款を精査するように従事すべきである。これらの内容は、大統領の要請を受けて八月十四日に提出されたメモに記されている。

シベリアとロシアについては、情報に従えば、ドイツの支配力が強まるのを防ぐために、ロシア国民が聯合国に友好的であるように影響されるべきだと私は信じた。私が考えたのは、介入ではなく経済的な援助だった。私は、ロシア国民が最も必要としている商品を輸入できるように支援する委員会を要請した。ロシアの協同組合は、まさにそのような援助を切望しており、その指導者たちは、そうすればこれ以上の好ましくない事態を防ぐことができると考えていた。私はロシア人が普遍的に友好的であることを知っていた。アメリカが主導する運動は極めて好意的に受け止められるだろう。

ウィルソン大統領は、このような活動を望んでいるようだった。彼はこうした大事業を成功させるには、どのような人物が最適かを私に相談してきた。しかし、「大企業」の代表者をそのような立場に置くことは、利己的な国家的動機を疑われるのではないかと彼は恐れていた。私は、我々の共通の目的にかない、ロシアの人々が永久に利益となり、維持できるような経済生活の再編成の援助を、アメリカが率先して行うことを彼が望んでいると思った。

多くの部局や委員会に相談した結果、彼らは中国のことを考えていないことがわかった。彼らの最大の問題は、アメリカ軍を訓練して西部戦線に輸送することだった。彼らは中国の部隊を現地に派遣することには関心がなかった。これは戦争の決定的瞬間であった。それに比べれば、他の利益はしぼんでいる。中国への資金援助については、中国が戦争に突入したのは、資金援助を認める法律が成立した後であることを政府は発見した。新たな法律が必要である。それを提案することは、戦争政策の問題全体を提起することになる。当時の風潮では、西方面での当面の最大の力の発揮にあらゆる努力を傾けることになっていた。私はこのような状況を理解していたが、ヨーロッパに向けられた膨大な資金力の流れの中で、ほんの一筋の糸が中国に渡らないことを深く残念に思った。ヨーロッパに与えられた資金の千分の一でも、中国の建設のために投資されていれば、多くの落胆と悲惨な展開を防ぐことができただろう。一ドルにつき十倍の価値があり、戦争や戦後の復興に役立つ中国の能力を強化することができたはずだ。

第31章　北京の若者たち、パリの老人たち

五四運動

一九一九年五月五日、公使館の門の前に、私に会いたがっている学生たちの群れが現れた。私はその日、

郊外の門頭溝の高所の寺に出かけていて不在だったので、彼らに会うことはできなかった。後になってわかったことだが、彼らのデモは、後に歴史に残る大規模な学生運動の第一歩だったのである。彼らの愛国心は、その日の朝、山東省に関するパリの裁定の第一報によって沸点に達していた。

このニュースに対する中国国民全体の最初の反応は、口では言い表せない狼狽だった。衝撃的で、麻痺したような打撃だった。日本が山東省の支配を強めようとしてきた図々しい陰謀や、ドイツの権利を永久に保有するという主張の根拠を準備してきた狡猾さが、すべてヴェルサイユ会議で承認されたかのようだった。

北京で落胆していた中国の人々は、パリに希望を託していた。日本の要求を受け入れる可能性があるという情報が北京に入ってくると、学生たちはまずアメリカ公使に会いに行き、そのニュースが本当かどうかを尋ね、彼が何を言うかを見ようとしたのである。私は厳しい試練を免れた。

私の留守が告げられると、最初は軽い不満の声、次に叫び声が上がった。「裏切り者の家へ！」それは、中国が嫌う契約を結ぶために策士たちが集まっていた、曹汝霖の家のことだった。屈辱的なビジネスの立役者と誰もが見なしていた人当たりの良い小心者の曹汝霖は最も軽蔑されていたが、彼らは秘密条約が作成された時に東京で中国公使を務めていた章宗祥を彼と関連付けていた。学生たちは急いで家に駆けつけ、ドアを壊して中に入った。すると、そこには二人の男がいた。学生も彼らの餌食も時間を忘れた。椅子やテーブルを壊して、その破片を武器にして、二人の外交官を追いかけた。曹は相変わらずのしなやかさで、窓から狭い路地に逃げ込み、追っ手から逃れた。しかし章は殴られて意識を失ってしまった。もう一人の謀略家で、学生たちが「手荒な扱い」をしたであろう陸宗輿は発見されなかった。

四日間、外国からの情報は入ってこなかった。これは日本の工作員が、中国の全世界的な抗議行動が裁定に影響を与えたり、見直しが行われたりするのを防ぐために行ったのではないかと人々は推測していた。

学生たちの暴力の原因は、一九一五年の日本の最後通告から四年目を迎えようとしていることにあったが、パリの老人たちの行動が報道されたことで、学生たちは不安に駆られていた。

他の電信通信が遮断されている間、私は無線で実際に行われたことを知ることができた。そのような行動をとればどのような結果になるかについて、アメリカ政府は私や中国にいる他のすべてのアメリカ政府関係者から完全かつ執拗な情報を得ていたことを考えると、ウィルソン大統領が日本の要求に従うとは信じがたいことだった。山東省の裁定は、広範囲に影響を及ぼす誤りであり、国際聯盟によって与えられる一般的な利益もこれに勝るものはなかった。実際私が政府に述べたように、この裁定はこのような醜い事実を礎とする国際聯盟に対するすべての信頼を破壊した。

この裁定は、戦争中に提唱されたすべての原則を否定するものであり、このような請求権をめぐる理不尽な要求を日ごと、月ごとに見てきた者にとっては、嘆かわしいものだった。ウィルソン大統領は、アメリカの専門家の一致した意見を無視したようだが、その理由は二つあった。一つは、聯盟さえ設立すれば、細部の問題はすべて簡単に解決できると考えていたこと、もう一つは、山東省問題に十分な注意を払っていなかったため、これが細部の問題ではなく、根本的な問題であることを認識していなかったことである。

ウィルソン大統領は、日本が「経済的権利のみを留保し、完全な主権と共に山東半島を中国に返還する」という約束を果たすことで、条約・規約の受諾によって山東省問題が解決すると、自分や他の人々に信じ込ませようとしていた。これが彼の最大の誤解であった。一級品の港から中国の中心部に至る幹線鉄道を外国政府が所有することは、正しくは経済的権利とは言えない。このような「経済的権利」を政治的にコントロールすることは、まさにアメリカの政策が何十年もかけて阻止しようとしてきたことなのである。大統領は明らかな不安の中で、日本の代表団がイタリアの代表団に続いて会議を離脱するのではないかと考えた。ハウス大佐（注／ウィルソンの最側近。エドワード・ハウス（一八五八〜一九三八）は、明らかにこれを信じて怯え、大統領に連絡した。二人は聯盟が危機に瀕しており、それを救うためにはあらゆる犠牲を払わなければならないと考えたのだ。

この不安は全くの杞憂だった。私が政府に伝えた情報によると、日本はこの会議への参加とパリでの地位を非常に重視していた。軍事、海軍、金融力で、日本は、戦争がもたらした戦術的な優位性にもかかわらず、一等国になることはできなかった。日本は、講和会議の取り決めによって与えられた第一級の地位を放棄することはないだろう。日本側は、このような利点を捨てようとは微塵も考えていなかった。ハウス大佐に与えた印象は、彼らのハッタリ能力の高さを証明するものだった。ウィルソン大統領が苦労を惜しまず状況を理解していたら、友好的な毅然とした態度で、全く異なる解決策を得ることは難しくなかった。実際のところ、日本側は、中国におけるドイツの権利を聯合国および関連国が共同で獲得し、早期に中国に返還するという取り決めに合意する用意があったことは、今やよく知られている。

パリでのアメリカのリーダーシップに対する期待が、中国ほど高まっていた国はないだろう。中国人はアメリカを信頼しており、ウィルソン大統領が何度も口にする原則の宣言を信頼していた。しかし平和会議を仕切っていた老人たちの裁定によって、彼らの失望と幻滅はさらに激しくなった。希望を打ち砕き、国家間の公平性に対する信頼を失墜させたこの一撃を、中国の人々がどのように受け止めるのかを考えると、私は気分が悪くなり、落胆した。

全世界的な絶望の中で、私はアメリカに対する感情の反発を恐れていた。それは、不当な裁定に関して他の国よりもアメリカが非難されているからではなく、中国の人々が私たちの力、影響力、そして原則に対する忠誠心をより深く信じていたからだ。彼らには、これほどまでに屈辱的で完全な降伏は理解できないだろう。外国の新聞も、主な責任は米国にあるとしている。中国のイギリス人は、ドイツの危険性と日本が向こう側に行くことで生じるかもしれない困難のために、政府がどうしようもない時に、日本との不幸な密約を強いられたと感じていた。手の空いているアメリカは、正しい解決策を主張することで、私私たち全員を救うことができたはずだと彼らは言った。本当にそれを望んでいた。現在、その社説や私語でそう言っているのは、決して小さな敵意ではなく、自分の気持ちをぶちまけているのである。中国人が友人の家で裏切られたと感じるのではないかと私は心配したが、彼らは気丈にその一撃に耐えた。彼らは、ウィルソン大統領がパリで果たした役割について米国を非難して、私の気持ちを傷つけることはなかった。彼らは私に非常に悲嘆にくれていることを表明したが、彼らはウィルソン大統領は自分たちには何もわかない非常に大きな困難に遭遇したに違いないとだけ言った。

もちろん彼らは、一九一八年秋に曹汝霖らの策謀によって結ばれた諸協定によって、中国の立場が弱くなったことを知っていた。彼らの怒りの矛先は、戦争と中国の弱体化を利用した日本と、その道具となった中国の政治家に向けられていた。

中国にいるアメリカ人はもちろん、イギリス人や中国人も、この困難な数週間の間に深く落胆していた。アメリカが戦争に突入した瞬間から、この犠牲と苦しみのすべてが世界の行動の公正な原則を確立し、その下で人類はより幸福に、より安全に暮らせるようになるという勝利の確信があった。その希望は今やほとんど打ち砕かれてしまった。

兵士の死の典礼として、五月三十日のデコレーション・デー（戦没者追悼記念日）にアメリカ人コミュニティが集まった。その中で私は、近年北京に駐在し、戦時中に死んだ人々のことを話した。特にウィラード・ストレート少佐の実りあるキャリアについて語った。最近北京に駐留した海兵隊の将校の中には、戦争の過酷な状況を経験し、優れた功績を残した者が数多くいることは驚くべきことだった。私は、ネビル将軍、ボウリー将軍、ハッチンス司令官、ニューウェル大佐、ホルコム大佐の話をしたが、彼らは皆、戦争の真っ只中にいたのであり、死の谷を通過したにもかかわらず、助かったというその記録と事実を喜んだ。私はしばしばデアリング夫人の悲しげな顔に目を奪われたが、その顔は英雄的な息子に対する母親の誇りに変貌していた。夫人が発行した息子の戦時中の手紙は、偉大な戦いの親密な人間的記念物の一つである。

私は、この素晴らしい中国という国とその人々の将来性が、アメリカではいかに不十分に理解されているかを痛感した。私は中国で克服すべき困難や危険を知っていたし、中国に好意的なアメリカ人なら、その発展に手を貸してくれるだろうと感じていた。しかし、「母国の人々」、特にアメリカの経済を支配している勢力は、ヨーロッパにお金をつぎ込み、目は見えず、耳も聞こえないままだった。

大統領への手紙

私は自分のエネルギーを自由に使っており、公的な行動をより狭く、より便利な範囲に限定することは容易だった。この素晴らしい古い文明をゆっくりと近代的な水準に引き上げることを意味する開発に、アメリカの真の関心が寄せられていた。運河契約、中国医療委員会、鉄道利権、中米銀行の設立、その他多くの事業で基礎が築かれていた。アメリカはもはや手ぶらではなく、以前からよく使われていた「何も貢献できないあなたが、気前のいい行動を提案するのは簡単だ」という揶揄に直面することもなかった。

こうして私は、極東問題に対するアメリカの関心を喚起するためには、中国にいるよりもアメリカに行った方がより多くのことができるのではないかという結論に達した。またあまり長くアメリカを離れていると、アメリカの事情に再び触れることが難しくなるのではないかと心配していた。

このような理由から、私は大統領に辞表を提出することにした。私は困難で嫌な状況から逃げ出したくはなかった。確かにパリでの裁定の影響が最初に出てくるまでは、私は帰らないだろう。それ以上になると、私は残る気がしない。中国人と同じように当時の私は、ウィルソン大統領は私の知らないところで大変な困難に遭遇しているのだろうと思っていた。いずれにしても、私の行動によってウィルソン大統領や政府を困らせることは目的としていなかった。従って辞任の動機はアメリカに帰りたいということだけであった。しかし大統領に宛てた手紙では、状況とパリで取られた行動に対する私の見解を、控えめながらも深刻な言葉で表現しようとした。この手紙は以下の通りである。

一九一九年六月七日　拝啓、大統領閣下。

私は光栄にも、駐中国公使を辞任し、ご自身と国務長官のご都合がよろしければ、できるだけ早くこの職務を解いていただきたいと思います。私がこのような行動に出た理由は、六年近くに及ぶ継続的な緊張に疲れ、家族の利益のためには米国に戻る必要があると感じ、また、最も重要な関係のすべてを断ち切るほど不在を長くすることなく、自国の問題に再び取り組みたいと考えているからです。

私を信頼してくださったことに感謝し、今後も、あなたが米国民と世界に向けて明確かつ強力に示してくださった国家および国際政策の偉大な目的の実現に向けて、協力していきたいと考えています。

あなたにこの報告をするにあたり、私は中国に関する最近の動向に言及せざるを得ません。全般的な見通しは実に落胆させせられるものであり、現在、あるいは本国政府が状況を直視し、行動する意思を持つまでは、ここで何かを成し遂げることは不可能なようです。もし必要であれば、また現在の中国より米国においての方が役に立つと思わないのであれば、私は自分のポストに留まるべきです。しかし実際のところ、この状況では、米国民に我々にとって何が危機に瀕しているのかを理解してもらう必要があります。そのためには、この国の発展のために必要な行動を政府が支援できるよう、米国民が必要な支援をする必要があります。米国民がこのことを理解し、政府が適切な行動を取るだけの力を感じなければ、中国における百四十年のアメリカの仕事の成果は必然的に失われるでしょう。我々の国民は、他者の苦しみの上にのみ、この地に存在することを許され、教育と自由な制度の発展を援助するために、中国の人々によって我々に差し出された大きな機会は、思い出すことができないほど失われるでしょう。その代わりに、東京を中心とした反動的な軍事政権の不正な手法に支配された不吉な状況が訪れるでしょう。絶対主義的な傾向があり、自由な政府と人類の進歩の原則を冷笑しています。慣れ親しんだあらゆる手段を用いるこの勢力が、もし対抗されないままでいるならば、極東において、世界が未だかつて見たことのないような軍事的圧迫と支配の最大の原動力が生み出されることになるでしょう。またアメリカに対する日本の報道機関の激しい敵意と異常なまでの罵詈雑言によってすでに予見されているように、悪い結果の矛先がアメリカに向かうという結論を避けることはできません。

米国と英国はこの問題で協力しなければなりませんが、国内の英国人は海外の英国人ほどこのことを理解していないように思います。もしロシアが独立した代表的な政府になることができれば、その利益は我々と並行することになるでしょう。このようにして動員できる世論の力は、ここの状況をコントロールし、現在脅かされているような性格を持たないようにするのに十分です。しかしこれは状況がはっきりと見えていて、日本の軍閥が強固で静かな反対勢力の死の壁となるまで、これまで成功してきた現在の方法と目的を続けることがわかっている場合にのみ可能です。中国への友好、山東省の回復、国際聯盟への忠誠などが盛んに語られるでしょうが、これを受け入れて、実際に適用されている方法が何であるかを疑うのをやめるのは危険です。このような事実の確認なしには、私たちは条約や国際聯盟にさえ安心して頼ることはできません。そうでなければ、これらの手段はゲームを少し複雑にするだけで、その本質的な性格を変えることはできません。日本の目的は明白であり、その目的を達成するために用いられる方法は決して容認されないということを、日本に明白にすることによってのみ、この脅威を回避することができます。その目的とは、トラブルや革命の煽動、匪賊や海賊、モルヒネ、金融腐敗の奨励、報道機関を欺くこと、アメリカ人が傷ついても絶対的権力の威信を得るために正当な満足感を拒絶すること、そして何よりも、日本の大銀行が中国政府に融資していることを否認し、その後、日本の公使がこれらの融資は「商人」による個人的な取り決めであると発言するような、公的な二枚舌です。

もしアメリカ商人の活動だけでなく、中国の国民生活における建設的な力そのものを継続的に支援することができれば、これらの目的と方法は、現在のように繁栄し成功する機会を得ることはできないでしょう。

戦時中、中国の建設的な力を支援するための我々の活動は、我々のエネルギーが他の場所で必要とされていたため、必然的に効果を上げることができませんでした。中国がドイツとの関係を断ったとき、大きな機会を逃したと思います。私たちが中国の感情、支援、努力をほんの少しでも認めていれば、状況は一変していたでしょう。しかしヨーロッパで最も重要でない国に何百万ドルものお金が支払われる一方で、中国には一セントも支払われなかったのです。このような支援の欠如は、段祺瑞とその支持者を親日派の腕の中に追いやり、我々は中国に支援の代わりにランシング・石井ノートを与えたのです。

この期間、日本のゲームはまだブラフの段階でした。ドイツが戦争で最も強くなったように見えたとき、日本はおそらく、もし強いドイツと同盟を結べば二つの国は無敵になるという気持ちで控えめな脅しをかけていたのでしょう。その場合でもアメリカは毅然として日本を阻止できたでしょう。ドイツが完全に崩壊して以来、日本の言い分はもっぱらブラフに基づいて進められてきましたが、おそらく日本の軍国主義者たちは、自分たちの成し遂げたものが恐るべきものであることを自分自身に信じることに成功しているのでしょう。しかし大国のいずれかが通商を停止し、海軍の示威運動を行った場合、日本は全く無力であることは明らかです。誰もこのような不測の事態を考えたくはありませんが、ドイツの崩壊後、日本が武力を行使することは不可能であり、また得るものはあっても、失うものは何もない平和会議から自らを排除する以上の損害を被ることはなかったことは明らかです。十年後には全く違った状況になっているかもしれません。その時には賢くなった我々の国民も、「なぜ時間があるうちにこれを止めなかったのか」と叫ぶに違いない。私は政府内の誰かが、中国と極東の状況に主に注意を払う必要があると思います。中国に関心を持ってもらうことは非常に困難です。つまり実際に何かを成し遂げるような継続的な関心ということです。ヨーロッパが非常に近く感じられるため、他のすべてのことが優先されているように見えますが、セルビア、チェコ・スロバキア、ギリシャの運命は、中国の運命に比べれば、アメリカの将来に対する重要性は微々たるものです。

ここでの勤務中、私は極東の状況に対する国内での継続的な注意の欠如に常に悩まされてきました。領事業務にも影響が出ています。中国の領事団を効果的にするために絶対に必要な通訳業務は、新たな任命が行われないために欠乏状態にあります。私自身の場合、何度も与えた援助の約束は果たされませんでした。この件に関して、私は個人的な感情を少しも持っていません。このような結果になったのは、誰かが個人的に怠慢したり、悪意を持ったりしたからではなく、極東問題は重要ではないという一般的な感情を示しているように思え、これは改善されるべきだと思います。繰り返しになりますが、この発言は不満を持ってなされたものではありません。国務省の個々のメンバーは皆、思いやりと支援の用意があることを示していますが、中国に対する集中的な関心が欠けています。この関心は、極東問題をフォローするよう指定され、この問題における責任に見合った影響力を与えられる高官の誰かに表されるべきです。

第32章　国家がストライキを起こし、団結する

ヤングチャイナの奔流

北京の学生たちが「何かを始めた」。何千年もの歴史で、中国で初めて世論が喚起され、組織化された。山東省裁定の前後に、商人たちと共通の目的を持った学生たちの行動を通して、中国は自分自身を発見した。

日本の新聞は、これらの学生の騒動は「ある国々の教唆」によって引き起こされたものだと頑強に主張していた。しかし、教唆の必要はなかった。もし外国人がこのような騒ぎを起こそうと思ったら、中国人自身の足並みを揃えることで精一杯だっただろう。家に押し入ろうとする掠奪者に抵抗するのに、人を唆す必要はない。このようなナショナリズムへの大きな動きを始めたのは、北京や天津の官立学校や私立学校の学生たちであった。最初は学生たちだけで興奮していたが、長くは続かなかった。全体を通して煽動者は「学生」と呼ばれていたが、しかしこの言葉は広い意味で使われるようになり、近代的な学校で教育を受けたこの国のすべての若者を含む「ヤングチャイナ」を意味するようになったのである。

中国はストライキやボイコットの本場であるが、これらの武器がこれほど大規模に使われたことはなかった。華北の商人と学生は五月後半に集会を開き、日本製品の全面的なボイコットを宣言し、日中交渉の悪名高い代理人である「裏切り者」と呼ばれる三人の解任を要求した。ボイコット運動は、深い憤りを自然に表現して急速に広がっていった。しかしこの運動は、中国政府の行動を統制し、純化することも目指していた。そのための手段がストライキであり、消極的な抵抗であり、民衆の意思に耳を傾けるまで商工業の歯車を止めることであった。

中国ではストライキで自然に発揮される民衆の公平感が、いたるところで反応した。政府が三人の違反者を解雇しない限り、商人は店を閉めるだろう。教師、学生、商店主、運転手、港湾労働者など、あらゆる種類の労働者がストライキを行う。まさに中国全土がストライキに突入したのである。

この運動は、山を駆け下りる雪崩のように勢いを増していった。怒りの矛先はまず、国民の生得権を売買した罪である三人の官僚を解任させることに向けられた。蜂起の組織化はほとんど自然発生的に行われたようである。アダムスやフランクリンの時代の通信委員会のような活発な小集団が、中国各地で立ち上がったのである。大勢の人々が行動のために組織化された。上海で最初にストライキを起こした一万人の学生を皮切りに、運動は急速に拡大し、商人や商工会議所など、あらゆる分野の団体を巻き込んでいった。公務員の団体は「産業救国会」という名で結成された。日本の銀行も、中国の金融業から停止され、ついには日本の汽船で中国の港に運ばれてきた外国製品までもがボイコットの対象となったのである。

北京では、五十組の学生演説者が送り出され、国民に訴えかけた。学生たちから国難の責任を問われていた段祺瑞将軍は、部下をかたくなに守った。軍国主義者たちは学生運動が自分たちに都合の悪いものであると考え、政府を説得して学生運動を抑圧しようとした。戒厳令が発令され、演説しようとした学生は逮捕された。学生たちは臆することなく、一斉に行動を起こした。政府は彼らを投獄することはできても、彼らが生み出している感情の流れを止めることはできないことをすぐに理解した。全国各地から集まってきた学生たちは、その気になれば全国民を政府に敵対させることができると認識されていた。六月四日には北京で千人近くの学生が強制収容されていたが、最近逮捕された学生たちは賢明にも、講義を受ける前に食料を蓄えたナップザックを用意していた。

そこで登場したのが女子学生である。彼女たちは、兄弟たちの愛国心を十分に共有していた。北京の学校から集まった七百人の少女たちは、逮捕された若者たちの釈放を求めて大総統官邸に向かって行進した。

政府は技術的なミスを犯した。学生の気持ちが少し収まってきたところで、政府は曹汝霖とその協力者の過失を誤魔化そうとする政令を出してしまった。これが火種となり、中国全土に波及した。

弱った政府は、学業に戻ってこれ以上問題を起こさないなら、学生たちを釈放すると言った。学生たちは、自分たちが有利な立場にあることを知り、「今後自分の意見を言わないことを約束するならば、牢屋から出たくない。また政府が逮捕を謝罪するまで、ここを出たくない」と述べた。

このように多くの中国の若者が投獄されたことで、見えない反発が起こり、政府は学生たちの最後通告に応じた。謝罪を受けた学生たちは、大学や仕事に戻った。しかし彼らは街頭演説を続け、国の制度や政策をより健全なものにし、日本の侵略に強力に抵抗するための強力な国民的意見の表明に参加するよう、人々に呼びかけた。

中国民衆のめざめ

上海では、商店主たちのボイコットとストライキが全面的に行われていた。店は閉鎖され、「反逆者」を追放しなければ税金を払わないと脅されていた。上海のアメリカ政府関係者は、私に憂慮すべき報告を送ってきた。上海のイギリス人、特に官僚階級の人たちはこの運動を弾圧する傾向にあった。

日本側は民衆の突き上げを肌で感じながら、外国人排斥の烙印を押し、義和団時代の記憶を呼び覚まそうとしていた。上海のイギリス人有力者の中には、工員の中の商人や学生の活躍に恐れをなして、彼らを外国人排斥と呼ぶ者も出てきた。上海の市議会がボイコットやストライキに対して非常に厳しい措置を取るかもしれないと聞いた。英国公使は海辺に行っていたので、私は事態が深刻であることを伝えた。

この騒動は日本人だけに向けられたものであり、幸いにも我々には関係がなく、また外国人排斥の意味もないものであったが、これに我々や英国が巻き込まれるのは愚の骨頂であっただろう。私は上海の総領事館に、アメリカ人社会がこの運動を奨励したり反対したりしないよう、具体的な指示を出した。アメリカ人はこの点を明確に理解しており、市議会をこの事業に巻き込むことがいかに望ましくないかを理解していた。私は総領事に不法行為や違法行為を除いて、在中国の外国当局はストライキとは無関係であり、中国の悪意から幸いに解放されているので、このまま自由でいたいと述べた。より一般的なあらゆるトラブルの危険を避けるために、アメリカ人はかなりの影響力を中国人指導者たちに及ぼし、外国人を巻き込みかねない行動を控えさせた。彼らは快く応じてくれた。

この頃になると、上海競馬場のマフオ（馬子）たちもストライキを起こしていた。また曹汝霖が関係者であるために、交通銀行への取付けも始まった。事態はますます深刻になっていったが、政府に対する要求は変わらなかった。「三人の反逆者が解雇されたらストライキを中止する、そうでなければさらに多くの人がストライキをする」というものだった。

六月十一日、政府はついに降伏した。人気のない三人の官僚を不名誉な形で辞めさせてほしいという強い要望が中国全土から寄せられていた。北京政府はこれに応じた。しかし英国公使と私が、解雇命令が出されたという報告を確認するまで、上海の大衆は満足しなかった。そしてストライキは中止された。

しかし日本製品に対するボイコットは、依然として続いていた。しかし当初は明らかに反日的であったこの運動が、本質的に反日的であったり、純粋に敵対的で否定的なものであったと考えてはならない。極めて早い時期に、その真の、積極的な、中国の民族的性格が明らかになった。日本人は中国の民族的誇りを徹底的に傷つけた。盲目的な敵意ではなく、日本が中国の民族再生の邪魔をしている限りにおいて日本に反発したのである。

この前例のない民衆の反乱から、いくつかの重大な事実が浮かび上がってきた。第一に、世論は、継続的な力となるように喚起されなければならず、また、いつでも自分の意志を表明できるように組織されなければならない。それには時間がかかるだろうが、それは可能であり、ストライキとボイコットがそれを証明した。中国の歴史の中で初めて、中国は自らを奮い立たせ、政府から具体的な降伏を引き出したのである。この教訓は深く刻まれた。リーダーたちは、このたった一つの行動が、ごく小さな始まりに過ぎないことを悟った。しかし重要なことは、それが始まりであったということだ。

次に重要なことは、中国国内の産業を興すための手段に突然注目が集まったことである。日本製品のボイコットには、良い面と悪い面があった。実際、最初から肯定的に言われていたのである。日本製品を買うのを控えろとは言われなかったが、品質の劣るものを買わないようにと忠告され、それはもちろん日本製品のことと解釈された。そして自国産業をひいきにするよう促された。人々は意志を持って応えた。彼らは意志的に国産品を買ったのである。このことは中国の産業の発展に大きな刺激を与え、製造業者と政府の双方に、自国の産業を活性化するための明確なキャンペーンが何を達成しうるかについての手がかりを与えたのである。

私たちが外交団の会合で非公式に話をしていると、フランスのボッペ公使がこう言った。「我々は、中国における積極的な行動を求めるための国民的な世論の形成という、これまでに起こった中で最も驚くべき重要な出来事の前にいるのだ」。

このようにして、パリの悪しき裁定から、中国の人々の感動的な国民的覚醒が生まれ、共同思考と共同行動のために団結したのである。国民のあらゆる層が影響を受けた。外国との衝突を避けるために、学生代表が上海の工場の労働者の間に入ってストライキをしないように説得したとき、労働者は「私たちには祖国への思いも、反逆者への憤りもないとでも思っているのか」と尋ねた。

悪しき山東省裁定について、外国人社会は一致していたし、黙っているべきだとも思っていなかった。彼らは現場にいて、この裁定の厳格な適用に伴う必然的な結果を知っていた。彼らは声を上げた。カナダ商業銀行頭取のエドワード・ウォーカー卿は、六月六日に北京の英米協会で講演を行い、特に輸送の必要性について述べた。二、三本の幹線が完成すれば、中国にとってどのような意味を持つのか、彼は十分に理解していた。演説の後、名誉会員である英国公使と私は退席したが、この協会では山東省問題を議論すると予告されていたからである。会議では、中国における米英人の信念をこのように表現した決議が採択された。

我々は、この裁定が中国人民と日本との間に極度の不和を必然的にもたらす状況を作り出し、中国と他国の経済的利益の発展に最も重大な障碍をもたらすという厳粛な確信を表明する。一八九八年にドイツが山東省を侵略したことによって作られた条件、他の国が同様の行動を取るようになった条件、一九〇〇年の華北の混乱の原因となった条件、そして日露戦争を必然的に引き起こした条件を永続させる解決は、極東の平和、中国自身の政治的安定、そしてすべての人に平等に開かれた貿易と通商の発展のためにはならない。

さらに、民族自決の原則を破壊するだけでなく、門戸開放政策や機会均等の原則を否定するような状況がもたらす弊害は、政治・経済活動の中心が地球の反対側にあったドイツの代わりに、近隣国である日本が代用されることになれば、より一層強調されることになる。

従って、我々、北京英米協会のメンバーは、英米政府に対して、平和会議に参加している国々が、中国の安全と世界の平和を危険にさらすことのない、公正な解決策を考案し、それを実行するように要請することを決議する。

第33章　北京を離れて

新中国建設への期待

政府は現在、パリの代表団がこの条約と国際聯盟規約に署名すべきか否かという問題に直面していた。中国国民は署名に反対していた。中国が署名すれば、ドイツの権利が日本に移譲されたことを具体的に認めることになるからである。彼らは外国の大国に譲歩しても、トラブルからは逃れられないどころか、トラブルを悪化させるだけだという大きな教訓を得ていた。一八九八年に、軍艦の示威運動の脅威にもかかわらず、北京の役人がドイツの要求に耳を貸さなかったならば、ドイツ人は中国が実際に与えたものを確保することはできなかっただろう。中国人は今、こう言っている。「二度としない！」と。

五月二十八日、私は北京のほぼすべての政府関係者が条約の締結に同意していることを知った。彼らが降伏する用意があることを知ったことで、中国人民の民族運動は、反動的な軍国主義者の支配に対抗して、ほぼ即座に最高潮に達した。七月一日になると、大総統の代理でしばしば私に会いに来ていた側近の紳士が、「大総統はパリの代表団に条約に署名しないよう指示した」と私に言った。彼らはその時は署名しなかったが、後になって署名させようとするあらゆる試みに断固として抵抗したのである。

学生問題が最高潮に達していた六月二日、私は電報に返事するために夜遅くまで公使館にいた。その時、一人のアメリカ人女性教師が、五人の中国人女学生を連れて興奮した様子でやってきた。彼女らは自分たちの不満を訴えるために、大総統官邸への入場を求めて、四十八時間も群衆と一緒に立っていたのである。他の若い男性と同様に勇敢に耐えていた。しかし彼女らが心配していたのは、学生たちのリーダー二人が捕まって官邸内に連れて行かれたことだった。彼女らは処刑を恐れ、私に仲裁を求めてきた。私は彼女たちの不安を静めることができず、最終的に官邸への照会を指示することにした。電話では学生たちはデモのやりすぎで拘束されているが、彼らには何も起こらないということだった。彼女らはこの保証に安心して満足し、感謝して家に帰った。

国の自由と再生を目指す学生たちの目的と理想には、誰もが共感を覚える。私も強い共感を覚えたが、もちろんこの運動は中国の問題であり、直接の接触は一切控えた。しかし日本の新聞は、私がいかにして学生運動を組織したか、そのために二百万ドルを費やしたかを詳細に報じていた。

六月初旬、自由主義者の間では悲観的な見方が広がっていた。彼らは、段祺瑞将軍の信奉者たちが彼を総理に戻すことを主張するのではないかと恐れていた。そうなれば段将軍に対抗する新たな革命が起こり、それに伴う全般的な士気の低下と国家資源の浪費から逃れることはできない。六月五日、ジョン・ジョーダン卿から大総統に提出された関連者代表の第二回目の補佐資料には、中国の国内問題が今こそ終息し、上海での和平会議が再開され、遅滞なく成功裏に終了することを期待する旨が記されており、一方で軍事的措置を再開してはならないことが明記されていた。友好的な助言は、自由主義的な要素、特に「これ以上の戦闘があってはならない」という表現を後押しした。大総統の手は平和のために強化されていると感じられた。

蔡元培《さいげんばい》（一八六八～一九四〇）博士が不在のため、北京大学の学長代理である蔣夢麟《しょうむりん》（一八八六～一九六四）博士が上海に行ったのは、軍国主義派が学生たちの行為の責任を彼に押し付けようとしたためである。彼は確かに彼らの最高顧問の一人であったが、彼は知恵と節度をもって助言した。彼の話によると、指導者たちは世論の組織化がかなり進んでいることを自覚しているが、意識的かつ絶え間なく政府を支持し、あるいは適切に抑制したりする世論に近づくためには、少なくとも十年のさらなる作業と経験が必要だという。「我々が求めているのは十年の時間、つまり外部からの干渉を受けないことであり、そうすれば新中国は組織されるだろう」と蔣博士は述べた。

私は段祺瑞将軍を訪ねたが、彼はいつものように穏やかだが頑固であった。私は、学生たちが彼を訪ねてきたら、彼らに話をしに行くのかと尋ねた。「私は彼らに同情しているが、彼らはしばしば動機の不純な人々に惑わされていると感じている」と答えた。私は彼に、もし彼が中国の真の福祉を考えない顧問たちに支配されないと確信できるなら、学生たちは喜んで彼に従い、彼を自分たちのリーダーにするだろうと伝えた。

このような中国の人々の動きは、七月三日にR・F・ジョンストン（一八七四〜一九三八）氏から届いた手紙を見て、旧帝国の時代に思いを馳せることで、より鮮明に印象づけられた。ジョンストン氏は若き皇帝の家庭教師であり、皇帝が私のために書いた漢詩の翻訳を同封していた。皇帝の印が押され、日付が記されていた。「宣統十一年六月五日」ここに最初の一節がある。

赤い弓は曲がっていない
それを受け取って預かった
私はここに立派なゲストを迎えた
私は心を込めて彼に一つのものを授ける
鐘と太鼓は秩序よく並べられている
午前中、私は彼にごちそうする

その直後、ジョンストン氏と話をした際に、この少年皇帝が私のために何かを書こうと考えたことを教えてくれた。ジョンストン氏はある詩を提案したが、彼の弟子はそれに満足せず、最終的には自分で選んだという。彼は家庭教師にこう言った。「アメリカの公使が私のゲストとして宮殿に来ていることを想像したいのです」。

ジョンストン氏によると、この若い皇帝は首都の政治的、社会的な出来事に興味を持ち、毎日新聞を読んでいるという。私は皇帝が私の行動に関心を持ったのは、中国で一般的なアメリカへの愛を共有していたからだと思ったが、それに加えて、アメリカ公使館に避難して連れて行かれる可能性が何度もあったことが、彼の若い心に強く印象づけられ、そこがあらゆる恐怖と危険から逃れられる場所のように思えたのだと思う。

七月下旬、ウィルソン大統領が「日本には政治的権利はなく、経済的特権が与えられているだけだ」と述べて、山東省和解案を擁護しているという報道がなされた。もしウィルソン大統領が、中国の公使館や領事館からの電報や通信で何度も伝えられている問題の詳細に注意を払っていれば、このような誤解を抱くことはなかっただろう。今回の大統領の行動は、むしろ日本側の曖昧な保証に基づいたものであり、その実際の意味を知らなかったのである。「経済的特権」という言葉は、青島港や山東鉄道の支配権、山東省における一般的な商業的優先権などには当てはまらないが、これらは日本が保持することを望んでいたことは明らかである。日本の「完全な主権と共に山東半島を返還する」という公約は満足のいくものに聞こえるが、それはドイツ人が借地権として保有していた百五十平方マイルの農地と山地、そして青島港を除く範囲をカバーするとは定義されていなかった。この重要な港は日本側が保持するつもりだったし、ターミナル、鉄道、鉱山も同様だった。

中国がパリ条約への調印を拒否したことは、中国に山東省を残す好機を提供した。しかしもしドイツの権利が「経済的特権」という言葉で日本に確認されるならば、この経済的特権は、山東省におけるアメリカの独立した事業の終焉を意味することがすぐにわかるだろう。日本は満洲でこのような「経済的特権」

を使っていた。この政策を中国の他の地域に拡大するとどうなるか、我々は十分に警告されていた。

ウィルソン大統領は後に、国際聯盟は日本が山東省の完全な主権を握るのを防ぐだろうと述べた。ここでも彼は誤解していた。日本は山東省の主権を求めようとは考えていなかった。山東省には全く権利がなく、パリで与えられた政治経済的な権利を保持できる限り、自らの計画を実行するためには主権を必要としなかったのである。

私はワシントンへの電報の中で、これらの意見を繰り返し述べた。私は外国政府が港湾施設と中国内陸部に通じる鉄道を所有し、独占的な商業上の優遇措置を取ることは、政治的に強化された経済的権利であり、満洲が示すように、名目を伴わない政治的支配にあたることを再度説明した。実際これらの権利は、中国の主権を尊重するとして、おびただしい抗議を安全に伴うことが可能だ。

政治的主権の問題は的外れだった。私が指摘したように、これは何かが返還されたと世界に信じさせるために持ち出されたものである。「完全な主権と共に山東半島を返還する」というのは、大きな言い回しで、堂々とした響きを持っていた。しかし山東省の主権は、ドイツでも日本でもなく、ずっと中国のものであった。青島の港の外にある百五十平方マイルの重要でない土地は、「完全な主権と共に返還される」かもしれないが、誰もそんなことは気にしない。主権の話をしても、問題が見えなくなるだけである。

孫文は当時、国際的な参加を得て中国の経済発展のためのプロジェクトを立案する仕事に没頭しており、私は彼と文通していた。その中で私は、中国の産業転換をいかに迅速かつ徹底的に行うかについて考えた。私はこう書いた。

私は、私たちが扱っているのは新しい国ではなく、社会の仕組みが非常に複雑で、長い間試されてきた農業と産業の組織体系が存在する国であるという事実を、常に念頭に置くべきだと考えています。私の考えでは、新しい産業と労働の方法への移行は、急激なものではなく、古い価値観を徐々に変換していくことが最も重要です。例えば、絹や磁器の製造に見られるような芸術的な能力が維持・保護され、安価な製法に取って代わられないようにすることが非常に重要です。現代の組織において、中国人が理解を深めなければならない要素は、会社と、会社の役員が株主に対して占めるべき受託者関係です。中国人が会社を正しく使うことを学べなければ、国の信用を高めることはできない。ここでも、旧制度の下で培われた個人の誠実さの原則を失わずに、新しいビジネスのやり方に移すことが必要です。このように、より良く、より効率的な組織を計画する際には、過去に作られた価値観を保持し、あまりにも急激な変化によって中国社会のバランスを崩さないようにすることが必要です。

孫文は、建設事業に関する提案の中で、北方の港、それも直隷省の海岸沿いに、大型の外洋船を受け入れることのできる水深のある港を作るべきだと述べている。天津の港は川の上流にあり、川が海に注ぎ込むところに満足な停泊地がないので、十分ではない。秦皇島ははるかに良い港だが、あまりにも荒れ果てており、改善するには莫大な費用が必要で、たとえ改善したとしても、その能力は小さすぎる。私は農商部の特別委員であるポール・P・ウィサム氏に、天津と秦皇島の中間地点に満足のいく港湾用地があるかどうかを確認するために、直隷省の海岸に行くように頼んだ。彼は比較的安価に深海港を建設できる場所を見つけることに成功した。これによって華北の商業が大きく変化することは容易に想像できた。この港には、直隷省をはじめ、その北側と北西側のすべての地域、特に内モンゴルと満洲西部を含む、豊かで広大な後背地の出口があるのだ。私はこの問題を、直隷省の民政長官をはじめとする省の指導者たちや、南京の李純総督の代表、さらには中央政府の一部のメンバーと話し合った。彼らはこのプロジェクトを大いに支持し、何週間も前に予備調査が行われた。この港は「グレート・ノーザン・ポート」と呼ばれることになった。

八月十四日にジョン・ジョーダン卿を訪ね、私の辞意を伝えたところ、彼は残念がったが、私が米国に戻りたい理由は理解できると認めた。彼もまた、一刻も早く任務から解放されることを望んでいた。その日、私は日本側の担当者である芳澤氏と山東省について非常に詳しい話をした。そこで私たちは、山東省の取り決めをより満足のいくものにするための方法を考察した。特に青島を純正の国際租界にするかどうかということだったが、私は鉄道の返還の重要性を強調した。

新借款団の交渉は以前から行われていた。日本側は、満洲とモンゴル東部には借款団を適用しないことを提案した。日本は戦時中、中国における外資系金融の完全な主導権を握ることを目的としていたため、日本の支配する新聞はこの借款団の第一案を攻撃していた。アメリカが旧来の借款団に参加するのであれば、日本は喜んでいただろうし、そこでは自分がリードしていたからだ。しかし通常、日本の金融力は明らかに二次的なものであり、戦争中の異常な状態が続くことはなかった。今回、日本は新借款団に基本的には賛成していたが、詳細な決定が必要な場合には先延ばしにしていた。

私の辞任は八月十八日に届いた電報で受理され、大統領は私がポストを放棄することにこだわる必要があることを残念に思うと正式に述べた。私は大統領が中国の状況を大きく誤解していたことを知った今でも、私は政策の違いを公表したいとは思わなかった。私の辞任は、アメリカが中国で名誉と信頼のある地位を維持するという私の「政策」が敗北したことに帰すると、日本の新聞が考えると分かっていたからだ。私は、政権との論争によってこのような解釈を助長したくはなかった。

中国人はこの状況を完全に理解していた。大総統、外交総長、国務総理、そして公職ではない中国の友人たちに話したところ、私がこの時期に中国を離れることに落胆しているようだった。私は幸運にも、中国では忠誠心と誠実さを持った人たちと多くの友人関係を築くことができた。彼らは私が中国を去ることに悩んでいるように見えたが、私が望んでいるのは、両国間の緊密な関係を発展させる仕事をより効果的に続けられるようにすることだと知っていた。私は積極的で実践的な行動を起こしたいと考えていた。アメリカの政策や宣言の精神は素晴らしいものだったが、中国におけるアメリカの個別具体的な活動は十分ではなかった。

八月二十五日、教育総長代理の傅増湘《ふぞうしょう》（一八七二〜一九四九）氏とその関係者数名が私を訪ね、アメリカと中国の大学での交換教授制度の手配を検討した。私は常々、中国の若い学者をアメリカの大学で講義を受けさせ、中国の文学、哲学、芸術の宝を米国民に紹介することに賛成してきた。袁世凱大総統はこの考えを支持しており、不幸な君主制の動きがなければ、米中の知的接触の促進に大いに貢献していただろう。袁世凱の後継者たちもこの考えに賛同したが、北京の政治的混乱が具体的な計画遂行を妨げた。

徐樹錚将軍は時々私を訪ねてきて、モンゴルでの事業について話してくれた。戦争参加局が明らかに時代遅れになると、その名称は「西北辺境防衛局」に変更された。この局が誰に対して中国を「防衛」するのかは誰もが知っていたが、モンゴルでのボリシェヴィキの活動や、セメノフ将軍による汎モンゴル国家の建設計画についても語られていた。将軍は私との会談で、植民銀行の設立、自動車輸送用の高速道路の建設、井戸の掘削、模範農場の設立など、モンゴルを発展させるための非常に大きな計画を展開した。また、張家口からウルガまでの鉄道の完成を促進し、さらには新疆 Chinese Turkestan まで延長すると言っていた。聞くところによると、日本側は将軍に五千万ドルの前金を約束したらしい。しかし彼は私に、中国で全額出資した資本で事業を遂行すると言った。大総統をはじめとする北京の指導者たちは、徐将軍の溢れ出るエネルギーが次にどのような方向に向かうのかと恐れ、モンゴルの未開発地域の範囲を思い浮かべたという。彼の奔放な性格を発揮するには、十分なフィールドがあるはずだ。この間、日本人はセメノフ将軍、満洲総督の張作霖将軍、そして徐樹錚将軍など、モンゴルで活動するあらゆる要因を注意深く見ていた。彼らは、モンゴルで何が起ころうとも、それが自分たちの影響力をモンゴルに及ぼすという政策に合致したものでなければならないと考えていたに違いない。

帰国へ

妻と私の家族は、六月十二日に秦皇島を出港し、夏を過ごすためにホノルルに向かった。私の辞職はすでに決まっていたので、これまで楽しんできた北京を離れたくないと思っていた妻にとっては、北京とのお別れとなった。八月に入ると、私のために一連のお別れ昼食会、夕食会、レセプションが始まり、事務所の仕事を片付けるための重労働もあって、残りの数週間は毎日、日の出から真夜中まで忙しく過ごした。徐世昌大総統が最後に私をもてなしたとき、「中国の人々は、あなたが友人であり指導者であることを期待しており、あなたの活動と影響力が何十年も続くことを望んでいます」と言った。翌日、周自齋氏を通じて、アメリカに居住しながら中国政府の顧問として活動するよう、私に頼んだ。

私は九月十三日の夜、北京を出発した。駅には私の同僚やスタッフ、中国の高官など、大勢の人々が「さようなら」を言いに集まっていた。駅のホームには、アメリカ海兵隊、英国公使館警備隊のインド軍、中国軍の各部隊が集結していた。私は総理代理の龔心湛《きょうしんたん》（一八七一〜一九四三）氏とともに、彼らを閲見し、敬礼を受け、忠実な海兵隊員に別れの挨拶をした。アメリカのバンドが「オールド・ラング・サイン」を演奏すると、列車は駅を離れ、私を見送りに来た何千人もの人々の顔が遠くにぼやけていった。

私の友人である周自齋は、天津まで私に付き添ってくれたが、ここで彼と別れた。本当に心温まる別れであった。私の国の人々と中国の人々が自発的に深い信頼を示してくれたことは、私の努力と苦労に対する最高の報いとして、私の心に残るだろうと感じた。

私の出発後のアメリカの担当官であったチャールズ・D・テニー博士は、国務長官に別れの挨拶について次のように報告している。

大統領によって辞任が承認された駐中国アメリカ公使ポール・S・ラインシュ氏が北京を離れるにあたり、アメリカに対する友好的な態度と、退任する公使に対する民衆および政府の最高の敬意が示されたことを光栄に思う。

ラインシュ氏は当然のことながら、退任直前の数多くの晩餐会やレセプションに主賓として出席し、出席した中国人は六年間の在任中の彼の多様な活動に深い感謝の意を表した。またアメリカ公使としてのラインシュ氏の経歴については、中国とアメリカの間の国際的な結束を促進するという通常の任務に加えて、多方面で関心を持ち、中国とアメリカの共同の商業、工業、教育の利益を促進することに努力したことが公表されている。中国の政府と国民は、米国が中国でこれらの利益を積極的に推進する政策を真剣に望み、期待していることが顕著に示された。徐世昌大総統は、ラインシュ氏の別れの挨拶の席で、氏の公使としての活動が、今日、中国と米国の政府と国民を親密な友好関係に結びつける経済的、社会的関係を、非常に現実的な方法で前進させ、強化したという深い信念を表明し、同時に米国に戻った後も、ラインシュ氏がこれらの目的のために努力を怠らず、新たな立場で中国の利益のために働き続けることを希望すると述べた。

ラインシュ氏は十三日夜に北京を出発したが、鉄道駅での光景は異常で喜ばしいものであった。公使の出発時に他の公使館から儀仗兵が派遣されることは通常ないが、この時は英国公使館の衛兵の分隊が出席し、米国公使館の衛兵、北京警察、北京憲兵隊の分隊が軍楽隊とともに出席した。そこには、中国の政府関係者、外国の外交官、あらゆる機関や協会の代表者、あらゆる国籍の個人的な友人など、千人もの人々が集まっていた。

私は日本旅行の手配を一等書記官のウィリング・スペンサー氏に任せ、彼は日本公使館の徳川氏と相談していた。彼らの最大の問題は、朝鮮がコレラのために検疫を受けていたことだった。興味深い経験をした。遅延のリスクを避けるため、私は予防接種を受けることに同意したが、これは日本公使館から来た小柄な医師が親切に行ってくれた。下関では我々の蒸気船は早朝に到着し、検疫を受けた。乗船した検査官は、私はすぐにでも上陸を許されるはずだと言った。しかし彼らはその場を離れ、昼前には私のためにランチが来ると言った。夕方の列車が、横浜で汽船に乗り継ぐ最後の列車になるので、私はやや神経質になってランチを待った。三時になって係官が戻ってきて、私の荷物はもう陸に上げてもいいと言った。やがて係官は荷物を持って姿を消したが、私は船に残されたままだった。私は東京の大使館に電話をかけ、自分の窮状を伝えた。汽車は七時半に出発することになっていたが、六時になってもランチは現れなかった。

突然、湾を覆う夕靄の中から小さなランチが現れ、見たこともない役人が乗り込んできて、私に同行を求めた。二人の召使と一緒にその船に降りてみると、なんとその船は下関に向かっているのではなく、逆方向に向かっているではないか。私は諌めたが、役人は安心させるように微笑んで言った。「大丈夫です」。すると下から二人の検査官が現れて、笑顔でお辞儀をしながら、「隔離病院に行くことになりました」と言った！

そして私たちは隔離病院に向かった。中央の応接室で主任に紹介され、簡単な挨拶を交わした後、「さあ、すべて大丈夫です」と言ってくれた。

私たちはランチで下関に到着したが、列車の発車までにまだ十五分ほどの余裕があった。私のために特別なコンパートメントが用意されていた。これですべてが明らかになった。汽船に乗っていた日本人乗客は、私と同じように、そこに拘留されたことをあまり快く思っていなかった。外国人が、それも外国の公使が下関に連れて行かれたら、ちょっとした暴動が起きてもおかしくない。そこで、誰もが行きたがらない隔離病院に連れて行かれるという話が伝わった。私はこの小役人の才覚に感心するとともに、検疫規則に違反することなく、この厄介な問題を解決するために、あらゆる努力をしてくれた彼らに感謝の念を抱かずにはいられなかった。

東京での滞在は一日だけだった。大倉男爵の家で昼食会が手配されていたので、モリス大使と一緒に行ってみると、外務次官になったばかりの埴原正直（一八七六〜一九三四）氏や新任の駐米大使である幣原喜重郎（一八七二〜一九五一）男爵など、何人かの日本の紳士たちに会った。美しい庭園を見渡せるベランダで昼食をとり、活発な会話の後、私は六年前に初めて極東に到着した時に受けたのと同じような日本のもてなしの印象を受けながら、別れて横浜に急いだ。

【資料】

二十一か条の要求

第一号　山東省に関する件

一、ドイツが山東省に関して条約その他により中国から獲得した全ての権利、利益譲渡の処分について、日本帝国国家がドイツ政府と協議すべき全ての事項を承認すること

二、山東省内、もしくはその沿岸や島嶼を、他国へ譲渡、または貸与しないことを保証すること

三、芝罘又は龍口と膠済鉄道とを連絡する鉄道の敷設を日本帝国に許可すること

四、中国政府自らが山東省の主要都市を外国人の居住貿易のために開放すること

第二号　南満洲及び東部内蒙古に関する件

一、旅順大連の租借期限、並びに南満洲及び安奉鉄道に関する各期限を九九年に延長すること

二、日本人に対し各種商工業の建物を建設、又は耕作のため必要な土地の賃借権、又は所有権を許与すること

三、居住往来ならびに、各種商工業及びその他の業務に従事することを許すこと

四、日本人に対して特に指定した鉱山採掘権を許与すること

五、他国人に鉄道敷設権を与え、又は鉄道敷設のため他国より資金の供給を仰ぐ時、ならびに諸税を担保として借款を起すときは、あらかじめ帝国政府の同意を得るべきこと

六、政治財政軍事に関する顧問教官を要する場合には、帝国政府に協議すべきこと

七、吉長鉄道の管理運営を九九か年日本国に委任すること

第三号　漢冶萍公司に関する件

一、日本国資本家と同公司との密接な関係に顧慮して、本公司を適当な機会に日中合弁となすこと、ならびに中国政府は帝国の同意なく、公司に関する一切の権利財産を自ら処分し、又は公司をして処分しないように約束する

こと
二、日本資本家側の債券保護の必要上、中国政府は本公司に属する諸鉱山付近の鉱山について、公司の承諾を得ないで、これらの採掘を公司以外のものに許可しないようにし、ならびにその他、直接間接に公司の同意を必要とする旨を約束すること

第四号　一般海岸島嶼の不割譲に関する件
一、沿岸の港湾・島嶼を外国に譲与・貸与しないこと

第五号　懸案解決その他に関する件
一、中央政府に政治財政及び軍事顧問として有力なる日本人を雇用すること
二、中国内地における日本の病院寺院及び学校に対して土地の所有権を認めること
三、必要とする地方における警察を日中合同とするか、又はこれらの地方における警察官庁に日本人を雇用すること
四、日本より一定数量の兵器の供給を仰ぐか、又は中国に日中合弁の兵器敞を設立し、日本より技師及び材料の供給を仰ぐこと
五、武昌と九江、南昌線とを連絡する鉄道、及び南昌杭州間、南昌潮州間鉄道敷設権を日本に許与すること
六、台湾との関係、及び福建不割譲約定の関係を顧慮して、福建省における鉄道、鉱山、港湾の設備（造船所を含む）に関し、外資を要する場合にはまず日本国に協議すべきこと
七、中国における日本人の布教権を認めること

米国国務長官からガスリー日本大使へ［電報］

ワシントン、一九一五年五月十一日午後五時

外務大臣を呼んで、次のような文面の覚書を差し上げて欲しい。

日本政府と中国政府の間で行われ、現在係争中の交渉と、その結果得られた合意の状況に鑑み、米国政府は、日本政府と中国政府との間で締結された、または締結される可能性のある、米国および中国におけるその国民の条約上の権利、中華民国の政治的または領土的一体性、あるいは一般に門戸開放政策として知られている中国に関する国際政策を損なういかなる協定または事業も承認できないことを日本帝国政府に通知する光栄を有する。

同じ内容の覚書が中華民国政府に送付されている。

石井・ランシング協定

（ランシング長官より石井全権大使への公文のみ掲載）一九一七年十一月二日

私はここに中華民国に関して両国政府の共に利害を感ずる諸問題につき、私は最近閣下との会談中、意見の一致したるものと諒解する所を閣下に通報するの光栄を有します。

この頃流布している有害なる風説を一掃するため、私たちはここに中国に関し、両国政府の等しく抱懐する希望及び意向につき、更に公然たる宣言を為すを得策であると思います。

合衆国及び日本国政府は領土相近接する国家の間には特殊の関係を生ずることを承認する。従って合衆国政府は日本国が中国において特殊の利益を有することを承認する。日本の所領に接壌する地方において特に然りである。

もっとも中国の領土主権は完全に存在するものであり、合衆国政府は日本政府がその地理的位置の結果、その特殊の利益を有するも、他国の通商に不利な偏った待遇を与え、又は中国の従来他国に許可した商業上の権利を無視することを欲するものではない旨の日本国政府のしばしばの保証を完全に信頼する。

合衆国政府及び日本国両政府は少しも中国の独立または領土保全を侵害する目的を持つ者でないことを声明する。また両国政府は常に中国においていわゆる門戸開放、又は商工業に対する機会均等の主義を支持することを声明する。

なおまたおよそ特殊の権利、または特典において、中国の独立、又は領土保全を侵害し、もしくは列国臣民又は人民が商業上及び工業上における均等の機会を完全に共有するを妨害するものについては、両国政府はいずれの国政府を問わず、これを獲得するに反対なることを互いに声明する。

本官は我々の間に意見の一致するものと了解します。前記各項に対し閣下の確認を得ることを希望します。（以下略）

西原借款

	金額	成立	担保
交通銀行借款	二千万円	一九一七年九月	中国政府国庫券二千五百万元
京畿水災借款	五百万円	一九一七年十一月	多倫諾爾・殺虎口・臨清三常関収入
有線電信借款	二千万円	一九一八年四月	全国有線電信全財産及びその収入
吉会鉄道前貸借款	一千万円	一九一八年六月	中国政府国庫券一千万元
吉黒林鉱借款	三千万円	一九一八年八月	吉林・黒龍江両省の金鉱・森林及びその収入
満蒙四鉄道前貸借款	二千万円	一九一八年九月	中国政府国庫券二千万元
高密徐州・済南順徳鉄道前貸借款	二千万円	一九一八年九月	同右
参戦借款	二千万円	一九一八年九月	同右

計　一億四千五百万円、兵器借款を含めると一億七千万円

著者
ポール・サミュエル・ラインシュ　Paul Samuel Reinsch
米国の政治学者・外交官
1869年米国ウィスコンシン州生まれ。ウィスコンシン大学卒業後、同大学で植民学を講義。1913年在中華民国初代公使として赴任。1919年帰国。1920年中国政府の顧問となり、本書出版の翌年1923年中国で死去。

訳者
田中秀雄（たなか ひでお）
1952年福岡県生まれ。慶應義塾大学文学部卒。日本近現代史研究家。著書に『優しい日本人、哀れな韓国人』（WAC 出版）、『中国共産党の罠』（徳間書店）、『日本はいかにして中国との戦争に引きずり込まれたか』、『朝鮮で聖者と呼ばれた日本人』（以上、草思社）、『満洲国建国の正当性を弁護する』（G.ブロンソン・リー著、翻訳、草思社）『暗黒大陸中国の真実』（R.タウンゼント著、共訳、芙蓉書房出版）、『続・暗黒大陸中国の真実』（R.タウンゼント著、共訳、芙蓉書房出版）ほか

日米戦争の起点をつくった外交官

2022年10月25日　第1刷発行

著　者
ポール・サミュエル・ラインシュ
訳　者
田中《たなか》 秀雄《ひでお》

発行所
㈱芙蓉書房出版
（代表 平澤公裕）
〒113-0033東京都文京区本郷3-3-13
TEL 03-3813-4466　FAX 03-3813-4615
http://www.fuyoshobo.co.jp

印刷・製本／モリモト印刷

　ISBN978-4-8295-0846-6

【芙蓉書房出版の本】

陸軍中野学校の光と影

インテリジェンス・スクール全史　本体 2,700円

スティーブン・C・マルカード著　秋場涼太訳

帝国陸軍の情報機関、特務機関「中野学校」の誕生から戦後までを元 CIA 情報分析官がまとめた書
The Shadow Warriors of Nakano: A History of The Imperial Japanese Army's Elite Intelligence School の日本語訳版。

OSS(戦略情報局)の全貌

CIAの前身となった諜報機関の光と影

太田　茂著　本体 2,700円

最盛期３万人を擁した米国戦略情報局OSS〔Office of Strategic Services〕の設立から、世界各地での諜報工作や破壊工作の実情、そして戦後解体されてCIA（中央情報局）となるまで、情報機関の視点からの第二次大戦裏面史！

朝鮮戦争休戦交渉の実像と虚像

北朝鮮と韓国に翻弄されたアメリカ

本多巍耀著　本体2,400円

1953年7月の朝鮮戦争休戦協定調印に至るまでの想像を絶する“駆け引き”を再現したドキュメント。休戦交渉に立ち会ったバッチャー国連軍顧問の証言とアメリカの外交文書を克明に分析。北朝鮮軍と韓国政府の４人が巧みな交渉技術を駆使して超大国アメリカを手玉にとっていく姿を再現する。

米国を巡る地政学と戦略

スパイクマンの勢力均衡論

ニコラス・スパイクマン著　小野圭司訳　本体 3,600円

地政学の始祖として有名なスパイクマンの主著 *America's Strategy in World Politics: The United States and the balance of power* の日本語完訳版！「地政学」が百家争鳴状態のいまこそ必読の書。